T0149288

Printed in the United States
By Bookmasters

البرامج التلفزيونية وقيم الأطفال

البرامج التلفزيونية وقيم الأطفال

إعداد الدكتورة

سهير فارس السوداني

الطبعة الأولى

1430هـ - 2009م

دار كنوز المعرفة العلمية للنشر والتوزيع

اسم الكتاب: البرامج التلفزيونية وقيم الأطفال

الرقم المتسلسل: 155.92

رقم الإيداع : (1554 / 5 / 2008)

تأليف: سهير فارس السوداني

الواصفات: /سيكولوجية الطفولة//الأطفال// الأبحاث التربوية/

تم إعداد بيانات الفهرسة والتصنيف الأولية
من قبل دائرة المكتبة الوطنية

دار كنوز المعرفة العلمية للنشر والتوزيع

وسط البلد - مجمع الفحيص التجاري

تلفاكس: 4655877 6 00962 - موبايل: 5525494 79 00962

ص. ب 712577 عمان

E-Mail: dar_konoz@yahoo.com

ردمك: ISBN: 978 - 9957- 463 - 81 - 6

تنسيق وإخراج صفاء نمر البصار 00962 79 6507997 safa_nimer@hotmail.com

إهداء

إلى والدي فارس، الذي علمني أن أكون فارسة مثله، تتواضع بكبرياء.. وتصر على أن تكون ما تريد بغض النظر عن النتائج.

علّمته الحياة أكثر مما علّمتني كل الجامعات، وعلّمني أكثر من الحياة والجامعات معاً. لهذا كله أهديه هذا الجنى الذي كان من زرع يديه... بحب وإخلاص وقبلة على الجبين.

إلى والدي فارس السوداني بتواضعٍ وحب وتحية إلى الجبين الطاهر.

فهرس المحتويات

مقدمة

بدأ التلفزيون الأردني البث في ربيع عام 1968، وقد كان أداة اتصال حديثة ونقلة نوعية متقدمة لم يصاحبها في ذلك الوقت توفر الخبرات الإنتاجية المطلوبة لمثل هذا الجهاز الإعلامي الخطير من معدين وكتاب نصوص ومخرجين وفنيين... الخ، باستثناء قلة محدودة من المهنيين المحليين، وقلة أخرى استقطبت من الأقطار العربية المجاورة وبعض من المهارات العالمية اللازمة لتغطية بعض الجوانب الفنية الهامة، ولذلك كانت بدايات الإنتاج الفني بشكل عام وبرامج الأطفال على وجه التحديد متواضعة وبسيطة ومعتمدة بشكل كبير على تقديم البرامج للأطفال بأسلوب الرد الإذاعي والإخراج المسرحي، واقتصرت برامج الأطفال الكرتونية على الكرتون الأجنبي البسيط المعتمد على حركة الصورة والتعبير الإيمائي مثل توم وجيري، المفتش كادجيت... وغيرهما، ومع تقدم الخبرات وازدياد توفرها محلياً بدأ التلفزيون الأردني في بداية السبعينات وتبعته المؤسسات وشركات الإنتاج الفني المحلية بإنتاج بعض المسلسلات الدرامية للأطفال... ومن ثم في بداية الثمانينات نشط العمل في دبلجة البرامج والأفلام الكرتونية المستوردة والخاصة بالأطفال واستمر هذا الاهتمام وتزايد حتى تاريخ إعداد هذه الدراسة وكون الكرتون المدبلج أكثر البرامج الموجهة للأطفال هيمنة على المساحة المخصصة للطفولة في التلفزيونات العربية بشكل عام والتلفزيون الأردني بشكل أكثر خصوصية، وربما كان هذا الميل للدبلجة راجع إلى زهد الكلفة الإنتاجية لهذه البرامج ووفرتها في السوق العالمية.

وأمام هذا التنوع الكبير في البرامج الكرتونية المدبلجة التي يتعرض لها الطفل الأردني، سيما وأن معظم هذه البرامج ليست إنتاجاً محلياً وإنما هو إنتاج متعدد المصادر ومتعدد المضامين والأساليب وتتخلله عناصر ثقافية من هنا وهناك، قد تختلف وتتفق من حيث ما تبثه أو تمثله من اتجاهات وقيم وأنماط سلوك، من هنا برزت الحاجة إلى مثل هذا النوع من الدراسات لوضع الأسس العلمية الواضحة التي قد

تساعدنا في حالة ما إذا كان للتلفزيون هذا الأثر، وإذا ما كان هناك صحة في نتائج فرضياتنا في هذه الدراسة في اختيار برامج للأطفال تتضمن قيماً واتجاهات معينة تتلاءم مع ثقافتنا والابتعاد عن أخرى تتعارض مع هذه الثقافة، وما يجعل الموضوع بالغ الأهمية هو أن عينة المشاهدين من الأطفال موضوع الدراسة الحالية في مرحلة نمو عمرية حرجة (8-13) سنة تتشكل فيها قيم الطفل وعاداته وأنشطته السلوكية والاجتماعية والأخلاقية المختلفة.

فالتلفزيون بما يبثه من برامج كرتونية مدبلجة يقدم نماذج من السلوك تفرض نفسها بقوة على الأطفال، ليس فقط من خلال محتوى النصوص الروائية التي تتضمنها المشاهد، أو الأدوار التي تؤديها الشخوص، ولكن أيضاً من خلال مجموعة المؤثرات في الحركة والنغمة والأسلوب والموقف.. والتي تتآلف مع بعضها بعضاً في المشهد الواحد، لتبرز إيجابيات سلوك أو قيم اجتماعية معينة، وسلبيات سلوك آخر أو قيم اجتماعية أخرى.

وتتفق ملاحظتنا مع نتائج دراسات تظهر أن الطفل سريع التأثر بما يعرض أمامه من مشاهد، وبخاصة في البرامج التلفزيونية الموجهة للأطفال، فما يشاهده الطفل على الشاشة الصغيرة ينتج عنه تعلم ومحاكاة لأنماط السلوك المشاهد[1].

إن الدور الذي يقوم به التلفزيون، من حيث تأثيره في بعض جوانب النمو عند الطفل كان مجال دراسات كثيرة لباحثين أمثال كولي وليزر وأتكن (Culley, Lazer and Atkin, 1976) وقد أظهرت عدة دراسات أن التلفزيون يستطيع تعليم أنواع متعددة من السلوك الاجتماعي ومنها دراسات باندورا وروس وروس، جرينبرغ وجوردون، ستين وفردريك (Bandura, Ross and Ross, 1963. Greenberg and Gordon, 1972. Stein and Fredrick, 1972) وبالرغم من أن التأثير يتفاوت حسب محتوى البرامج، إلا أن المحصلة العامة لهذه الدراسات تبين وجود علاقة واضحة بين مدركات الأطفال وبرامج التلفزيون؛ فقد بينت دراسات متعددة أن الأطفال

---

(1) Singer, 1983. P 815-816

يكتسبون من التلفزيون أنماطاً متباينة من السلوك الاجتماعي، ويقر الأطفال أنفسهم بأنهم يتعلمون سلوكاً اجتماعياً من خلال مشاهدتهم للتلفزيون (Schramm, 1961)[1].

كذلك بينت بعض الدراسات أن صغار المشاهدين أكثر تأثراً بما يشاهدون من الكبار، فالكبار أكثر قدرة على فهم الجوانب الدراماتيكية (المسرحية) ولذلك نراهم يختارون ما يشاهدون أو ما يريدون أن يتأثروا به. ويكون أكثر وضوحاً في البرامج الترفيهية التي لا تقتصر ـ على نماذج من الإتجاهات والسلوك الاجتماعي وحسب، ولكن يرافقها معلومات عن مدى ملاءمتها والدوافع ورائها والنتائج المترتبة عليها، أما الصغار فيصعب عليهم أن يفرقوا بين الخيال والواقع أو أن يحيّدوا مشاعرهم أثناء المشاهدة، وبالرغم أن التوجه الشائع أن التلفزيون وسيلة تسلية وترفيه، لكن لا يمكن أن ننفي ما يكمن فيه من إمكانات هائلة في توفير نماذج من أبطال يقلد الطفل سلوكهم ويتماثل معهم وكيف يصبح التلفزيون النافذة التي يرى الطفل العالم حوله من خلالها[2].

تتمثل في سلوك شخوص الروايات التلفزيونية الكرتونية نماذج من القيم الاجتماعية والأخلاقية يمكن التعرف عليها، وتصنيفها بطرق مختلفة، بالرغم من أنها أساساً وليدة خيال المؤلف وتصوراته الخاصة وانتماءاته الثقافية.. إلا أننا في مستوى التحليل العلمي يمكن أن نتناولها بأكثر من منهجية وأكثر من منظور، مثلاً انتهجت بعض الدراسات تقسيم هذه القيم والخصائص في مجالين، الأول متصل بالذات والثاني بالغير، ومن الأمثلة على السمات في المجال الأول: حفظ الذات، والثروة، والشهرة، والمركز الاجتماعي، والأمن الذاتي... الخ. ومن الأمثلة على السمات في المجال الثاني: العدالة، والمحبة، والمثابرة، والعلاقات الأسرية، والوطنية، والإخلاص.. الخ[3].

(1) Barcus, 1990. P 19 + Weiner, 1966. P 106-108

(2) البرنامج التلفزيوني/خط المواجهة + كرم، جان، 1988، ص102.

(3) Rosenstand, 2003. P 128 + Lowery, 1988. P 52-53. + Anderson, 1988, P8.

وإذا أخذنا بتصنيف كولبيرغ (Kholberg) لمراحل النمو الخلقي نجد أنها تقترب بطريقة ما من التصنيف السابق، إذ يبدأ الطفل متمحوراً حول ذاته، وينتقل بتطوره في مراحل العمر إلى الامتثال للسلطة والكبار ومجتمع الأسرة ثم المجتمع المحلي إلى أن تأخذ قيمه أبعادها الإنسانية وصيغها العقلانية[1].

ويمكن أن يأخذ التحليل العلمي أبعاداً أكثر شمولية لجوانب الشخصية كما ظهرت في كتابات بعض المؤلفين والباحثين (كاتل، اريكسون، موري وغيرهم) لكن في الدراسة المقترحة هنا يأخذ التحليل العلمي أبعاداً أخرى قد تتسق بدرجة ما أو تغاير ما يمكن أن تطرحه التوجهات النظرية عند الباحثين في جوانب السلوك الاجتماعي وما يتضمنه من بطولات ووقائع وصراعات لا بد لها من أن تفرض محددات على نظام التصنيف الذي يتم استخلاصه وبناؤه[2].

كذلك لا بد من أن تؤخذ بالإعتبار عوامل أخرى إلى جانب المشاهدة التلفزيونية تساهم في تحديد تأثير البرامج ويفترض أن لها آثاراً بعيدة المدى على السلوك الاجتماعي والأخلاقي للطفل، وأبرزها الأسرة والمدرسة ومجمل عناصر البيئة التي ينشأ فيها الطفل بأبعادها الثقافية والاجتماعية والإقتصادية.

وأمام التنوع الكبير في البرامج التلفزيونية الكرتونية المدبلجة التي يتعرض لها الطفل الأردني سيما وأن معظم هذه البرامج ليس إنتاجاً محلياً، بل هو إنتاج متعدد المصادر بدرجة كبيرة، ومتعدد المضامين والأساليب، وتتخلله عناصر ثقافية من هنا وهناك قد تختلف أو تتفق من حيث ما تبثه أو تمثله من اتجاهات وقيم وأنماط سلوك عما هو في واقعنا الثقافي الخاص. أمام هذا نضيف عاملاً جديداً له أهميته ولا بد من تناوله وهو بحث أثر التلفزيون في سلوك الأطفال الاجتماعي والأخلاقي (آخذين بعين الإعتبار أهمية التلفزيون وبرامجه كوسيلة تعليم غير نظامية للأطفال).

ونظراً لهذا التعدد في العوامل المؤثرة في تكوين الطفل الشخصي والاجتماعي والخلقي لا يكون من السهل تتبع أثر كل منها مستقلاً عن الآخر؛ إذ إنها تتفاعل مع

---

(1) Sprinthall, 1987. P 247.

(2) Graham, 1974. P 84.

بعضها بعضاً لكن القيمة الوزنية لها قد تختلف من نقطة زمنية إلى أخرى في حياة الطفل.

ومن هنا نشأت فكرة هذه الدراسة في محاولة لتقصي جانب هام من الآثار المحتملة لمشاهدة برامج الأطفال على التكوين القيمي (الاجتماعي والأخلاقي) عند الأطفال، وأن تأخذ الدراسة مسارات منهجية تؤكد مصداقية نتائجها، وذلك من خلال التعرف على الأثر المباشر (قريب المدى) أي بعد المشاهدة مباشرة والأثر غير المباشر وقد لا يكون بعيد المدى، ولكن في أدنى حدوده حيث يأتي بعد انقضاء فترة كافية لاستبعاد أثر عوامل دخيلة يمكن أن يتأثر بها البناء المعرفي والأخلاقي عند الطفل. وتشير الدراسات التطورية إلى الآثار بعيدة المدى لخبرات الطفولة في تكوين شخصية الراشد*، ومن هنا فإن هذه الدراسة اهتمت بتناول تأثير الخبرات المهمة التي يتعرض لها الطفل، والتي أضحت تشكل جزءاً كبيراً من الخبرة اليومية والنشاط اليومي المرتبط بها في تكوين شخصيته. وهذا يجيب عن الجزء الرئيسي- من التساؤل الذي يشكل الفرضية الرئيسة في هذه الدراسة من أن البرامج التلفزيونية التي يشاهدها الطفل تؤثر في بنية منظومة القيم عنده والتي قد يمتد أثرها إلى فترة طويلة من حياته وتكون أساساً في بناء شخصيته المستقبلية.

وإزاء ذلك فالتصور المقترح لجانب آخر في منهجية البحث هو اختبار أثر برامج التلفزيون الكرتونية المدبلجة من خلال موقف تجريبي تعرض فيه أمام عينات من الأطفال مشاهد تمثل نماذج مختارة من البرامج، ويتم استقصاء أثرها باستدعاء استجابات الأطفال إلى الخصائص والأفعال والمواقف التي شاهدوها ومدى تحبيذهم أو تقبلهم أو رفضهم لها، وما إذا كان هذا التقبل أو الرفض يختلف تبعاً لمتغيرات محددة مثل: عمر الطفل، وجنسه، وبيئته الثقافية والاجتماعية، ونوع البرامج...

وبناءً على ما تقدم يمكن تلخيص مسار الدراسة كما يلي:

---

* وكما أشار روبنستين (Rubinstein, 1983, P 822) فهناك دراسات تطورية متعددة اهتمت بدراسة الأثر غير المباشر والبعيد المدى (Long-term effect) للتلفزيون على سلوك الأطفال الاجتماعي.

1- مراجعة مستفيضة لأدب الموضوع والدراسات السابقة.

2- استخلاص معايير لتحليل البرامج وبناء نظام تحليل استناداً إلى هذه المعايير.

3- اختيار مجموعة من برامج الأطفال الكرتونية المدبلجة مصنفة وفق أسس معينة.

4- تحليل البرامج باستخدام نظام التحليل الذي تم التوصل إليه في رقم 2.

5- اختيار عينات من الأطفال مصنفة حسب العمر والجنس والمستوى الإقتصادي والثقافي والاجتماعي.

6- إعداد اختبار قبلي -بعدي لقياس أو للتعرف على القيم الاجتماعية والخلقية عند الأطفال.

7- في مرحلة الإختبار القبلي يتم التعرف على منظومة القيم عند الأطفال دون تحديد لمصدرها على افتراض أنها نتاج تأثير متبادل بين مجموعة العوامل التي سبقت الإشارة إليها.

8- تنظيم المعالجة التجريبية المتضمنة عرض المشاهد الكرتونية المختارة على الأطفال.

9- تسجيل بيانات مرحلية أثناء المعالجة التجريبية عن استجابات الأطفال لمشاهد مختارة.

10- في مرحلة الاختبار البعدي، أي بعد تعرض الأطفال للبرامج المختارة، يتم التعرف على منظومة القيم عند الأطفال ومدى تأثرها بالبرامج المشاهدة.

11- أيضاً في مرحلة الإختبار البعدي يتم التعرف إلى التأثيرات الخاصة للبرامج من حيث المميزات الشخصية لأبطال وشخوص الرواية والأحداث والمواقف التي يمكن أن تعبر عنها اتجاهات أو قيم اجتماعية أو خلقية معينة.

الإطار النظري للدراسة

القسم الأول

الفصل الأول

الإطـــار النظـــري

تضمنت المقدمة السابقة عددا من المفاهيم والمصطلحات التي تحتاج إلى مزيد من التوضيح، وبشكل خاص ما يتعلق بمفاهيم السلوك الاجتماعي والأخلاقي، وما يرتبط بهما من قيم، وكيف يتطور هذا السلوك وما هي العوامل التي يمكن أن تؤثر في تشكيل أنماطه في مرحلة ما من عمر الطفل، وكيف يتم اكتساب هذه الأنماط مما قد يقودنا إلى استعراض الأساليب المختلفة في اكتساب الطفل للسلوك الاجتماعي والأخلاقي، وتوضيح دور التلفزيون باعتباره وسيطا له أهمية خاصة في اكتساب هذه الأنماط.

أولاً: 1. السلوك الاجتماعي وتطوره عند الطفل:

يكتسب الطفل السلوك الاجتماعي عندما يقوم بسلوك يتفق مع مجموعة القواعد والأعراف والتقاليد التي يقرها المجتمع الذي نشأ فيه، ويتطور هذا السلوك في الفرد بالقدر الذي يكتسب فيه هذه القواعد ويصبح أكثر وعيا لها[1].

ففي المراحل الأولى لا يميز الطفل بين ذاته والأشياء خارج الذات، وتدريجيا يأخذ بإدراك ذاته مستقلة عن الأشياء المحيطة به، أي العالم الخارجي المكون من مكونات مادية وأخرى إنسانية، ويأخذ يميز تدريجيا

(1) Barcus, 1990. P 19

بين هذين النوعين من المكونات المادية والإنسانية، ويصبح أكثر وعيا لخصائص الوجود الاجتماعي[1].

وفي أول الأمر يتقمص أو يذوّت* سلوك الكبار، ويظهر ذلك من خلال عمليات المحاكاة والتقليد والامتثال لمتطلباتهم باعتبارهم القائمين على تلبية حاجاته، إذاً هنا لا يكون عند الطفل وعي بالقواعد التي تحكم تصرفاته، وبسبب اعتماده على الكبار وبخاصة الأم والأب في تلبية حاجاته، تكون سلطة الكبار هي الموجه للسلوك الاجتماعي عنده في هذه المرحلة، ثم يأخذ بالإدراك تدريجيا أن هنالك قواعد عامة يطلب منه أن يلتزم بها، وإذا خالفها يمكن أن يناله العقاب، وفي هذه الحالة يكون الخوف من العقاب هو الموجه لسلوك الطفل في هذه المرحلة[2].

وفي المراحل التالية يأخذ الطفل بإدراك المنطق الموضوعي لهذه القواعد، وكيف أنها تمثل نوعا من الأطر المفاهيمية العامة التي تنظم سلوك الجماعات والأفراد، وليس بالضرورة على أساس سلطة الكبار أو الخوف من العقاب. لكن يظل العقاب مشروعا من المجتمع لمن يتجاوز هذه القواعد أو الصيغ التشريعية المتمثلة في القوانين والنظم والأحكام التشريعية الأخرى. ومما تجدر ملاحظته هو أن التطور الاجتماعي للطفل يواكب تطوره المعرفي، ويرتبط به، ومن هنا فإن الدرجة التي يتأثر بها التكوين المعرفي للطفل، بفعل عوامل نضجية وبيئية، تترك آثارها على التكوين الاجتماعي والأخلاقي عنده[3].

---

(1) Paul and Miller, 1999. P 159-161 + Sprinthall, 1987. P 248

* هذه الكلمة ترجمة للكلمة Internalized وتعني أن يدمج الفرد مشاعر أو أفكار معينة ذاتيا أو داخليا.

(2) Barcus, 1990. P 20 + Williams, 1981. P 125

(3) Santrock, 1992. P 585

أولاً: 2. السلوك الأخلاقي وتطوره عند الطفل:

يعتبر الفلاسفة من أوائل الذين تناولوا الظاهرة الاجتماعية بالبحث والتأمل، وقد برزت مدارس فلسفية مختلفة منذ فجر التاريخ حتى يومنا هذا، واختلفت في الكيفية التي تنظر بها إلى الأخلاق وتعرفها، فمن أخلاق الحكمة التي يدعو إليها سقراط وأفلاطون وأرسطو إلى أخلاق اللذة التي يدعو إليها أوستيب وأبيقور، إلى أخلاق الفضيلة التي يدعو إليها زينون وكليانت وسبينوزا وكانت، إلى أخلاق العاطفة التي يدعو إليها هولز وديدرو وفولتير وروسو وسميث. إلى أخلاق التشاؤم التي يدعو إليها شوبينهور وهارتمان ونيتشه إلى أخلاق المنفعة التي يدعو إليها بنتام ومل إلى أخلاق الجدل التي يدعو إليها فخته وهيجل إلى أخلاق الماركسية التي يدعو إليها ماركس وانجلز ولينين. ومن أخلاقيات العلاقات الحميمة التي تنادى بها أوكين (Okin) إلى أخلاقيات الشخصية المثالية التي ينادي بها بنس (Pence)، إلى الأخلاقيات السائدة التي ينادي بها والتزر (Waltzer)[1].

وقد قدم الفلاسفة عبر القرون وجهات نظر وتصورات مختلفة لمجتمعات تقوم على القيم الأخلاقية ولكنهم لم يتفقوا على ماهية هذه القيم، ولا على الكيفية التي يمكن أن تتحقق فيها مبادىء العدل الاجتماعي لأفراد المجتمع، ويمكن أن نشير هنا إلى اتجاهات ثلاثة نظر بها الفلاسفة إلى الأخلاق وهذه الاتجاهات هي:

- الفلسفة المادية (Naturalism) وتتميز هذه الفلسفة بوجود مبدئين أساسيين يحكمان الفلسفة الأخلاقية:

- الأول أن هناك نظاماً يحكم الطبيعة وأن القيم من مقومات هذا النظام.

---

(1) العوا 1964، ص8 + عزت، 1946، ص44، 34.

Rosenstand, 2000. P 10,22 + Hall. 1975. P 16, 20.

وتكمن هذه القيم بالطبيعة ولا تتجاوزها فهي متأصلة ومتجانسة معها وليست غريبة عنها.

- الثاني طريقة تحقيق القيم المرغوب فيها، فالإنسان حسب رأي الفلسفة المادية يحقـق القيم العزيزة عليه عندما يتوافق في حياته مع الطبيعة.

وتتمثل القيم الأخلاقية عند الماديين في مبدأ اللذة وتجنب الألم، فاللـذة تمثـل الخـير الأعظم، أما الطبيعة فيكمن فيها الشر كما يكمن فيها الخير أيضا، بمعنى أنها تكتنف وقائـع الشيء الذي نتجنبه ويسبب الألم ووقائع الخير التي نستجيب لها وتسبب لنا المتعة، فالقيم التي تكتنفها الطبيعة ما هي إلا وقائع في خبراتنا معها كوننا كائنات متطورة بالنسق نفسـه الذي تتم فيه عملية التطور في الطبيعة نفسها، فالقيم الاجتماعية في المذهب المادي تتمثل في توحد الإنسان مع الطبيعة، ومع النظام الـذي يحكمها فالإنسان والمجتمع هـما وليـدا النظام الطبيعي، وهذا ينفي الرأي القائل بـأن الإنسان ابـن المجتمـع، ومـن أصـحاب هـذه الاتجاه كما ورد في بتلر (Butler,1957) روسو (Rousseau) الذي يرى أن الطفل يجب أن ينشـأ في قلب الطبيعة وبعيدا عن المجتمع حتى يبلغ سن المراهقة وكذلك توماس هـوبز، وهربـرت سبنسر (Thomas Hobbes, Herbert spenser)[1].

أما في الفلسفة المثالية (Idealism) فيغلب على القيم الأخلاقية التجريد والروحانية، فالقيم الأخلاقية حسب هذا المفهوم لها وجود حقيقي وذات صلة وثيقة بحياة الأشخاص. وتتحقق القيم الشخصية عند الفرد من خلال العلاقة بين الأجزاء والكليات، ويرى الفيلسوف باركلي (Berkely) بأن لا وجود خارج مدركاتنا، وأن هذه المدركات هي جزء من الإدراك الكلي ممثلا بالوجود الإلهي ولعل الفيلسوف كانت (Kant) هو أقرب من يعبر عن القيم الأخلاقية في الفلسفة المثالية من خلال قيمتين أساسيتين. الأولى

---

(1) Rosenstand, 2000. P 211-214 + Butler, 1957. P 7-14

تكمن في الأفراد باعتبارهم عقولا وأشخاصا وأنفسا، والثانية في القانون الأخلاقي العام الذي يفترض الإلزام بفعل الخير باعتباره أصلا في كل إنسان. ويفترض كذلك أن الواجب هو الموجه للسلوك، وأن القوانين الأخلاقية ملزمة عند جميع الناس، وإذا ما تمت مخالفتها يضطرب النظام الاجتماعي وتعم الفوضى وتتمثل الفلسفة المثالية كما ورد في (Butler, 1957) بديكارت، وسبينوزا، ليبنز، بيركلي، كانت وهيجل (Decartes, Spinoza, Leibniz, Berkeley, Kant and Hegel)[1].

أما الفلسفة البراجماتية (Pragmatism) فالقيم الأخلاقية فيها لا يتم تعريفها على أساس أن لها وجوداً مطلقاً أو نهائياً، وإنما يكون للقيم الأخلاقية وجود بالقدر الذي ترتبط فيه بالنشاط الإنساني - الاجتماعي، ولها وجود بالقدر الذي تعمل فيه أو يقترن فعلها في سير الوقائع الإنسانية الاجتماعية، أما المباديء التي توجه اختيار القيم واعتمادها فلا ترتكز على الرغبة الشخصية فقط وإنما على نوع من التفحص الناقد للقيم حتى يتم الاختيار الحكيم بما يرتقي إلى نقد القيم ليمارس فيه نوع من المباديء السليمة في النقد[2].

فهذه المذاهب الفلسفية تتباين في تعريف الأخلاق ولا يقتصر ـ الاختلاف والصراع على المذاهب فقط، ولكن قد يتجاوزها للمذهب الواحد، فلكل فيلسوف تعريف يميزه عن غيره من أتباع المذهب الفلسفي الواحد. وحتى فلاسفة المسلمين كالفارابي وابن مسكوية والغزالي الذين استقوا فلسفة الأخلاق من مصادرها اليونانية والفارسية وطوروها في وحي من الشريعة الإسلامية والقرآن الكريم لم يتفقوا فيما بينهم أيضا على تعريف القيم الجوهرية العامة كالعدالة والإنصاف والمساواة[3].

---

(1) Rosenstand, 2000. P 211-214 + Butler, 1957. P 7-14

(2) Rosenstand, 2000. P 321-322 + Depalma and Foley, 1975. P 46

(3) عزت، عبد العزيز، 1946. ص 208.

ولعل من الطبيعي أن يهتم علماء النفس بالأخلاق خاصة وأن علم النفس تبلور في نهاية القرن التاسع عشر كوليد للفلسفة، فقد استخدم علماء النفس مداخل مختلفة لدراسة الأخلاق أدت إلى صياغة تعريفات متباينة* قامت على معايير متفاوتة ولعل أبرز المعايير التي استندت إليها تلك التعريفات هي المعايير الستة التالية:

1- سلوك مساعدة الغير.

2- السلوك الموافق للمجتمع.

3- تذويت أو تمثل (Internalization) معايير المجتمع.

4- ظهور التعاطف أو الشعور بالذنب أو كليهما معاً.

5- الإيثار والغيرية.

6- التفكير في العدالة.

ويرى رست (Rest, 1981) أن كلاً من هذه المعايير يعبر عن جانب هام من الأخلاق، إلا أننا إذا أردنا وضع تعريف شامل للأخلاق فإن لكل منها جانب قصوره[1] وعلى وجه الإجمال يمكننا القول أن مصطلح الأخلاق في الأدب السيكولوجي يشير إلى ثلاثة معاني رئيسة هي:

- الأول: هو مقاومة الإغراء أو الحد من السلوك الخطأ، ومن هذا المنظور فالشخص اللاأخلاقي هو الشخص الذي لا يكبح دوافعه، ولكنه يسعى لإرضاء رغباته بشكل فوري ومباشر. وقد يمتنع الشخص عن سلوك غير مقبول اجتماعياً خوفاً من العواقب. وفي هذه الحالة فإن اعتبار السلوك أخلاقياً أو غير أخلاقي يعتمد على المحددات الداخلية للمجتمع لما هو مقبول أو غير مقبول[2].

---

* تولدت هذه التعريفات من ثلاث نظريات رئيسية تناولت الأخلاق وهي النظرية الفرويدية، والتعلم الاجتماعي والمعرفية وسيرد الحديث عنها لاحقاً بشيء من التفصيل.

(1) Rest, 1985. P 10-12 + Depalma and Foley, 1975. P 3

(2) Graham, 1974. P 10-11 + داوود، 1977. ص 2.

- ثانيا: وقد يشير مصطلح الأخلاق هنا إلى المعايير المذوتة لدى الفرد التي تعتبر ضابطا للسلوك، حيث تؤدي دور السلطة في تحديد سلوكه وأحكامه الخلقية، فيحظر على نفسه أعمالا ويبيح أخرى، وتمثل هذه المحللات والمحرمات المذوتة قبولا طبيعيا عند الفرد لسلطة خارجية دون أن يفهم بالضرورة المنطق والأسباب وراء هذا التقبل[1].

- ثالثا: كما يشير مصطلح الأخلاق إلى السلوك الذي يقوم به الفرد معتمدا في الأساس على الأحكام والمبادىء التي يتقبلها عقليا ومنطقيا، والاعتبار الرئيس لهذه الأحكام هو القاعدة التي تقول بأن على الفرد أن يأخذ بعين الاعتبار جميع حقوق الآخرين وألا يعطي لنفسه حقا وامتيازا لا يمنحه للآخرين لمجرد شعوره بالرضى، ويؤكد هذا المنظور أن الفرد القادر على الوصول إلى هذا المستوى الخلقي العالي لا بد وأن يتمتع بقدرة عقلية عالية ليفهم طبيعة القوانين والمبادىء الأخلاقية ويتمكن من تحليل المشاكل وإبعادها في ضوء هذه القوانين[2].

ويجدر بنا الإشارة إلى أن اختلاف المدارس النفسية في تعريفها للأخلاق يرجع إلى الاختلاف في الأهمية التي تعطيها كل مدرسة لجوانب الحكم والسلوك الخلقي. فالسلوك الأخلاقي في مدرسة التحليل النفسي يتعلق بمجموعة من القواعد التي تؤدي مخالفتها إلى إلحاق الضرر بالآخرين؛ وبمعنى آخر يشير السلوك الأخلاقي إلى مدى الالتزام بقواعد يقرها المجتمع، وإلى التوقع الاجتماعي للفرد، وبأن يمتنع عن القيام بما يخالف هذه القواعد والقوانين. أو عن ارتكاب المحرمات. وفي عملية النمو النفسي للطفل تصبح هذه المحرمات حسب التعريف الفرويدي - جزءا من تكوين الضمير في الذات العليا (Super Ego)[3].

---

(1) Graham, 1974. P 10-11 + داوود، 1977. ص 2.

(2) Rosenstand, 2000. P 94 + Graham, 1974. P 10 + Musgrave, 1978. P 21-23

(3) Rosenstand, 2000. P 319 + World Book, 1998. P 3413

وحسب نظرية التعلم الاجتماعي تعتبر الأخلاق نوعا من الضابط الداخلي للسلوك. أما وجهة النظر المعرفية فتذهب إلى أن الأخلاق عملية اتخاذ قرارات تبدأ في فلسفة أخلاقية تركز على مبدأ العدالة ومفاهيم المساواة وتبادل المصالح المشتركة[1].

وإذا كان للسلوك الاجتماعي جانب تطوري يرتبط بالتطور المعرفي عند الطفل، فإن السلوك الأخلاقي يعتبر أحد أهم مظاهره، وكذلك فهو يتطور بمسار تطور السلوك الاجتماعي نفسه ويتأثر أيضا بالتطور المعرفي عند الفرد. ونجد هذا واضحا في العلاقة بين مراحل النمو الأخلاقي كما وصفها كولبيرغ ومراحل النمو المعرفي كما وصفها بياجيه[2].

لم يكن هناك درجة كافية من الوضوح حول الطريقة التي يتطور فيها السلوك الأخلاقي والأحكام الخلقية المرتبطة بها إلا عندما جاء عدد من الباحثين والعلماء النفسيين مثل فرويد وأعلام المدرسة التحليلية، وبياجيه الذي جاءت تفسيراته للنمو الخلقي موازية لتفسيراته في النمو المعرفي، وكولبيرغ الذي حاول بناء نظام لمراحل النمو الخلقي، و"رِست" (Rest) الذي حاول وضع نظرية جديدة في تعريف الأخلاق تقوم على أساس محاولة ضم الجوانب الثلاثة للأخلاق وهي (المعرفة والسلوك والانفعال) في إطار واضح يبين تفاعلها معا، ولا نغفل الاتجاه السلوكي في نظرية التعلم الشرطي والتعلم بالنمذجة والقدوه (باندورا) والتي فسرت تطور السلوك الأخلاقي واكتسابه ضمن معطيات المثير والاستجابة وتقليد النموذج*[3].

---

(1) Zimbarde, 1989. P 61

(2) Sprinthall, 1987. P 249

* سيكون هناك حديث لاحقٌ عن النظريات الثلاثة الرئيسية التي تولدت عنها هذه التعريفات في الأخلاق وهي النظرية الفرويدية ونظرية التعلم الاجتماعي، والنظرية المعرفية.

(3) Husten, 1994. P 5171-5172

ومن نتاجات تطور السلوك الأخلاقي منظومة القيم التي تتشكل في مراحل معينة من حياة الطفل. فالطفل يتعلم القيم ويكتسبها، ويتشربها ويذوتها (Internalize) تدريجيا وتصبح جزءا من شخصيته (Personalize) ويضيفها إلى أطره المرجعية للسلوك ويتم ذلك من خلال عملية التنشئة الاجتماعية[1].

وقد ساد الاهتمام بتربية الشخصية الأخلاقية وتعليم القيم والفضائل في أوائل القرن العشرين، ثم انحسر عنه إلى الاهتمام بتعليم الحكم الأخلاقي في السبعينات والثمانينات، وأخيرا عاد الاهتمام من جديد نحو تنمية الشخصية الأخلاقية وتنمية القيم والفضائل[2]. ولعل المتابع لمئات الكتب والمقالات المطبوعة والمنشورة عبر شبكات الإنترنت ووسائل الإعلام المرئية والمسموعة والمقروءة في العقد الأخير يكتشف طغيان اتجاه تعليم القيم وتربية الشخصية الأخلاقية.

ويعد ويليام بينيه (Bennett, W.) واي وين (E. Wyne) وكي رايان (K. Ryan) من أبرز دعاة هذا الاتجاه القيمي نحو تربية الشخصية الأخلاقية ويعارض أنصار هذا الاتجاه التيار المعرفي النمائي لتعليم الأخلاق الذي كان مسيطراً على الساحة الخلقية، ويعتبرونه أساس المشكلة الأخلاقية القائمة في المجتمعات الحديثة، وهم يطالبون بنوع محدد من التربية الخلقية يكون تركيزه على الخصائص الفاضلة للشخصية وهم يعتقدون أيضاً أن الأطفال يتعلمون الفضائل والقيم عبر القصص التي تتحدث عن أشخاص أفاضل وخيّرين** وعبر التعزيز الخارجي والمكافأة على السلوك الملائم[3].

---

(1) Piaget, 1983. P 332 + Malim and Birch, 1998. P 332-337 + مرعي، 1995، ص 261.

(2) Piaget, 1983. P 332 + Malim and Birch, 1998. P 332-337 + مرعي، 1995، ص 261.

** نلاحظ أن هذه هي مبادئ أنصار التعلم الاجتماعي والمدرسة السلوكية بوجه عام.

(3) Rosenstand, 2000. P 376 + Santrock, 1992. P 606-607

وللقيم تعريفات كثيرة تختلف وتتباين تبعاً للمفكرين أو لمجالاتها التي تناولها بالبحث علماء النفس (فرويد) من منظور التحليل النفسي، (وهل وسكنر) من المنظور السلوكي و(باندورا) من منظور التعلم الاجتماعي، و(بياجيه وكولبيرغ) من المنظور المعرفي***، و(روجرز) من المنظور الظواهري القائل بأن القيم مرتبطة بخبرات الفرد ويخبرها بصورة مباشرة أو يأخذها من الآخرين أو يستدمجها، وعلماء الاجتماع (دوركهايم)، والفلاسفة (أفلاطون)، والاقتصاديون (ماركس). ففي الوقت الذي نجد فيه علماء الاجتماع والسياسة يستخدمون مفاهيم كالمبادىء والمستويات والأخلاق والحقوق، نرى المختصين بعلم الإنسان يستخدمون مفاهيم كالأنماط، وأساليب الحياة، والأنساق الثقافية. أما علماء الاقتصاد فقد استخدموا اصطلاح القيمة بمعنى نافع، ويستخدم المختصون بالعلوم النفسية مفاهيم كالحاجات والميول والاتجاهات فالقيم تنظيمات عقلية فعالة ومعقدة تتضمن أحكاماً عقلية وتقريبية إيجابية وسلبية نحو الأشياء وأوجه النشاط المختلفة وتكون إما صريحة أو ضمنية نستنتجها من السلوك اللفظي وغير اللفظي. وتشير القيم إلى تكوينات (أو توجهات) افتراضية تنزع بالفرد إلى العمل وفق أنماط سلوكية محددة حيال موضوعات أو أحداث أو أوضاع أو أشخاص أو مؤسسات أو أفكار، وتنطوي القيم كما يرى بارسونز (Parsons) وغيره من علماء الاجتماع والأنثروبولوجيا على ثلاثة مكونات هي: المكون المعرفي (العقلاني)، والمكون الانفعالي (الوجداني) والمكون السلوكي (التعبيري). والقيم -بغض النظر عن طبيعتها أو مكوناتها- مكتسبة بتأثير عمليات التعلم، وهذا ما تؤكده المدرسة الاجتماعية المعاصرة من أن عناصر القيم الثلاثة متداخلة ومتفاعلة فيما بينها بتأثير المجتمع والتفاعل الاجتماعي وأنها

*** سيكون هناك حديثٌ لاحقٌ عن النظريات الثلاث الرئيسية التي تناولت هذه التعريفات في القيم والأخلاق، وهي النظرية الفرويدية، ونظرية التعلم الاجتماعي، والنظرية المعرفية.

تعكس ثقافة هذا المجتمع وتعبر عن طبيعة العلاقات الاجتماعية السائدة فيه[1].

أما الاتجاهات فهي أساليب منظمة، منسقة في التفكير والشعور، ورد الفعل تجاه الناس والجماعات والقضايا الاجتماعية أو أي أحداث في البيئة الاجتماعية المحيطة؛ ومعنى هذا أن مكونات الاتجاه الرئيسة هي الأفكار والمعتقدات والمشاعر والانفعالات ثم النزعات إلى رد الفعل، ويتشكل الاتجاه عندما تترابط هذه المكونات إلى الحد الذي ترتبط فيه هذه المشاعر والنزعات إلى رد الفعل بصورة منسقة مع موضوع الاتجاه[2]. وبهذا يمكننا القول: أن الاتجاه على مرتبة قريبة من القيم، ويمثل استعدادا عند الفرد نحو تقبل أو رفض أو تفضيل موضوع، أو بديل من بين عدة بدائل أو أفكار... وله مكونات القيمة، وهو كذلك استعداد مكتسب بتأثير عمليات التعلم. وتمتزج القيم والاتجاهات عند الفرد في بنيته الشخصية ومجموع سماته النفسية لتحدد الطريقة التي يفكر بها وينفعل معها تجاه الأحداث والأشخاص والموضوعات التي يتعرض لها[3].

أما المعايير فهي تلك المفاهيم المتضمنة ما يقبله المجتمع من أساليب سلوكية بين أفراد الجماعة، وفق قواعد تحددها العادات والتقاليد والأعراف والاتجاهات القيمية والتعاليم الدينية السائدة في المجتمع، والتي تعد أطراً مرجعية مرشدة وميسّرة للأفراد أثناء تعامل بعضهم مع بعض[4].

ويمثل الرأي (Opinion) نوعاً من الحكم أو الاستنتاج المستند إلى أمرين: الأول هو المعرفة المتيسرة للشخص ومن هنا فإن كانت المعرفة تفتقر إلى العمق

---

(1) Parker, 1968. P 470 + Santrock, 1992. P 593 + مرعي، 1995، ص 252، 262-261.

(2) وحيد، عبد اللطيف، 2001، ص (40) (88).

(3) Parker, 1968. P 470 + Santrock, 1992. P 593 + مرعي، 1995، ص 252، 262-261.

(4) وحيد، عبد اللطيف، 2001، ص (40) (88).

والدقة تكون الأحكام كذلك مفتقرة إلى هذين العنصرين. أما الأمر الثاني فهو أطر التفكير الخاصة عند الفرد، وهي قريبة من منهجية التفكير الخاصة بهذا الفرد، كيف يفكر؟، وكيف يحلل الأمور؟، وكيف يربط بين هذه المعطيات والنتائج؟ وقد يتأثر الرأي بالاتجاهات والقيم الخاصة بالأفراد[1].

أما العقلية (Mentality) فهي عبارة عن المنظومة العقلية للفرد، وبعبارة أخرى فهي النمطية في التفكير وتكون بذلك قريبة من العادة العقلية فكل إنسان يفكر بطريقة خاصة تختلف عـن الآخرين، ويتعامل مع المشكلات والمواقف بإطار عقلاني أو مفاهيمي خاص يميزه[2].

وتشكل هذه المفاهيم في مجموعها دوافع محركة للسلوك الاجتماعي والأخلاقي، ويكون لها أوزان مختلفة في هذه السلوكات. وبما أن القيم هي دوافع محركة ومحددة هامة للسلوك الاجتماعي والأخلاقي ولأنها تمثل جزءاً هاماً من التنظيم الذي يضبط أو يوجه السلوك ويعكس اهتمامات الفرد وحاجاته من هنا جاء اهتمام الدراسة الحالية بتقصي المنظومة القيمية الخلقية عند الأطفال على النحو الذي تتشكل فيه من خلال عوامل الأسرة والمجتمع الذي يتعرض له الطفل أثناء تنشئته الاجتماعية، والمدى الذي تتأثر فيه هذه المنظومة بالوسائل الإعلامية وبخاصة البرامج التلفزيونية الموجهة للأطفال باعتبار أن الأثر أو التأثير هو النتيجة المتوقع حصولها في المتغير التابع بافتراض وجود العلاقة السببية، ولكن لا يمكن الجزم (التيقن) من هذه العلاقة السببية بإجراءات مباشرة ويمكن أن تكون العلاقة تصاحبية (ترابطية)، فالمتغير المستقل (وهو في هذه الحال نماذج من برامج الأطفال التلفزيونية) يفترض أن ينتج عنه أثر (نتيجة ما) وهذا ما ستحاول الدراسة الحالية الإجابة عنه في الصفحات اللاحقة.

---

(1) P 212 + 245-246, 1977, Schramm

(2) P 212 + 245-246, 1977, Schramm

ثانياً: النظريات المفسرة للسلوك الاجتماعي والأخلاقي:

لقد نالت دراسة النمو الأخلاقي الكثير من الاهتمام فمنذ ستين عاما وحتى الآن أجريت آلاف الدراسات في هذا المجال، تركزت في بدايتها على دراسة النمو الأخلاقي من منظور انفعالي، وتطورت إلى منظور سلوكي ثم إلى منظور معرفي بنائي. واستنادا إلى المرجع نفسه يمكننا تقسيم النظريات الكبرى التي اهتمت بدراسة النمو الأخلاقي إلى ثلاث نظريات هي:

- نظرية التحليل النفسي (نظرية فرويد).

- نظرية التعلم الاجتماعي (سكنر وباندورا).

- النظرية المعرفية (بياجيه وكولبيرغ ورست)[1].

وتركز كل من هذه الاتجاهات على جانب معين من خبرات الفرد، فالاتجاه التحليلي يركز على دراسة الجانب الانفعالي من النمو الأخلاقي عبر عمليات التذويت وانبثاق مشاعر الذنب والخجل ونمو الأنا الأعلى، أما اتجاه التعلم الاجتماعي فيركز على دراسة الجانب السلوكي من النمو الأخلاقي عبر عمليات التعزيز والعقاب والتعلم بالملاحظة، أما الاتجاه المعرفي النمائي فيركز على دراسة الجانب المتعلق بالتفكير الأخلاقي والعلاقة بين مستويات النمو الأخلاقي والنمو المعرفي عند الأطفال عبر عمليات التوازن وإعادة التوازن، وأصحاب هذا الاتجاه معنيون بدراسة الأحكام الأخلاقية باعتبارها جزءاً من التفكير وعلى صلة بالنمو المعرفي[2].

وسنعرض فيما يلي هذه الاتجاهات والمنظور الذي يرى كل منها من خلاله النمو الأخلاقي وأحكامه.

---

(1) Leahey and Harris, 1997. P 423

(2) Santrock, 1992. P 616

١. النظرية الفرويدية (التحليل النفسي التقليدي)

اعتقد فرويد أن قيم الطفل الأخلاقية يتم اكتسابها في السنوات الخمس الأولى من حياته، وكان اهتمامه منصبا على الدافعية وراء السلوك الخلقي أكثر من تركيزه على السلوك الخلقي بحد ذاته. كما اعتقد بأن الأطفال يميلون إلى تقمص مبادىء أخلاقية محددة تقود سلوكهم بطريقة تجنبهم العقاب وتعطيهم الأمان[1].

وتصف النظرية الذات العليا (Super Ego) بأنها الجانب الأخلاقي من الشخصية، وتنمو هذه الذات أثناء عملية التقمص أو التماثل (Identification) التي يكتسب فيها الطفل معايير المجتمع ويتعلم أن يقود سلوكه في الاتجاهات التي يحددها الوالدان، ويذوت (Internalize) في الوقت نفسه هذه الاتجاهات؛ وذلك رغبة في الحصول على الثواب وتجنبا للعقاب من الوالدين[2].

وتتشكل الذات العليا (Super Ego) من جزئين: الذات المثالية (Ideal self) والضمير (Conscience) وهي التي تعمل على تطور المشاعر الأخلاقية عند الأطفال، والذات المثالية هي جزء من الذات العليا التي تتعلق بالمثل العليا التي يقرها الآباء، أما الضمير فيتعلق بالمحرمات التي لا يقرها الآباء، فهو (أي الضمير) يراقب الخير والشر ويمنع الأحاسيس اللاأخلاقية الصادرة عن الهو (Id) من دخول منطقة الوعي لدى الأنا[3].

فالذات المثالية تكافيء الطفل بأن تحمل إليه الشعور بالكبرياء والقيمة الشخصية عندما يتصرف وفق معايير أخلاقية، أما الضمير فيعاقب الطفل عندما يتصرف بلا أخلاقية بأن يتولد عنده شعور بتأنيب الضمير، وبأن لا

---

(1) Jarrett, 1994. P 35 + Zimbarde, 1989. P 63

(2) Paul and Miller, 1999. P 159-161

(3) Santrock, 1992, P 600 + Husten, 1991. P 3413

قيمة له وبهذه الطريقة تتحول مجموعة المحرمات التي يصفها الوالدان إلى نظام ضبط ذاتي لدى الطفل يحل محل ضبط الوالدين له[1].

ويقول فرويد أن الطفل الذكي في المرحلة القضيبية من النمو النفسي- الجنسي- تغمره مشاعر الحب تجاه والدته ولكنه يرى في والده المنافس الأقوى له وعندما يكون مدفوعا بهذه المشاعر من الحب تجاه الأم، والخوف من انتقام الأب (عقدة أوديب)، فإنه يتوحد مع الأب مذوتاً معتقداته وقيمه واتجاهاته التي تمثل بدورها القيم والمعايير السائدة للثقافة التي ينمو فيها الطفل، وهكذا يتولد الأنا الأعلى الذي يتولى محاسبة الطفل وعقابه على أي خرق لهذه المعايير، ومكافأته عند الحفاظ عليها[2].

وتمر الفتاة بمرحلة متشابهة من حب الأب والخوف من رفض الأم لها (عقدة الكترا) مما يدفعها إلى التوحد مع أمها مذوته قيمها واتجاهاتها ومعتقداتها بنفس الكيفية السابقة، ونظرا لأن الطفل الذكر يخشى من الإخصاء إن هو أظهر حقيقة مشاعره تجاه أمه، والطفلة الأنثى تخشى من فقدان الحب إن هي أظهرت حقيقة مشاعرها تجاه والدها، فإن الطفل الذكر يكون أنا أعلى أقوى من الأنا الأعلى للأنثى، وهذا ما دفع فرويد إلى القول بأن الرجال أكثر أخلاقية من النساء الأمر الذي أثار احتجاجات واسعة لدى جمهور الحركات النسائية وأدى إلى توجيه انتقادات حادة لنظريته وإلى ظهور نظريات أخرى جديدة[3].

وتتنبأ نظرية التحليل النفسي هذه بأن الأفراد ذوي الأنا الأعلى الأقوى أكثر عرضة لمشاعر الذنب في المواقف التي تتضمن معضلات أخلاقية من

(1) Paul and Miller, 1999. P 161

(2) Graham, 1974. P 243-245

(3) Graham, 1974. P 243-245

الأشخاص ذوي الأنا الأضعف، ولذلك فإن احتمالات خرقهم للقواعد الأخلاقية تكون أقل من نظرائهم ذوي الأنا الأعلى الأضعف[1].

لقد تميزت نظرية التحليل النفسي من حيث نظرتها للأخلاق بأنها ذات منظور ثنائي بحيث تعتبر الفرد أخلاقيا إذا تقمص (تماثل) سلوك ومعايير الأبوين، وغير أخلاقي عندما لا يتمكن من تقمص سلوك الوالدين ومعاييرهما[2].

من الواضح أن هذا التبسيط لا يستطيع أن يصور لنا قضية تطور الأحكام الخلقية وتعقدها وطبيعة التغير فيها، إضافة إلى كونه وصفا لما يحدث من تغيرات ومن الجدير بالذكر أيضا أن الدراسات التجريبية لإطار نظرية التحليل النفسي تكاد تكون معدومة، وذلك لصعوبة التحقق من الأفكار والمفاهيم التي قدمتها هذه المدرسة، كما أن هذه النظرة لا تفسح المجال أمام أي خبرات تربوية منظمة لاستثارة النمو الخلقي اعتمادا على مفاهيمها الأساسية.

أما أريكسون (Erikson) فقد وضع نموذجا للنمو النفسي الاجتماعي بناء على وجود أزمات نمو أساسية تسود في مراحل النمو المختلفة جميعها، ويتوجب تجاوز هذه الأزمات لضمان نمو نفسي سليم، ويحدد أريكسون هذا النمو بثماني مراحل، أربع منها في سن الطفولة وهي: مرحلة الثقة، ومرحلة الاستقلال الذاتي، ومرحلة المبادرة، ومرحلة الكفاءة. ثم مرحلة الهوية في المراهقة، ومرحلة الألفة في بداية الرشد، ومرحلة الإنجاز في أواسط سن الرشد، ومرحلة تكامل الذات في مراحل العمر المتأخرة (Oldage)[3].

---

(1) Leahey and Harris, 1997. P 429

(2) Rosenstand, 2000. P 94, 390

(3) Rosenstand, 2000. P 404 + Santrock, 1992. P 610 + Graham, 1975. P 59-61

أما هافيجهرست (Havighurst) فيحدد نموذجاً للنمو النفسي انطلاقاً من المهام التي يجب على الفرد إنجازها أثناء مراحل النمو المختلفة، ويفترض وجود ست مراحل تستغرقها عملية النمو، وهذه المراحل هي: مرحلة الرضاعة، والطفولة المبكرة، ومرحلة الطفولة المتوسطة، ومرحلة ما قبل المراهقة، والمراهقة، ومرحلة الرشد المبكر، ومرحلة العمر المتوسط، وأخيراً مرحلة الحياة المتأخرة. ولكل مرحلة من هذه المراحل عددٌ من المطالب يجب إنجازها لضمان نمو سوي[1].

2. نظرية التعلم الاجتماعي:

يعتبر أصحاب هذه النظرية أن السلوك الأخلاقي عند الفرد يتكون عن طريق التعلم بما في ذلك التعلم عن طريق الملاحظة، ويعتبرون أن مباديء التعلم الشرطي كافية لتفسير السلوك الخلقي. ويعطي أصحاب هذه النظرية أهمية كبيرة للتعزيز في عملية التعلم، ويؤكدون على أهمية الثواب والعقاب (دولارد وميللر) (Dollard and Miller). فالسلوك الذي ينتهي بالثواب يميل إلى أن يتكرر مرة أخرى في مواقف مماثلة للموقف الذي أُثيب فيه كما أن السلوك الذي لا ينتهي بالمكافأة أو بأي نوع من التعزيز يميل إلى التلاشي مع الزمن[2].

وتدرس هذه النظرية تطور الإنسان بناء على الافتراض بأن أنماط السلوك أثناء مراحل نمو الفرد هي بشكل رئيسي نتيجة لتفاعله مع الآخرين.

وتتميز نظرية التعلم الاجتماعي عن نظريات التعلم الكلاسيكية في منهج بحثها؛ فهي لا تبني افتراضاتها على نتائج البحوث التجريبية فقط وإنما على ملاحظة سلوك الأفراد في مواقف طبيعية واقعية، وعندما يحاول أصحاب هذه النظرية تفسير السلوك الأخلاقي فإنهم يتحدثون عن قابلية الفرد للسلوك

---

(1) نشواتي/عبد الحميد، 1984، ص 199.

Graham, 1975. P 262 + Depalma and Foley, 1975. P 175-176

(2) Trevino, 1990. P 379

بطريقة أخلاقية أو عن الامتناع عن خرق القواعد الأخلاقية في مواقف الإغراء حتى في غياب الآخرين الذين يمثلون السلطة والقانون[1].

وتساهم نظرية (باندورا) حول التعلم بالنمذجة والملاحظة في منحى التعلم الاجتماعي أيضاً فمعايير السلوك الأخلاقي تتطور من خلال التفاعل مع النماذج، ويمثل الآباء عادة النماذج التي تتمثل فيها القواعد الأخلاقية التي يتمثلها الطفل. وعندما يتم تمثل هذه المعايير فإنها تقرر أي أنماط السلوك يتم إقرارها في المجتمع وأيها ترفض، وعندما يخالف الفرد هذه المعايير فإنه يجلب لنفسه احتقار الذات[2].

وكذلك يمكن القول أن نظرية باندورا حول النمذجة والتعلم بالملاحظة تسهم في تفسير اكتساب السلوك الخلقي حسب المباديء نفسها والتي تفسر اكتساب أنماط السلوك الأخرى، وطبقا لهذه النظرية فإن النماذج المشاهدة تزود الطفل بأبعاد خلقية محدودة أو ملائمة للموقف الخاص، كما يمكن أن تعدل في أبعاد خلقية أخرى حسب ما تعرضه وقائع الموقف الخاص الذي يظهره النموذج سواء أكان معززا للسلوك أو معاقبا له[3].

إن الحكم الخلقي حسب رأي باندورا يتبع المعايير التي اكتسبها الفرد نتيجة عملية التنشئة الاجتماعية، فالوالدان يقدمان للطفل المعايير الخلقية وكذلك الأقران ووسائل الاتصال المسموعة والمصورة والمكتوبة. وخلال مختلف مراحل النمو الانساني تبقى المعايير قابلة للتعديل نتيجة المؤثرات الاجتماعية وما يقابله الفرد من نماذج، ويدخل في هذه العملية تأثير قدرات الفرد المعرفية وخبراته ومعلوماته، وكذلك الوزن الذي يعطيه لكل عامل من

---

(1) Leahey and Harris, 1997. P 430-431

(2) Hergenhahn, 1993. P 338 + Berk, 1991. P 4633-4634

(3) Williams, 1990. P 117 + Santrock. 1992. P 597

العوامل العديدة التي تتدخل في الموقف الواحد والتي تؤثر في أحكام الفرد على هذا الموقف[1].

وبالنسبة للطفل فالنماذج المتلفزة التي تقدم بأشكال درامية تعرض مدى واسعا من المفارقات الخلقية (تمثيل مبالغ فيه فعل الخير والشر) تفوق ما في الواقع الاجتماعي المباشر للفرد، فالنماذج الملاحظة تشكل رموزا لأفعال تنطوي على أحكام ممكن أن يتمثلها المشاهد (الطفل) لتعبر عن رفضه أو قبوله للفعل المشاهد بناء على الخصائص الموقفية التي يقع فيها الفعل والتي يمكن أن تشكل المبررات المنطقية للقبول أو الرفض[2].

وقد أوضح أصحاب نظرية التعلم بالنمذجة أن النماذج المتلفزة لها فعالية في استثارة عدد من الاستجابات خاصة العدوانية منها، مما يدل على أن هذه النماذج ممكن أن تكون مصدرا مهما للسلوك لا يمكن تجاهل أثره في نمو شخصية الفرد، وقد أصبحت الفرصة مهيأة لمعظم الأطفال للتعرض لهذه النماذج مما زاد في فعاليتها في التأثير في ميدان التربية الخلقية.

وأشارت أعمال باندورا في هذا المجال إلى أن السلوك العدواني عند الطفل يمكن اكتسابه نتيجة للتعرض لمشاهدة نموذج عنيف، وقد توصل إلى مشاهدة هذه النتائج من ملاحظته التجريبية لسلوك مجموعتين من الأطفال تعرضت الأولى لمشاهدة فيلم سينمائي يُعْرَضُ فيه نموذج لراشد يقوم بفعل عنيف، وتعرضت المجموعة الثانية لمشاهدة سلوك راشد في فيلم سينمائي أيضا يمارس سلوكات تتسم بالهدوء، وقد أظهرت المجموعة الأولى سلوكا عدوانيا بعد المشاهدة وذلك أثناء لعبها مع دمى مختلفة أعدت لهذا الغرض التجريبي، في حين لم تظهر المجموعة الثانية مثل هذا السلوك العدواني أثناء عملية اللعب مع الدمى. ويشير (مناصفي 1996) أنه فيما إذا تعمقنا في ظروف

---

(1) البرنامج التلفزيوني/ خط المواجهة + Depalma and Foley, 1975. P 4

(2) البرنامج التلفزيوني/ خط المواجهة + Depalma and Foley, 1975. P 4

التجربة ظهر لنا كم كانت هذه النتائج موجهة إلى خدمة فرضيات وأفكار معينة، فهناك إيحاء مباشر كي يقوم الطفل بما يريد منه المجرب، وكأن المطلوب إبان اللعب تقليد ما رآه في الشريط، وأشارت أبحاث سنجر وسنجر إلى أن المشاهد حين يرى شريطا عاديا تتخلله مشاهد عنف، فإن التأثير الوحيد الذي يتركه هذا الشريط في نفسه ليس في إثارة عدوانيته ولكن في توجه تفضيلاته لاحقا إلى هذا النوع من البرامج، فالتقليد الذي يتكلم عنه باندورا لا يعدو كونه قائما على مبدأ اللعب وهو من السلوكات المقبولة من الوسط المباشر، ويدخل ضمن التوجه التربوي الإيجابي ولا علاقة له بالتحريض على العنف الواقعي فالكل موضوع تحت شعار اللعب[1].

وقد أضاف باندورا إلى أن هناك اعتمادا متزايدا على استخدام النماذج الرمزية (Symbolic Models)، وأنه يمكن الاستفادة من النماذج المثالية في تنشئة الطفل الخلقية[2]، فمعايير السلوك الأخلاقي تتطور من خلال التفاعل مع النماذج ويمثل الآباء عادة دور القواعد الأخلاقية التي يذوتها الطفل وعندما يتم تذويت هذه المعايير فإنها تقرر أياً من أنماط السلوك يقرها المجتمع وأيها مرفوض من هذا المجتمع، وابتعاد الفرد عن هذه المعايير يجلب لنفسه احتقار الذات ويمثل هذا عنده خبرة غير سارة، ومن هنا يحاول المرء دائماً أن يعمل وفقاً لهذه المعايير، فالواقع المتشكل كتأنيب الذات عند مخالفة المعايير يصبح مصدراً واقعياً للامتثال لهذه المعايير[3].

ويعارض باندورا نظرية المراحل عند بياجيه وكولبيرغ ونظرية السمات عند البورت (Allport)؛ ذلك أن هذه النظريات تتنبأ بنوع من الثبات في السلوك الأخلاقي الذي يرى باندورا أنه غير موجود. فالسلوك الإنساني عنده محكوم

---

(1) مناصفي، زهير، الفكر العربي، 1996، ص 58 + خضر، فخري، 2005، ص 317.

(2) Wright. 1983. P 842 + Singer and Singer. 1983. P 822

(3) Hergenhahn, 1993. P 332-337 + خضر، فخري 2005، ص 318.

بالظروف ويتقرر على أساس الموقف أكثر مما هو محكوم بمرحلة تطورية كما يقول المعرفيون ويترتب على ذلك (حسبما يؤكد باندورا) أن المعايير الأخلاقية التي يكتسبها الفرد خلال مراحل نموه قابلة للتعديل نتيجة المؤثرات الاجتماعية، وخصائص النماذج التي يتعرض لها الفرد في حياته اليومية.[1]

ويؤكد باندورا أن السلوك الواقعي للإنسان في حياته اليومية ليس مطابقا دائما لأحكامه وتوجهاته الداخلية فقد تضعف هذه التوجهات، ويكون المبرر الخلقي للسلوك المخالف غير متسق منطقيا مع منظومة المعايير والقواعد التي التزم بها الفرد.[2]

وفي تجربة شهيرة لباندورا ومكدونالد 1963 أجرياها بهدف نقض تفسير بياجيه لنمو الحكم الخلقي وربطه بالنمو المعرفي للطفل. عرّض الباحثان مجموعات من الأطفال الذين فحصوا مسبقا على اختبارات بياجيه للتفكير الأخلاقي إلى ظروف متنوعة من المعالجة التجريبية. وقد أظهرت النتائج أن هؤلاء الأطفال وبشكل عام قد قلدوا استجابات النماذج حتى عندما تعارضت مع أحكامهم السابقة التي أظهروها على اختبار بياجيه قبل بدء المعالجة التجريبية. ولكن هذه الدراسة انتقدت بشدة من قبل الباحثين فيما يتعلق بتصميمها التجريبي وبالتقرير المقدم فيها إضافة إلى فشل باندورا في الالتفات إلى الأسباب التي أعطاها الأطفال لأحكامهم الخلقية، عدا عن أن الزمن الذي احتفظ فيه الأطفال بأثر المعالجة لم يختبر لفترة زمنية تتجاوز الشهر وهي المدة التي أجريت في دراسة تتبعية لاحقة.[3]

ولذلك كله فقد قام لانجر (Langer, 1975) بإعادة التجربة وخرج بالنتائج التالية:

(1) Graham, 1974. P 94

(2) Joyce, 1986. P 121

(3) Malim and Birch, 1998. P 342-344

- بقيت الأحكام الأخلاقية لدى نصف الأطفال على حالها حتى بعد مشاهدة النماذج.

- الأطفال الذين غيروا أحكامهم أو قراراتهم لم تتغير في الواقع تفسيراتهم لهذه الأحكام.

واستنتج لانجر من ذلك أن الأساليب التي استخدمها باندورا وماكدونالد في تجربتهما قد أربكت الأطفال، وتسببت في تقليدهم للنماذج دون فهم حقيقي لطبيعة الأسباب المتضمنة في الحكم الخلقي المعطى.

واستنادا إلى بعض التجارب المخبرية، ومنها التجربة سابقة الذكر فقد استنتج أنصار التعلم الاجتماعي أن الأطفال يتعلمون الأحكام الخلقية من خلال الملاحظة والنمذجة، وأنهم قد لا يفعلون ذلك على سبيل التقليد فقط، وإنما يستنتجون مبدأً عاماً ويعمموه على المواقف المماثلة، وفي هذه الحالة فإنه لا فرق بين وجود أو غياب التعزيز، لأن الأطفال يلاحظون ويقبلون أحكام الآخرين الأخلاقية، وفي مثل هذه الحالة فهناك إمكانية لنقل قواعد أخلاقية جديدة للأطفال تغير تلك الموجودة لديهم سلفا واستبدالها بأخرى وجدها النموذج أكثر ملاءمةً في مثل هذا الموقف[1].

ويؤكد كل من باندورا وماكدونالد أن الأطفال قادرون على استخدام أشكال مختلفة من التفكير الأخلاقي في المواقف المختلفة، وقادرون على تقييم السلوك الأخلاقي الملاحظ للآخرين وتقليده. وأنهم كلما تقدموا في العمر ازدادوا حِدَّة واحترافاً في توزين كل عناصر الموقف وأخذها جميعا بعين الاعتبار[2].

ويرى أنصار نظرية التعلم الاجتماعي أيضاً أن عدداً كبيراً من المعايير التي يضعها الطفل لسلوكه تستخلص من معايير السلوك الملاحظ أو المعبر

(1) Santrock, 1992. P 585

(2) Bandura, 1969. P 278

عنه أو الذي جرى تعزيزه في مواقف مختلفة. ويحتفظ الطفل بهذه المعايير في ذاكرته على هيئة رموز ترشد سلوكه عبر عمليتين مشتركتين من نقد الذات والاعتداد بالذات[1].

ولأن أنصار نظرية التعلم الاجتماعي يركزون على المحددات البيئية للسلوك، فإنهم يتوقعون أن يكون السلوك محددا بالموقف ولا يتوقعون أن يكون متسقا عبر المواقف المختلفة ولذلك فهم يرون أن كلا من التفكير الأخلاقي والسلوك الأخلاقي كمفاهيم نسبية تعتمد على نوعية الحضارة أو الثقافة التي ينشأ فيها الفرد إضافة إلى نمط الأسرة والتربية التي ينشأ عليها ونوعية الظروف البيئية المحيطة به، ويؤكدون أن للثقافات المختلفة قيما وممارسات مختلفة[2] (وهذا نقيض ما نادى به كولبيرغ من عالمية الأخلاق المبينة على العدالة وعالمية المراحل الأخلاقية).

ويقول أنصار التعلم الاجتماعي بشكل عام أنه يمكن نقل قواعد جديدة للأطفال عن طريق التعلم بالملاحظة، وتغيير تلك الموجودة لديهم سلفا، واستبدالها بالقواعد التي وجدها النموذج أكثر ملاءمةً في هذا الموقف أو ذاك. ويخالف أصحاب هذا الاتجاه أفكار المعرفيين في نقطتين، الأولى وجود أنماط خاصة من التفكير الأخلاقي تتغير مع العمر، والثانية افتراض ينبع من الافتراض الأول أن الطفل يتصرف في كل المواقف بنفس الكيفية التي يطبق فيها مبدأً عاماً (يتسق مع مرحلة التطور التي يمر بها) بغض النظر عن محتوى الموقف[3].

ويعترض كل من روزنثال (Rosenthal) وزيمرمان (Zimmerman) على هاتين النقطتين قائلين بأنه لا توجد حقيقة أنماط خاصة من التفكير

---

(1) Vygotsky, Lectures, 2004. P 1

(2) Leahey and Harris, 1997. P 431 + Bernestien, 1991. P 66

(3) Malim and Birch, 1998. P 334-337

الأخلاقي بقدر ما يوجد تنوع في التكرار (Frequency) التي تستخدم به بعض المعايير من موقف لآخر ومن عمر لآخر، فقد وجدا من خلال تجاربهما أن الأحكام الخلقية للطفل تتباين من موقف لآخر، فقد يصدر الطفل في بعض المواقف أحكاما ذاتية، وأحكاما موضوعية في مواقف أخرى.

ويفسر العالمان زيادة الأحكام الموضوعية بزيادة العمر على أساس الزيادة في درجة التعرض للنماذج التي تتمثل فيها الأحكام الموضوعية، واستنتاج المعايير الأخلاقية من هذه النماذج[1]، ويرى أنصار اتجاه التعلم الاجتماعي أيضاً أن عدداً كبيراً من المعايير التي يصفها الطفل لسلوكه تستخلص من معايير السلوك الملاحظ أو المعبر عنه أو الذي جرى تعزيزه في مواقف مختلفة، ويحتفظ الطفل بهذه المعايير في ذاكرته على هيئة رموز ترشد سلوك الطفل عبر عمليتين مشتركتين من نقد الذات والاعتناء بالذات (Self-Pride) ويمكن لهذه المعايير الداخلية التي تشكل ما يسميه فرويد بالأنا الأعلى مع ملاحظة الفارق في أن أصحاب نظرية التعلم الاجتماعي يعتبرون والد الطفل المشابه له في الجنس ليس إلا واحداً من النماذج المحتملة التي يتعلم منها الطفل. وتصبح هذه المعايير الداخلية بالإضافة إلى مكافأة الذات وعقاب الذات فعالة للغاية لأنها لا يمكن أن تطبق في العديد من المواقف دون الحاجة إلى وجود السلطة الخارجية[2].

ومن وجهات النظر التي أسهمت في بلورة منحنى التعلم الاجتماعي ما أشار إليه روتر (Rotter) في نظريته وقد أسهمت البحوث التي أجريت ضمن إطار هذه النظرية في دراسة السلوك الخلقي، وأظهرت أن الأفراد ذوي الضبط الداخلي أكثر ميلا إلى عمل ما يعتقدون أنه الصواب من أولئك الأفراد ذوي

---

(1) Miller, 1983. P 28,34

(2) Williams, 1990. P 117 + Graham, 1974. P 112-113

الضبط الخارجي، وكذلك يمتازون في قدرتهم على تمييز العلاقة بـين السـلوك الخلقـي ونتائجـه المتوقعة[1].

ويرى علماء آخرون من أصحاب نظرية التعلم الاجتماعي ومـنهم سـيرز ومـاكوبي وليفـين (Sears and Mackoby and Levin) أن التمثل بالوالدين يتضمن دمج معايير الراشدين بمعايير الشخص الذاتية، ويـؤدي إلى تكـوين ضوابط داخليـة وتأتي عمليـة الضبـط الـذاتي مـن تـراكم الخـبرات المتمثلة[2].

ولأن أنصار نظريـة الـتعلم الاجتماعـي يركـزون عـلى المحددات البيئيـة للسـلوك، فـإنهم يتوقعون أن يكون السلوك محدداً بالمواقف، ولا يتوقعون أن يكون متسقاً عبر المواقف المختلفة ولذلك فهم يرون كلاً من التفكير الأخلاقي والسلوك الأخلاقي كمفاهيم نسبية تعتمد على نوعية الحضارة أو الثقافة التي ينشأ فيها الفرد، ونمط الأسرة والتربية التي ينشأ عليها، ونوعية الظروف المحيطة والملابسات التي يجد المرء فيها نفسه، وهم يؤكدون على أن الثقافات المختلفة لها قيم مختلفة وممارسات مختلفة، وهذا نقيض ما نادى به كولبيرغ مـن عالميـة الأخـلاق المبنيـة عـلى العدالة وعالمية مراحله الأخلاقية[3].

ولقد وجه إلى نظرية التعلم الاجتماعي وتفسيرها للسلوك الخلقي الكثير من النقد وأهمها أنه ليس هناك وضوح كافٍ حول الطريقة التي يتم بها تعلم السلوك الأخلاقي أو المعايير الأخلاقية.

اكتساب السلوك الاجتماعي والأخلاقي حسب وجهة نظر التعلم الاجتماعي

كما أشرنا سابقاً ليس من السهل الفصل بـين نـوعي السـلوك الاجتماعـي والأخلاقـي عـلى أساس أن السلوك الأخلاقي يمثل أحد مظاهر السلوك

---

(1) Trevino, 1990. P 378

(2) Husten, 1991. P 3408 + Graham, 1974. P 247

(3) Hall, 1975. P 14-15

الاجتماعي، ولكن يمكن القول أن السلوك الاجتماعي بجميع مظاهره يتعلق بقدرة الفرد عـلـى التكيف مع المواقف التي يتعامل فيها مع الآخرين، ولذلك يعتبر نمو السلوك الاجتماعي مرتبطاً ارتباطاً وثيقاً بنمو القدرات التكيفية عند الفرد سواء تحدثنا عن التكيف الشخصي ـ أو التكيـف الاجتماعي.

فالطرق التي يمكن أن يكتسب فيها الفرد السلوك في مراحل الطفولة بشكل خـاص يمكن أن تنطبق على جوانب التكيف الاجتماعي والشخصي والأخلاقي على حد سواء، لكن مـا يهمنا هنا هو الطرق التي يمكن أن يكتسب فيها الطفل قواعد السلوك الإخلاقي وقدرته عـلـى تكوين أحكام أخلاقية وتشكيل منظومة من القيم الأخلاقيـة التـي يمكـن أن تميز مرحلـة عمريـة عـن أخرى، وربما تميز فرداً عن آخر في المرحلة العمرية[1].

ومن وجهة نظر المدرسة السلوكية (من أبرز أعلامها دولارد وميللر وبـانـدورا) يتم اكتساب أنماط السلوك بأنواعها المختلفة سواء أكانـت حركيـة عـلـى شـكـل مهارات، أو حتـى في مستوى التجريد على شكل مفاهيم وقواعد من خلال عملية التعلم الشرطي التي تعمل فيها متغيرات أساسية من نوع الإقتران بين المثير والإستجابة والتعزيز، وما يـرتبط بها مـن المفـاهيـم النظريـة السلوكية مثل جداول التعزيز وعمليات تشكيل السلوك والتتـابع التقريـبي لسلوك مستهدف، وهذا يعني أن السلوك الذي يتم تشكيله بفعل هذه المتغيرات هو الذي يشكل نتاجـات تعلـم يمكن أن تكون في جانب منها على شكل قيم أخلاقية واتجاهات[2].

وبالرغم من أن بعض نقاد النظرية السلوكية يرون أن هذه النظرية غير قادرة على تفسير اكتساب سلوك مركب يتمثل في مستويات التفكير العليا أو عمليات التجريد أو تشكيل ما يمكن أن يسمى قيماً أو اتجاهات، لكن

(1) Santrock and Yussen, 1992. P 585

(2) Thomas, 1991. P 4634-4635

إذا رجعنا إلى بعض كتابات الأعلام السلوكيين ومنهم سكنر فإنهم يـرون أنه إذا أمكـن تحليـل عناصر الموقف بناء على جدول أو برنامج مؤلف من عدد من الخطوات التي يمكن فيهـا إنتـاج نوع من التفكير بأسلوب حل المشكلة أو التفكير الإبداعي أو الحكم الأخلاقي عندئذ يمكن بناء مثل هذا النتاج بأساليب التعلم الشرطي الإجرائي[1].

وتقدم المراجع المختصة عددا من الطرق العملية التي يتم من خلالها اكتساب السلوك الأخلاقي منها التذويت والتقمص والتعلم بالنمذجة (Modeling) التي بـرز فيهـا البرت باندورا وريتشارد وولترز (Albert Bandura and Richard Walters)[2] وقد قاما بايضاح دور المحاكاة في تعلم السلوك الاجتماعي كالعدوان والسلوك المرتبط بالجنس، وأثبتا أن عملية ملاحظة النماذج ليست مجرد تقليد وإنما يمكن من خلالها أن يقوم الشخص الملاحظ بتجريد القوانين العامة الكامنة وراء الاستجابات المحددة التي يقوم النموذج بإعطائها وأن الشخص الملاحظ كذلك قادر على حل مشكلات جديدة عن طريق القوانين التي اكتسبها من خلال الملاحظة وأنه قادر كذلك على إظهار أنماط جديدة ومستحدثة من السلوك على أساس من عمليات المحاكاة عن طريق انتقاء وربط جوانب مختلفة من سلوكات نماذج مختلفة. وقد سبق الحديث عن التعلم بالنمذجة ومفاهيم البرت باندورا في هذا المجال في صفحات سابقة، ولكن سيقتصر الحديث هنا على الطرق التي لها أهمية خاصة في هذه الدراسة التي تشكل الأساس الإفتراضي في الطريقة التي يمكن أن يتأثر بها الأطفال من مشاهدة التلفزيون.

ويهمنا في هذا المجال اكتساب أنماط من السلوك مـن ضمنها القيم الأخلاقيـة في عمليـة النمذجة ممثلة بالنماذج التي تتضمنها مشاهد تلفزيونية من

---

(1) Husten, 1991. P 3408. + Graham, 1974. P 91

(2) Comstock, 1978. P 278-279 + Williams, 1990. P 117 + Graham, 1974. P 99

نوع ما تتناوله هذه الدراسة، هذا الموضوع تم تناوله في عدد من الدراسات سيتم تلخيص بعضها في الفصل الثاني. ويجدر بنا الحديث هنا عن المبادىء والإجراءات التي يتم بموجبها اكتساب بعض أنماط السلوك والتي تتضمن سلوكاً أخلاقياً أو سلوكاً تتمثل فيه قيمٌ أو توجهات قيمية أخلاقية من خلال الخبرات التي يتعرض فيها الطفل لنماذج يكوّن ويذوت عند مشاهدتها معايير سلوك تصبح هي المرجع في توجيه سلوك الفرد، وعندما يخالف هذه المعايير يشعر بتأنيب للضمير واحتقار للذات ومن ناحية أخرى وعندما يشاهد نموذجا ما يقوم بفعل وتكون نتائج هذا الفعل معززة يتولد عنده قناعة بأن قيامه بالفعل سيكون معززا، وعندما يشاهد نموذجا يتصف بالمصداقية (مثلا شخص يقاربه في العمر أو المستوى الدراسي) يقوم بفعل ما، تتأكد عنده القناعة بأنه إذا قام بأداء مثل هذا الفعل سينجح هو فيه أيضا. وينطبق هذا الأمر على اكتساب المعايير الأخلاقية والقيم. فإذا شاهد الفرد شخصا يقوم بسلوك بحكم مفاهيم أخلاقية معينة وكانت نتائج هذا السلوك معززة أو مكافأة فيمكن أن يتبنى المشاهد مثل هذا السلوك أو المفهوم القيمي الأخلاقي الذي يستند إليه وتكون القيمة متضمنة فيه.

3. النظرية المعرفية:

في الوقت الذي تركز فيه نظرية التحليل النفسي على دراسة النمو الانفعالي للأطفال، وتأثير علاقاتهم ببعض الراشدين المتميزين كالأبوين، وفي الوقت الذي تركز فيه نظرية التعلم الاجتماعي على الدور الذي يلعبه التعزيز، وتقليد النماذج فإن نظرية النمو المعرفي تركز على أهمية نمو وتطور عمليات التفكير المعرفي لدى الأطفال وتأثير هذه العمليات في سلوكهم الاجتماعي والأخلاقي. وتنطلق النظرية المعرفية في فلسفتها الخلقية من اعتبار أن العدالة والمساواة والتعاون إنما هي جوهر الأخلاق، ويرى المعرفيون أن اتخاذ القرار الأخلاقي هو المظهر الدال على مستوى النضج الخلقي لدى الفرد،

فإصدار الحكم الخلقي مرتبط ارتباطا وثيقا بمستوى النضج المعرفي والخلقي لديه[1].

ويمثل هذا الاتجاه قديما روسو (Jean-Jacque Roussean)، فالتفكير الناقد برأيه يؤثر مباشرة في الحكم الأخلاقي، أما أصحاب النظرية المعرفية الحديثة ومنهم بياجيه وكولبيرغ ورست وهوفمان وغيرهم، فيرون أن النمو الخلقي هو جزء من عملية النضج العقلي والمعرفي ضمن إطار الخبرة العامة، وأن هذا النضج مرتبط بسلسلة متدرجة من المراحل تسير طرديا مع مراحل النمو المعرفي والعقلي للفرد[2].

فالطفل بهذا المفهوم لن يصل إلى أي مرحلة خلقية حتى يكون قد مارس فعلا المرحلة التي قبلها، كما أن الفرد وفق هذا المفهوم لا ينتقل من حالة أخلاقية إلى أخرى إلا باتجاه واحد هو اتجاه التكامل إلى الأمام، وفي النموذج الهرمي للمراحل تنتقل أحكام الطفل الخلقية تدريجيا من الاهتمامات الشخصية إلى الاهتمامات والمسؤليات الاجتماعية، ومن الاعتماد على مبادىء ومعايير خارجية إلى الاعتماد على مبادىء ومعايير داخلية ذاتية، ومن التفكير في النتائج المادية للسلوك إلى التفكير في القيم المجردة والمبادىء الإنسانية المطلقة[3].

فالسلوك الخلقي حسب رأي المعرفيين هو أحد نواحي التكيف الذكائي مع البيئة الاجتماعية. فالشخص الأذكى يسلك بشكل أخلاقي أكثر من الشخص الأقل ذكاء لقدرة الأول على استيعاب قوانين البيئة الاجتماعية، وقدرته أيضا على تكييف أبنيته المعرفية لتتناسب مع قوانين البيئة الاجتماعية المحيطة، ويشير النمو الخلقي إلى منظومة فكرية تختلف في

(1) Rosenstand, 2000. P 428, 443 + Husten, 1991. P 3414

(2) Leahey and Harris, 1997. P 406 + Bernestien, 1991. P 3407

(3) Leahey and Harris, 1997. P 407-408 + Santrock, 1992. P 589-590

كل مرحلة عن سابقتها من حيث كمية الخبرات والمعارف التي تحويها، ومن حيث البنية الفكرية التي تنظم فيها تلك المعارف والخبرات، وتتكون هذه البنية عبر عمليات التنشئة الاجتماعية التي يمر بها الفرد أثناء مراحل نموه. وحسب رأي المعرفيين أيضا فقد تؤدي عدد من المتغيرات الشخصية والبيئية والاجتماعية والثقافية إلى تباين الأفراد من حيث طبيعة النمو وبنيته الهرمية[1].

وقد تركزت النظرية المعرفية وبشكل تقليدي حول نظرية بياجيه في النمو المعرفي في البداية، ولكن اتجاهات أخرى حديثة ظهرت إلى الوجود بعد بياجيه وضمن هذا الاطار المعرفي، وساهمت جميعها في تطويره كنظرية فيجوتسكي (Vygotsky)* وتشومسكي (Chomsky) وبرونر (Bruner)، ونظرية معالجة المعلومات على سبيل المثال. ولقد أدت هذه النظريات الحديثة والأبحاث التي أجريت حولها إلى إدراك أهمية الطريقة التي يفكر بها الأطفال والأشخاص من حولهم وتأثيرها البالغ في نموهم الشخصي والاجتماعي[2].

غير أن أفكار بياجيه هي العنصر الأكثر أهمية في هذا الاتجاه. وقد بنى بياجيه النتائج التي توصل إليها فيما يتعلق بالتفكير الأخلاقي والسلوك الأخلاقي لدى الأطفال، على مقابلات كلاسيكية أجراها مع عدد منهم، حيث عرض على هؤلاء الأطفال قصصا تتضمن مشكلات أخلاقية وقام بتسجيل الأحكام والتعليقات التي أصدروها عليها[3].

وينظر بياجيه إلى النمو الخلقي على أساس أنه وجه من وجوه النمو المعرفي، وأشار إلى أن النمو الخلقي يمكن فهمه وتفسيره عن طريق فهم مراحل النمو المعرفي والذي يحدد بعوامل أساسية منها النضج البيولوجي

---

(1) Wright, 1983. P 838

* يفضل بعض المختصين إدراج نظرية فيجوتسكي مع نظرية التعلم الاجتماعي كونه يركز على أهمية البنائية الاجتماعية Social Constructionism.

(2) Vygotsky, Lectures, 2004. P 1 + Zimbarde, 1989. P 72 + Jarrette, 1991. P 47

(3) Graham, 1975. P 193 + Husten, 1991. P 3413

والتفاعل مع البيئة الطبيعية والاجتماعية، ويتمثل أثرها في حالة تـوازن (Equilbration) تشـير إلى عملية تقدمية ذات تنظيم ذاتي، وتهـدف إلى التكيـف مـع البيئـة بواسـطة عمليـة التمثـل (Assimilation) وعملية المواءمة (Accomodation). ويحـدد بياجيـه النمـو المعـرفي بأربعـة مراحـل، المرحلة الحس حركية: ويحدث فيها التعلم بالأفعال. ومرحلة ما قبـل العمليات: ويحدث فيها التعلم بالرموز. ومرحلة العمليات المادية: ويتطور فيها التفكير المنطقي المجرد[1].

ويتحدث بياجيه عن مستويين من الأخلاق هما:

1- المستوى الأول: الأخلاقية الاعتمادية أو الواقعية الأخلاقية

(Heternomous Morality or Moral Realism)

وتضم هذه المرحلة الأطفال بين 4-7 سنوات، فالطفل دون السابعة حسب رأيه غـير قـادر على التفكير باستخدام المفاهيم المتطورة، وإنما يعتمد في تفكيره على التصور والخيالات الذهنية التي تتولد عن الأشياء كما تحدث في الواقع، ويخضع الطفل في هذه المرحلة للقواعـد الخلقيـة المرسومة له والتي يفرضها عليه الكبار، ويرى الأطفال هذه القواعد ثابتة وغـير قابلـة للتغيـير. ويرى كذلك الصواب والخطأ كأمور مطلقة وقطعية ويحكم عـلى فعـل معـين بحجـم النتـائج المترتبة عليه لا بحجم النوايا التي تقف وراءه. ويحدث ذلك لأن الطفل يتخذ قراراته تحت اعتبار أخلاقي واحد ووجهة نظر واحدة، ولا يستطيع الطفل في هذه المرحلة أن يوظف وجهات النظر المختلفة أو يصدر الأحكام بأسلوب متمايز إذ يكون اعتماده في هذه المرحلة على المصـادر الخارجية في أغلب الأحيان[2].

---

(1) Piaget, 1983. P 41 + Graham. 1975. P 277 + Leahey and Harris, 1997. P 408

(2) Piaget, 1983. P 105, 172, 318 + Leahey and Harris, 1997. P 411-414 + Santrock, 1992. P 585-586

2- المستوى الثاني: الأخلاقيات المستقلة أو النسبية الأخلاقية

(Autonomous Morality or Moral Relativism)

وتشمل المرحلة العمرية 10 سنوات فما فوق، وخلال هذه المرحلة ينمو تفكير الطفل أكثر ويدخل مرحلة التفكير باستخدام المفاهيم، المادية منها والمجردة، ويستطيع أن يدرك أن ماهية الأشياء أبعد في حدودها من الواقع المادي الملموس، ويستطيع أن يصدر أحكاما خلقية نسبية بسبب اعتماده على النية أو القصد من وراء الفعل، كما يوظف الطفل في هذه المرحلة وجهات النظر الأخلاقية المتاحة له لاتخاذ قرار، وتبدأ مفاهيم العدالة والتعاون والمساواة في الظهور في هذه المرحلة. وقد اعتقد بياجيه أن كلا من النمو المعرفي والنضج والخبرات الاجتماعية خاصة التفاعل مع الأقران يلعبان دوراً رئيساً في انتقال الأطفال من مرحلة إلى مرحلة أخرى[1].

ويقول بياجيه أن الأخلاق هي الميل لقبول منظومة قوانين تنظم سلوك الفرد وتدفعه لاتباع هذه القوانين، ففي المجتمع نظم ومعايير تحكم الفرد في تفاعله مع الغير، ويقول بياجيه أن نظرة الطفل للعالم والأخلاقيات تمر عبر مراحل ثلاث هي:

- مرحلة التمركز حول الذات (Ego Centrism)

وتمتد من سن الولادة حتى سن الرابعة، يعتقد الطفل خلالها أن نظرته للأشياء تنطبق على الجميع ويكون تفكيره متمركزا حول الذات، ولا يستطيع تقبل وجهات نظر مخالفة لوجهة نظره. فنظرته للأشياء تنطبق على الجميع وبذلك تكون أحكامه الخلقية في هذه المرحلة متسقة مع طبيعة تفكيره.

(1) Piaget, 1983. P 105, 172, 318 + Leahey and Harris. 1997. P 411-414 + Santrock. 1992. P 585-586

- مرحلة السلطة (Authority)

وتمتد من سن الرابعة حتى الحادية عشرة، وفي هذه المرحلة تحدد مصادر السلطة القوانين والقواعد الأخلاقية، وعلى الطفل اتباعها، وفي هذه المرحلة يمتثل الطفل لأوامر ونواهي الكبار كوالديه.

- مرحلة الدوافع الاجماعية المشتركة (Consensus Drived)

وتمتد من سن الحادية عشرة فما فوق، وفي هذه المرحلة تتكون القواعد والقوانين الأخلاقية وتشتق من مصادر مختلفة. ويرى بياجيه أن نضج الأحكام الخلقية يعني مقدرة الفرد على فهم العلاقة بين مصلحة الجماعة والقوانين الموضوعة، فالحكم الخلقي هو أكثر من مجرد الامتثال الأعمى للقوانين، ويلاحظ من خلال اعتبار الفرد لمصالح الآخرين وحقوقهم[1].

فالنمو الخلقي حسب رأي بياجيه هو نتيجة لعملية نشطة تتضمن تطور سمة المعرفة وتتزامن مع تعرض الفرد لخبرات اجتماعية جديدة تزوده بالمبادىء الأساسية للسلطة والتي بدورها تعزز قدرة الفرد على اكتساب القواعد مع الآخرين. والتقدم في النمو المعرفي يساعد الفرد على الإحساس بالخبرات الجديدة، والتفاعل مع الخبرات القديمة التي يملكها الفرد[2].

وقد كانت افتراضات بياجيه عرضة للبحث والتمحيص والنقد، وانتقدت لأنها تركت بعض التساؤلات دون إجابة، وأنها تجاهلت الفروق الثقافية والاقتصادية والاجتماعية بين الأطفال، فبينما أسقطت نظرية بياجيه الجانب الاجتماعي من التطور النفسي ودور الراشد الذي يتوسط علاقة الطفل بالموضوعات الخارجية في استدخال الأفعال والعمليات وتحولها إلى أفعال وعمليات نفسية نجد علماء آخرين كفيجوتسكي (Vygotsky) على سبيل

---

(1) Miller, 1983. P 376 + Graham, 1975. P 193-194

(2) Santrock, 1992. P 586

المثال وقد دأب على إضفاء الصبغة الاجتماعية التاريخية على التعليم والتطور النفسي- عبر تركيزه على دور الراشدين في نقل الخبرة الاجتماعية إلى الطفل[1].

ومن المعرفيين الذين تناولوا مسألة النمو الخلقي برونر (Bruner) وذلك من خلال دراسة عمليات تمثيل الخبرات داخليا، ويرى أن النمو يتوقف على تطوير نظام معالجة معلومات يمكن الفرد من تطوير نظام رمزي يمثل العالم الخارجي على نحو داخلي. وتتطور عمليات التمثل في مراحل ثلاث هي: مرحلة التمثيل العملي، وتشير إلى التعلم بالعمل والفعل. ومرحلة التمثيل التصوري وتشير إلى التعلم بالتمثيل والتصور. ومرحلة التمثيل الرمزي وتشير إلى التعلم باللغة والرموز والقدرة على التجريد[2].

أما فيجوتسكي (Vygotsky) فقد تركزت نظريته على أهمية البيئة الاجتماعية والثقافية والتذويت في التطور المعرفي، وقد تركز اهتمامه حول البنية الفكرية للوعي وعلاقة الذكاء بالانفعال، وقد أشار إلى وحدة النشاط النفسي وتكامل أوجهه وجوانبه المختلفة، فقد وقف على التأثير المتبادل بين الحالة النفسية والعملية الذهنية، فالحالة النفسية الطيبة تؤثر بصورة إيجابية في سير العمليات العقلية وتزيد من فعاليتها وتحسن مردوديتها والإنجاز الذي يتحقق بفعل النشاط الذهني يخلق حالة من الرضا والثقة بالنفس والاستعداد لمواجهة المشكلات التي تطرحها الحياة في المستقبل[3].

إلا أن أبرز مظاهر الاهتمام الذي لقيته نظرية بياجيه هو اعتماد العالم الأمريكي لورنس كولبيرغ (Kohlberg) عليها في تطوير نظريته في النمو

---

(1) Leahey and Harris, 1997. P 424 + Turner, 1991. P 280 + عامود، بدر الدين، 2003 ص14.

(2) نشواتي، عبد الحميد، 1984، ص 197 + Comstock, 1978. P 276

(3) عامود، بدر الدين، 2003، ص 12.

الخلقي، فبالرغم من الإرث الذي خلفه فرويد -والذي أشرنا إليه سابقاً- في علم نفس الأخلاق باعتبار الأخلاق جزءاً من النمو الشخصي- والانفعالي للإنسان، وتأثيره الذي لا ينكر في بعض الاتجاهات الأخرى حتى تلك التي تعارضه تماماً، إلا أننا يجب أن نعترف أن للأخلاق جانباً عقلياً هاماً هو المسؤول عن تقدير عناصر الموقف والتفكير في الاحتمالات الممكنة وحساب النتائج واتخاذ القرارات في المواقف الاجتماعية والأخلاقية المختلفة.

وهكذا برز إلى المسرح لورنس كولبيرغ آخذاً على عاتقه إكمال الصورة فيما يتعلق بدراسة الأخلاق، ومتأثراً بنظرية بياجيه -لا فرويد- في النمو المعرفي، ومحاولاً رسم مراحل أخلاقية على غرار مراحل بياجيه المعرفية. وقد لقيت نظريته اهتماماً كبيراً حتى أصبح ينظر إليها بأنها النظرية التي تمثل وجهة النظر المعرفية في ميدان السلوك الأخلاقي والتربية الخلقية[1].

إن نظرة كولبيرغ للأخلاق -كنظرة بياجيه من قبله- تتميز بأنها تتضمن مكوناً معرفياً بالغ الأهمية، فالأخلاق لدى كولبيرغ وبياجيه ليست مجرد مثل أو اتجاهات أخلاقية، حيث يرى كولبيرغ أن ما نعتبره تفكيراً أخلاقياً هو في واقع الأمر كفاية معرفية، فقد يحمل الطفل مبادىء أخلاقية عليا، كالعدالة أو المحافظة على الوعود في سن مبكرة، ولكنه سيفتقد الكفاية لتطبيقها بأسلوب متسق ومتمايز في كل مواقف اتخاذ القرار اليومية، ومن هنا يبرز اختلاف مفهوم كولبيرغ للأخلاق عن مفهوم السلوكيين الذين يرى البعض (ليند على سبيل المثال) أنهم جردوا الأخلاق من دلالتها النفسية[2].

وقد استلهم كولبيرغ فكرة القصص البسيطة التي تتضمن مشكلة أخلاقية والتي كان يعرضها بياجيه على الأطفال لقياس تفكيرهم

---

(1) Sprinthall, 1987. P 237-238

(2) Sprinthall, 1987. P 237-238

الأخلاقي، وطورها إلى أداة قياس أكثر تقنيناً، حيث يواجه كولبيرغ مفحوصيه من الأطفال أو الراشدين على حد سواء بعدد من المعضلات الأخلاقية التي يتوجب على المفحوص اتخاذ قرار بشأن كيفية حلها، موضحاً الأسباب والمبررات التي بنى عليها حكمه الأخلاقي ولم يكن كولبيرغ مهتماً بطبيعة الحكم بقدر ما كان مهتماً بالمبررات التي يستند إليها هذا الحكم، والتي كانت تعكس الكيفية التي يفكر بها المفحوص في هذه القضايا، أو بمعنى آخر كانت تعكس طبيعة أحكامه الأخلاقية[1].

لقد هدف كولبيرغ بتصميمه لهذه المعضلات إلى قياس التفكير الأخلاقي لدى المفحوصين، حيث أن الأسلوب الواحد من التفكير قد ينتج عنه أنماط مختلفة من الفعل الأخلاقي، وقد أسفرت هذه الدراسات التي أجراها كولبيرغ عن خروجه بنظرية شاملة في الحكم الأخلاقي استمر في تعديلها حتى وفاته، وتناول فيها مسألة النمو الخلقي بطريقة جديدة تختلف عن سابقاتها، وكانت نظريته في أسسها المعرفية امتدادا لنظرية بياجيه، ولكنها كانت أكثر منها شمولا في جانبها المعرفي وبنيت هذه النظرية في أساسها على مراحل التطور المعرفي عند بياجيه، وتتضمن مفاهيم المرحلة النمائية المتسلسلة، وتضمنت أيضا مراحل نمو محددة تتصل بالعمر، وتمثل كل مرحلة فيها نظام تفكير محدداً ومعرفاً وفق الكيفية التي تسأل بها أسئلة أخلاقية وأسئلة متصلة بالقيم، وكل مرحلة من المراحل هي أيضاً جزء من سلسلة متناسقة كما تمثل نظاما أكثر شمولية للفهم من سابقاتها[2].

وقد تمكن كولبيرغ من التوصل إلى هذه المستويات والأحكام المتناظرة عن طريق تعريض أطفال إلى مواقف تمثل معضلات خلقية وعلى الطفل أن

---

(1) Sprinthall, 1987. P 237-238

(2) نشواتي/عبد الحميد، 1984، ص 199

Graham, 1975. P 262 + Depalma and Foley, 1975. P 175-176

يصدر حكمه فيها، وقد توصل كولبيرغ إلى هذه المستويات والمراحل، وتمكن من تعريفها من خلال مجموعة من الافتراضات التي يستخدمها الفرد عن طريق منطقه وتفكيره وتبريره بشكل عقلاني لقضية أو معضلة أخلاقية هامة، وتأخذ المراحل العليا في حسابها وجهة نظر أكثر اتساعا وتمثل تفكيرا أكثر تعقيدا وتجريدا[1].

ويرى كولبيرغ أن النمو الأخلاقي يشير إلى تغيرات تطورية مرتبطة بالعمر الزمني حيث تسود الأحكام الأخلاقية للمستوى الأول ما قبل التقليدي حتى سن التاسعة من العمر، وتسود أحكام المستوى الثاني التقليدي من التاسعة حتى الخامسة عشرة، وقد يقف النمو الأخلاقي عند بعض الأفراد في المستوى الأول أو الثاني والقليل منهم يصل إلى المستوى الثالث مستوى الأخلاقية المبدئية. وقد تحدث كولبيرغ عن مرحلة أعلى دعاها بالمرحلة السابعة، ويمكن أن يصل إليها عدد قليل جداً من الناس نتيجة لنضجهم وتقدمهم في السن، وتقدم هذه المرحلة أنماطا ومستويات فلسفية فوقية[2].

* مراحل كولبيرغ في النمو الخلقي:

1- المستوى قبل التقليدي (Preconvetional Level)

يستجيب الطفل في هذه المرحلة إلى قوانين ثقافته ومعايير الصواب والخطأ والحسن والسيء فيها، ولكنه يفسر هذه المعايير بناء على العواقب أو النتائج المادية المترتبة على الأفعال (كالثواب والعقاب، وتبادل الخدمات) أو بناء على القوة الجسمية أو المادية لأولئك الذين يضعون هذه القوانين وينقسم هذا المستوى إلى مرحلتين:

---

(1) Bernstein, 1991. P 68 + Jarrette, 1991. P 50

(2) Bernstein, 1991. P 68 + Jarrette, 1991. P 50

- المرحلة الأولى: مرحلة التوجه نحو العقوبة والطاعة [*]:

(The Punishment Obedience Orientation)

في هذه المرحلة تحدد العواقب المادية المترتبة على الفعل صحته أو خطأه بالنسبة للفرد بغض النظر عن المعنى الإنساني لهذه العواقب أو قيمتها الأخلاقية ويسعى الفرد في هذه المرحلة إلى تجنب العقاب. وإطاعة السلطة دون مناقشة باعتبارهما هدفا بحد ذاته، وليس لأنه يحترم النظام الأخلاقي المتضمن في القوانين التي تفرضها السلطة.

- المرحلة الثانية: مرحلة التوجه النسبي الذرائعي:

(The Instrumental relativist Orientation)

يرى الفرد الفعل الصحيح هنا بناء على ما يحققه له هذا الفعل من منافع وحاجات. وأحيانا بناء على ما يحققه للآخرين من نفع، وتبدو العلاقات الإنسانية هنا كعلاقات السوق (نفع واستنفع) حيث تظهر قيم الاستحقاق والتبادلية والمشاركة. ولكنها محكومة بمنظار المنفعة المادية والمصلحة المباشرة (البراجماتية) وليس بمنظار الأخلاق والامتنان والعدالة.

2- المستوى التقليدي (Conventional Level)

تعتبر تلبية توقعات الآخرين سواء أكانوا الأهل أم الرفاق أم المجتمع هي العنصر الأهم في هذه المرحلة بغض النظر عن النتائج المباشرة المترتبة على هذه التوقعات. والاتجاه هنا لا يقتصر على تطبيق التوقعات الشخصية والنظام الاجتماعي والالتزام بها فقط، وإنما يتضمن الإخلاص لها. والحفاظ عليها ودعم القوانين وتبريرها والتوحد مع الأشخاص أو المجموعات التي تطبقها.

---

* مراحل كوليبرغ في النمو الخلقي مأخوذة من:

Leahey and Harris, 1997. P 423-426 + Foley. 1975. P 47

وقد قسم كولبيرغ هذا المستوى إلى مرحلتين ثم ثلاث في أواخر حياته وهذه المراحل هي:

- المرحلة الثالثة: مرحلة توافق العلاقات الشخصية المتبادلة (توجه الفتى الطيب والبنت الطيبة)

(The Interpersonal Concordance of good boy- Nice girl Orientation)

يعتبر السلوك الجيد هنا هو ذلك الذي يساعد الآخرين ويرضيهم ويحوز على موافقتهم ويتضمن الكثير من التطابق مع الصورة التقليدية للسلوك الطبيعي أو سلوك الجماعة، ويحكم على السلوك هنا ولأول مرة من زاوية النوايا، ويحوز الفرد على القبول ضمن هذه المعايير بأن يكون لطيفا.

-المرحلة الرابعة: مرحلة التوجه نحو النظام والقانون:

(The Law and Order Orientation)

التوجه هنا تجاه القوانين والنظم الثابتة وأشكال السلطة والحفاظ على النظام الاجتماعي القائم. والسلوك الصواب هو الذي يتقيد بالواجب ويحترم السلطة ويحافظ على النظام الاجتماعي كهدف بذاته.

المرحلة ما بعد الرابعة وقبل الخامسة: توجه الذاتية الأخلاقية *

(Ethical Egoistic Orientation)

ينظر الفرد هنا إلى كل الأحكام الأخلاقية باعتبارها نسبية ويؤمن بأنه لا وجود للحقائق الأخلاقية المطلقة. ويرى أن الأحكام الأخلاقية هي في واقع

---

* وردت المرحلة السابعة في (Leahey and Harris, 1997) وقد قدمها كولبيرغ كورقة في أحد المؤتمرات باعتبارها مرحلة نظرية ولأنها غير شائعة الإستعمال في كتاباته فسيتم الحديث عن مراحله باعتبارها ستاً لا سبعاً.

- مراحل كولبيرغ في النمو الخلقي مأخوذة من:

Leahey and Harris, 1997. P 423-426 + Sprinthall, 1987. P 240-243

الأمر عاطفية وليست عقلانية، كما يرى المصطلحات الأخلاقية كالواجب مثلا عديمة المعنى، ولا اعتبار لها وتمثل هذه المرحلة التحرر من قيود التفكير التقليدي والاستعداد للانتقال إلى التفكير ما بعد التقليدي.

3- المستوى ما بعد التقليدي (الاستقلالي أو المبدئي)

(Post Conventional Autonomous, or Principled Level)

- المرحلة الخامسة: مرحلة التوجه نحو العقد الاجتماعي القانوني

(The Social Contract Legalistic Orientation)

ينزع الفرد هنا إلى تحديد الفعل الصحيح من عدمه ضمن منظور الحقوق الفردية العامة والمعايير التي تم فحصها وتنفيذها ثم إقرارها من قبل المجتمع ككل. وهناك وعي مطرد بنسبة القيم الشخصية والآراء، وتبعا لذلك فإن هناك تركيزا واضحا على ضرورة اتباع الإجراءات التي تقود إلى الإجماع. وإلى جانب الأهمية التي يمنحها الفرد لما يتم الاتفاق عليه عبر الوسائل الديمقراطية والمؤسسات فإنه في هذه المرحلة يدرك أن الصواب هو مسألة نسبية تحكمها القيم والآراء الشخصية والنتيجة تركيزٌ على الجانب القانوني. ومع إدراك أن القوانين يمكن تغييرها وفق اعتبارات عقلانية وفقا لخير ومنفعة المجتمع وخارج الإطار القانوني هذا فإن الاتفاق الحر أو العقد الحر بين الأشخاص هو عنصر الإلزام الموجب هنا.

- المرحلة السادسة: مرحلة التوجه نحو المبادىء الأخلاقية العالمية.

(The Universal Ethical Princible Orientation)

ما يقرر الصواب هنا هو الضمير بما يتوافق مع مبادىء الفرد وتوجهاته الأخلاقية التي يعتنقها والتي تنطوي تحت لواء المنطق والإنسانية العالمية وهذه المبادىء أخلاقية ومحددة وليست مبادىء أخلاقية مادية كالوصايا العشر مثلا. فهي مبادىء العدالة والحقوق الإنسانية والمساواة المتبادلة بين أفراد

الجنس البشري دون استثناء، واحترام كرامة الإنسان وحريته الفردية في كل زمان ومكان.

- المرحلة السابعة: (التوجه الكوني المتسامي)

(The Cosmic Transcendental Orientation)

وتمثل هذه المرحلة الانتقال من التوجه الإنساني في المرحلتين السابقتين إلى التوجه الديني والحدس اليقيني المطلق ولا يعرف الصواب والخطأ هنا بمصطلحات حقوق الإنسان وكرامته وإنما بمصطلح المنظور عبر الإنساني المطلق للصح والخطأ*.

وتعتبر هذه المراحل مراحل متعاقبة تبنى على بعضها بعضاً حيث أن هناك نظاماً مختلفاً يميز كل مرحلة، كما تشمل المرحلة المتقدمة ما سبقها من مراحل وتشتمل على عمليات عقلية أعقد وأعلى من المرحلة التي تسبقها وقد دعمت دراسة توريل (Turiel 1966) نظرية المراحل الخلقية عند كولبيرغ وأوضحت أن من الصعب على الطفل أن يعود لمرحلة سابقة من حيث أنه من السهل عليه التقدم إلى مرحلة تليها[1].

تبين من تصنيف كولبيرغ أن الفرد في تطور مستمر خلقيا وأنه ينتقل من التمركز حول الذات إلى زيادة في الموضوعية ومن التفكير في النتائج المادية الملموسة إلى التفكير في القيم المجردة ومن الاهتمامات الشخصية إلى الاهتمام بالمسؤولية الاجتماعية، ومن الاعتماد على معايير خارجية إلى

---

* هاتان المرحلتان الأخيرتان هما مرحلتان نظريتان باعتراف كولبيرغ نفسه ولم يستطع أحد من مفحوصيه الوصول إليهما، ويمكن أن تضم هاتين المرحلتين الفلاسفة والمصلحين والمفكرين كسقراط وغاندي.

- مراحل كولبيرغ في النمو الخلقي مأخوذة من:

(Leahey and Harris, 1994. P 423-426 + Graham, 1975. P 227-228

(1) Depalma and Foley, 1974. p51.

الاعتماد على مبادىء داخلية وذاتية. وقد تمكن كولبيرغ من أن يضمن نظريته مفاهيم المراحل النمائية المتسلسلة من جهة ومفاهيم الصراع وعدم الاتزان من جهة أخرى كشروط مسبقة للنمو اللاحق (1).

لقد لقيت نظرية كولبيرغ اهتماماً واسعاً فتناولها الكثير من الباحثين كإطار تعليمي، واستخدمت مراحل النمو الخلقي كأداة لتفسير الاتجاهات الفلسفية والدينية وتناولها عدد من الباحثين بالنقد وقد حاول كولبيرغ تعديل جوانب القصور في نظريته وقد أعاد تعريف المراحل الأخلاقية وانتقل في اتجاهه نحو التربية الأخلاقية مع التركيز على إنشاء المجتمعات العادلة كما أنه ضيق المدى الذي كانت تشير إليه مراحله الأخلاقية الست، فبعد أن قال بأنها تلخص كل التفكير الأخلاقي انتقل إلى القول بأنها تمثل إعادة البناء العقلاني لتطور التفكير بشأن العدالة(2).

وقد قام رست (Rest) وعدد من زملائه الباحثين ببناء نظرية جديدة تستلهم كولبيرغ في بعض أفكارها، وتعدل على كولبيرغ وتضيف عليه في جوانب أخرى. وهذا ما يسمى بالمنحنى الجديد في نموذج كولبيرغ (Neo Kohlbergian Approach) وأهم انتقادات رست وزملائه لنظرية كولبيرغ اعتبارها لا تتناول إلا مكونا واحدا من الأخلاق هو الحكم الأخلاقي. ويرى رست كذلك أن هناك مكونات أربعة للأخلاق هي الحساسية الأخلاقية، والحكم الخلقي، والدافعية الأخلاقية، إضافة إلى الشخصية الأخلاقية. فهذه المكونات الأربعة حسب رأيه تؤثر في بعضها بعضا، ويعني ذلك أن فهم الموقف الأخلاقي، والقدرة على إنجاز الأدوار المختلفة لشخوص الموقف، وإدراك وتفسير وجهات النظر المتعارضة والدافعية

---

(1) Husten, 1991. P3414-3415 + Sprinthall, 1987. P247.

(2) Husten, 1991. P3414-3415 + Sprinthall, 1987. P247.

الأخلاقية وقيم الفرد واتجاهاته، وصفاته الشخصية تؤثر جميعها في حكمه الأخلاقي[1].

ويقول رست أيضا بأن منظور التفكير المبني على العدالة (كما يراه كولبيرغ) لا يشمل كل المواقف الحياتية بالإضافة إلى كون معضلاته الأخلاقية لا تشكل عينة ممثلة لكل المعضلات الأخلاقية الممكنة. ولذلك فنحن بحاجة (حسب قول رست) إلى نظرية أشمل وأكثر تعقيدا تلقي لنا الضوء على الفعاليات الداخلية والخارجية والتي تتضمنها الأخلاق[2].

ووفق هذا المفهوم فلابد أن تدخل في آلية القيام بالسلوك الخلقي تصورات الفرد المتعلقة بالصواب والخطأ والمتعلقة بالموقف. ونلاحظ هذه التصورات في حكم الفرد على السلوك المعين في الموقف الواحد بأنه خلقي أو غير خلقي. ولعل جزءا كبيرا من اختلاف سلوك الأفراد الخلقي ناتج عن اختلافهم في أحكامهم الخلقية. ضمن هذا كله يرى رست أن هناك أهمية كبيرة في ضرورة أخذ المفاهيم الوسيطة، ولوائح الأخلاق بعين الاعتبار وذلك لفهم عملية اتخاذ القرار الأخلاقي باعتبار أن الحكم الأخلاقي يتأثر بهذين العاملين[3].

ومن وجهات النظر الأخرى والتي تعنى بالسلوك الأخلاقي ما طرحه دامون وهوفمان (Damon and Hoffman)، حيث يركزان على دور التعاطف مع الآخرين والغيرية. ويأخذ هذا التعاطف مشاعر إيجابية مثل التعاطف والإعجاب واحترام الذات. ومشاعر سلبية مثل الغضب والثورة والشعور بالخجل، والشعور بتأنيب الضمير والخزي. ولهذا التعاطف جوانب تطورية تؤثر على الأطفال فيتصرفون حسب قواعد الصح والخطأ، ويشعرون بالقلق عندما

---

(1) Depalma and Foley, 1974. P53.

(2) Rest, 1985. P10-12.

(3) Rest, 1985. P10-12.

يخالفون هذه القواعد. ومعايير هذا السلوك تتطور خلال مراحل الطفولة مع العمر[1].

ويركز هوفمان على تطور الدوافع الغيرية حيث تبدأ تتكون منبهات الإحساس بمعاناة الآخرين والتعاطف معهم والتي يمكن أن تكون قد نشأت كاستجابة انفعالية شرطية مبنية على التشابه بين بعض منبهات هذه المعاناة التي خبرها في الماضي، ويقول هوفمان أن ذلك يحدث في مستويات ثلاثة، ففي المستوى الأول ينشأ عند الطفل رغبة في مساعدة الآخرين الذين يعانون من موضوع ما، والثاني يبدأ فيه الطفل بالإحساس بآلام الآخرين ومعاناتهم باعتبارهم مصادر لتطور أفكاره ومشاعره، وفي المستوى الثالث يأخذ الطفل في التمييز بين هذه المشاعر العرضية وتلك التي تأخذ صفة الديمومة، وذلك بزيادة القدرة على التمثيل العقلاني الذي يساعد الفرد في تطوير مشاعر تتجاوز الأفراد وتمتد إلى الجماعات التي تحتاج إلى مساعدة[2].

ويلاحظ أن الحكم المرتبط بدافع حب الخير عند هوفمان يكون خلقيا عندما ينبع من شعور الفرد بمشاعر الآخرين، وينشط عند تقديم المساعدة لهم وأكثر خلقية كلما كان أكثر تعميما على الأفراد والمواقف. وأن نمو الفرد خلقيا متعلّق بنموه المعرفي، وأن شعور الفرد بمشاعر الآخرين هو لب الأخلاق، وأن مشاعره الذاتية هي مصدر الخبرات التي تؤدي إلى نموه الخلقي[3].

أما دامون فقد قام بدراسة الأطفال ما بين الرابعة والعاشرة، وأعطى مزيدا من التركيز على الإجراءات والأعمال المناسبة لهم، وقد استخدم الطريقة الإكلينيكية في الحصول على حلول وتصورات منهم لمعالجة أية

---

(1) Santrock, 1992. p604-609.

(2) Depalma and Foley, 1975. P139.

(3) Depalma and Foley, 1974. P156-157.

مشكلة أخلاقية، وقد أكد على أن المنظومات الأخلاقية بأسسها المعرفية يمكن التعرف عليها عن طريق المقابلة الإكلينيكية[1].

ويرى دامون أن هناك مستويات تطورية عديدة تمثل تتابعا لمراحل البنى المعرفية. وأكد أن هناك تمايزاً كميا وكيفيا بين هذه المستويات. وأن النمو إذا ما نظرنا إليه من الناحية البنيوية لا يمكن أن نتصوره إلا من خلال تحولات نوعية متعددة، وأن الفروق الثمانية هي في الكيف والنظام وليست في الدرجة، وأن هناك ارتباطا بين المواقف والتفكير الأخلاقي. وقد أعطى دامون لمفاهيمه عن العدل الإيجابي والسلطة أبعادا فيها درجة كبيرة من التعمق في التفكير الأخلاقي[2].

ويقول دامون أن الحكم الأخلاقي يتأثر بأنماط التنشئة الاجتماعية (سلطوية، معتدلة، متسامحة) ويتأثر كذلك بطبيعة الخبرات الاجتماعية للفرد. وبنمط الشخصية (مندفع، متأنٍّ) وبتقدير الذات (مرتفع، متدنٍّ) وبالدافعية الأخلاقية (الذنب، التعاطف، الخجل) وأن هذه العوالم مجتمعة بما فيها الحكم الأخلاقي تنعكس على سلوك الفرد الأخلاقي ممثلة في فعل المساعدة، والإيثار، والتعاون واحترام السلطة[3].

اكتساب السلوك الاجتماعي والأخلاقي حسب وجهة نظر المعرفيين:

سنقدم هنا عرضاً موجزاً لتفسير عملية اكتساب الأحكام الخلقية حسب وجهة نظر المعرفيين (أبرزهم بياجيه وبرونر وكولبيرغ وغيرهم) فأثناء تفاعل الطفل مع البيئة الخارجية تحدث تغيرات تكيفية (Adaptations) تتم من خلال ما يشار إليه بعمليتي التمثل (Assimilation) والمواءمة (Accomodation). ففي عملية التمثل يتفاعل الطفل مع مثيرات العالم الخارجية بكفاءة بما لديه

(1) Depalma and Foley, 1974. P156-157.

(2) Jarrette, 1991. P35-36 + Santrock, 1992. P602-603.

(3) Jarrette, 1991. P35-36 + Santrock, 1992. P602-603.

من أبنية معرفية (Schemas)*، أما في عملية المواءمـة فتكـون الأبنيـة المعرفيـة (Schemas) المتيسرة للطفل غير معدة لتمثل منبهات العالم الخارجي، فيضطرب التوازن الذي كان قائما، وينتج عن ذلك تغير في التكوين المعرفي لدى الفرد حتى يستطيع التلاؤم مع المتغيرات الجديدة في العالم الخارجي[1].

وبما أن الفرد يكون معرضا باستمرار في مراحل عمره المختلفة لمتغيرات جديدة في البيئة المحيطة فينتج عن ذلك تغيرات مستمرة في التكوين المعرفي على شكل سلسلة من عمليات التمثل والمواءمة، والتي تؤدي وبشكل تدريجي ومتواصل إلى تكيف الفرد مع البيئة، وتشكيل بنى معرفية جديدة يمكن أن يكون قوامها مجموعة من أنماط السلوك وقواعده المتمثلة في الأحكام الخلقية التي يمكن أن توجه السلوك في المواقف المختلفة والتي تمثل تفسير بياجيه لعملية اكتساب المفاهيم والبنى المعرفية الأخرى كما أنها الأساس في تطور التفكير عند الأطفال[2].

وقد سبق الحديث عن مرحلتين منفصلتين في النمو الخلقي تحدث عنهما بياجيه معتمدا على عاملي النضج والنمو عند الأطفال، وقد سمى المرحلة الأولى بمرحلة الواقعية الأخلاقية (Heteronomous Morality)، وتضم الأطفال من سن 4 - 7 سنوات ويخضع الأطفال في هذه المرحلة للقواعد الخلقية التي يفرضها عليهم الكبار.

أما المرحلة الثانية فهي مرحلة الاستقلالية الأخلاقية (Autonomous Morality)، وتشمل المرحلة العمرية 10 سنوات فما فوق ويكوّن الأطفال في هذه المرحلة أحكامهم الخلقية على أساس النية والقصد من وراء الفعل.

* بعض المراجع تترجم كلمة (Schemas) كمخططات وبعضها تعرب الكلمة سكيما، وبما أن الكلمة تشير إلى آلية في معالجة المعلومات، فربما كانت كلمة آلية معرفية توضح الجانب الوظيفي في عمل الـ (Schema).

(1) Graham, 1975. P281+ Leahey and Harris, 1997. P408-409.

(2) Santrock, 1992. P585 - 586.

وهاتان المرحلتان تمثلان تفسير بياجيه لعملية اكتساب المفاهيم والبنى المعرفية كما أنهما الأساس في تفسير تطور التفكير عند الأطفال[1].

واعتماداً على النظرية المعرفية لبياجيه طور كولبيرغ نظاما خاصا به حدد فيه مراحل النمو الأخلاقي بثلاث مراحل رئيسة قسمت كل منها إلى مستويين ثم أضاف إليها مرحلة سابعة كما سبق الحديث عن ذلك في صفحات سابقه. فقد اعتقد كولبيرغ أن الفرد ينتقل نمائيا عبر هذه المراحل بالتدرج مرحلة مرحلة، دون أي قفزة عن أي منها، ودون أن ينكص إلى الوراء، كما اعتقد بعالمية نظريته بمعنى أنها تنطبق على كل الثقافات دون استثناء[2].

وتبين من تصنيف كولبيرغ للمراحل أن الفرد في تطور مستمر خلقيا، وأنه ينتقل من التمركز حول الذات إلى زيادة في الموضوعية، ومن التفكير في النتائج المادية الملموسة إلى التفكير في القيم المجردة، ومن الاهتمامات الشخصية إلى الاهتمام بالمسؤوليات الاجتماعية، ومن الاعتماد على معايير خارجية إلى الاعتماد على معايير ومباديء داخلية ذاتية[3].

فالعامل الحاسم في التطور الخلقي حسب رأي كولبيرغ هو المحور الاجتماعي الذي تثور فيه الصراعات لدى الفرد، والدور المناسب الذي يمكن أن يلعبه ويؤثر في إعادة تركيب أحكامه الخلقية، ووظيفة التربية الخلقية حسب رأي كولبيرغ أن تسهل نمو الفرد خلال المراحل الست بقدر ما تسمح له الإمكانات كلها، وإذا توقف الفرد عند مرحلة معينة فعلى التربية الخلقية أن تعمل ما بوسعها لاستمرار ارتقائه إلى المرحلة التي تليها[4].

والذي يهم في التربية الخلقية واكتساب السلوك الخلقي هو نوع

---

(1) Santrock, 1992. P585 - 586.

(2) Husten, 1991. P3413.

(3) Husten, 1991. P3407 + Sprinthall, 1987. P247.

(4) Joyce, 1986. p 122

العلاقات والصراعات التي يواجهها الفرد مع الأسرة ومع الرفاق في المدرسة والمجتمع الكبير، فالأطفال واليافعون يندفعون للمشاركة في النشاطات الجارية في حياتهم اليومية، وهذه تثير صراعات يتم حلها بتحولات عقلية تترجم إلى أحكام وسلوكات خلقية جديدة. وقد استخدمت مراحل النمو الخلقي عند كولبيرغ كأداة لتفسير الأبحاث الفلسفية والدينية، وأخذت جهوده مكانة كبيرة في النمو الخلقي والتربية الخلقية[1].

ثالثاً: العوامل المؤثرة في اكتساب السلوك الاجتماعي والأخلاقي:

1. عوامل النضج:

لقد سبقت الإشارة إلى أن الطفل يمر بمراحل تطورية في سلوكه الأخلاقي، ولكل مرحلة خصائصها التي تميزها عن غيرها، وكيف أن هذه المراحل ترتبط ارتباطا وثيقاً بمراحل النمو المعرفي عند الأطفال، وعندما نتحدث عن السلوك الأخلاقي فإننا نشير إلى جوانب ثلاثة ينطوي عليها هذا السلوك، الجانب الأول هو المحتوى المعرفي المتمثل في القاعدة الأخلاقية، أو القيمة أو الحكم الأخلاقي، والثاني انفعالي متمثل في مدى تقبل هذه القاعدة أو القيمة والامتثال لها في المواقف التي يمكن أن تنطبق فيها، والجانب الثالث هو التعبير السلوكي الظاهر قولا (أو عملا) بما يتفق والمحتوى المعرفي أي القاعدة أو القيمة وبما يتفق أيضا مع درجة التقبل في المستوى الانفعالي[2].

ويجدر بنا الإشارة إلى أن تكوين المحتوى المعرفي للسلوك الأخلاقي بمستوى معين، يتطلب درجة من النضج العقلي المعرفي وكأننا نتساءل هنا (متى يستطيع الطفل إدراك أن سلوك الأفراد في المجموعات يسير وفق قواعد معينة؟) وهذا لا يحدث في مراحل الطفولة الأولى، وإنما يحتاج إلى مستوى

(1) Husten, 1991. P 3406 + Speicher, 1994. P 626

(2) Sprinthall, 1987. P 250-251

معين من النضج يبدأ حسب تصنيف بياجيه في مرحلتي العمليات الحسية والعمليات المجردة، وما ينطبق على الجانب المعرفي في السلوك الأخلاقي ينطبق على الجانب الانفعالي من حيث أنه يمكن تصور مراحل للتطور الانفعالي التي تلازم أو تواكب انتقال الطفل من مرحلة الاعتماد على الآخرين إلى مرحلة الاستقلالية، أو من مرحلة التمركز حول الذات إلى مرحلة إدراك وجود الآخرين[1].

ويؤكد فيجوتسكي على أهمية المشاعر في تكوين كثير من السمات الخلقية للإنسان، فمعاناة الطفل لحالة انفعالية متكررة تصبح مع اشتدادها سبباً في ظهور ميزة ثابتة أو عادة مستقرة أو سمة من سمات الطبع[2].

ويشير كولبيرغ إلى ارتباط العمليات المعرفية ومراحل النمو المعرفي بالحكم الأخلاقي، ويقول أن مرور المراهقين بمرحلة التفكير المجرد شرط ضروري ولكنه غير كاف للانتقال إلى المرحلتين الخامسة والسادسة من الحكم الأخلاقي. وتشير دراسات كولبيرغ وكولبي كما ورد في كولبي (Colby, 1974) إلى ارتباط الحكم الأخلاقي بالعمر باعتباره متغيراً نمائياً أو هرمياً يمر بمراحل مختلفة كلما تقدم الأفراد بالعمر شريطة توفر الخبرات الاجتماعية الكافية ومستوى معين من التعليم[3].

2. الخصائص الفردية للطفل:

بالرغم من أن لكل مرحلة عمرية خصائصها المميزة، أي أن الأطفال في المرحلة العمرية نفسها يختلفون في كثير من خصائصهم الفردية، فهم مختلفون في مستوى الذكاء، وقدرتهم على التكيف مع المواقف الاجتماعية وغير الاجتماعية، وأيضا في كثير من الخصائص الشخصية والانفعالية كأن نقول:

---

(1) Bernstein, 1991. P 66-67 + Santrock, 1987. P 585-586

(2) دراسات 2004، ص1.

(3) Husten, 1991. P 3410 + Colby, 1974. P 77

أن طفلا أكثر قدرة على التحكم بسلوكه من آخر، أو أكثر أو أقل امتثالا للأنظمة، أو أن لديه استعداداً للتعلم بدرجة أكبر أو أقل من طفل آخر[1].

ويؤكد بلاكهام (Blackham, 1983) أن المعتقدات الدينية تؤثر في الأحكام الأخلاقية للفرد وتفكيره الأخلاقي بوجه عام، مشيراً إلى أن التفكير الأخلاقي معني بافتراضات وحالات الأخلاق والحقائق المتصلة بالموقف والواجبات، وكذلك تفعل المعتقدات الدينية التي تلعب دوراً مماثلاً للمباديء الأخلاقية في توجيه السلوك واتخاذ القرارات الأخلاقية[2].

ومن خلال عدد من الدراسات التي أجراها بيك (Beck, 1994) على الشباب بين أعمار (17-22) سنة بعد إنهائهم للتعليم الثانوي وانخراطهم في التعليم المهني، يشير بيك إلى وجود تأثير ملحوظ لطبيعة المهنة التي يتعلمونها وأجوائها الأخلاقية ومعاييرها على الحكم الأخلاقي لديهم[3]، ويقول رست وزملاؤه (Rest, 1985) أن المكونات الأربعة للأخلاق (الحساسية الأخلاقية، والحكم الأخلاقي، والدافعية الأخلاقية، والشخصية الأخلاقية) تؤثر في بعضها البعض، ومعنى ذلك أن فهم الموقف الأخلاقي والقدرة على اتخاذ الأدوار المختلفة لشخوص الموقف، وإدراك وتفسير وجهات النظر المتعارضة، والدافعية الأخلاقية، وقيم الفرد واتجاهاته وصفاته الشخصية، كلها تؤثر في الحكم الأخلاقي والسلوك الأخلاقي لديه[4].

ومن هنا نتوقع أن يختلف الأطفال في مستوى فهمهم وتمثلهم لقواعد السلوك الأخلاقي حتى في المرحلة العمرية الواحدة.

3. عوامل البيئة الاجتماعية:

وكما ورد في (نشواتي 1984) فقد أكدت نتائج دراسات موسن

---

(1) Zimbarde, 1989. P 63 + Rubinstein, 1982. P 822

(2) Blackham, 1983. P 83

(3) Beck, 1994. P 2478

(4) Rest, 1985. P 14

وكولبيرغ وروزنتـان (Mussen, 1970. Kohlberg, 1976. Rosentan, 1976) أن الأخـلاق هـي نتـاج أوضـاع
ومثيرات بيئية متنوعة تختلف باختلافها وتتنوع بتنوعها، ويشـير ووزينـاك وفيشـر (& Wazniak
Fisher, 1993) كما ورد في (Lind, 1995) إلى أن تفكير الأطفال ينمو ضمن محتـوى اجتماعـي وبيئـي
معين، حيث تؤثر هذه العوامل الاجتماعية والبيئية والثقافية المعقدة والمتداخلة علـى سـلوك
الإنسان وتفكيره، كما يؤكدان أن بناء الطفل النشط لمفاهيمـه الذاتيـة (كـما يقول بياجيه
والمعرفيون) إنما هو عملية اجتماعية في جوهرها تحدث في الأسر والمدارس ومع الرفاق وضـمن
إطار الثقافة العامة والتفكير الإنساني الذي ينعكس على السـلوك ولا ينبغـي أن يـدرس في عزلـة
عن المشاعر والانفعالات والمعتقدات والقيم والملامح المادية للعالم ككل، ويؤكد الباحثان أن كـلاً
من تفكير الإنسان وسلوكه يتغيران بشكل حيوي بين وقت وآخر، وبما أن الحكـم الأخلاقـي هـو
جزء من التفكير الإنساني بوجه عام فإن مـا يصدق علـى التفكير يصدق كذلك علـى الحكـم
الأخلاقي والسلوك الأخلاقي بشكل عام[1].

ويشير باندورا أيضاً إلى أهمية العوامل الاجتماعية ويقـول أن الأطفـال يتعلمـون السـلوك
الأخلاقي من خلال مراقبة وتقليد النماذج المحيطة بهم[2].

ويؤكد فيجوتسكي أهمية البيئة الاجتماعية والثقافية، فالعمليات الذهنيـة العليـا (Higher
mental processes) كالتفكير والتذكر الإرادي والكلام توجد في البيئة الاجتماعيـة في شـكل نفسي-
خارجي (Interpsychicale) وبفضل عملية الاستدخال يستحوذ الفرد عليها تدريجياً متخذة في الطور
الأخير شكلاً نفسياً داخلياً (Intrapsycicale)، وعملية التحول مـن الخـارج إلى الـداخل (التـذويت)
تجتاز أطواراً متعددة يلعب الفرد خلالها دوراً إيجابياً وفعالا[3].

---

(1) نشواتي، 1984، ص485 + Lind, 1995. P 66

(2) Husten, 1991. P 4634

(3) عامود، بدر الدين، 2003. ص2.

ويؤكد ناحوم وفيشر (Noam & Fisher) كما ورد في (Lind, 1995) على أن دراسة النمو العقلي بما فيه التفكير والحكم الأخلاقي يجب أن تكون في محتواها الاجتماعي، ويركزان على أهمية العلاقة بين البشر وأثرها في تنمية التفكير والحكم الأخلاقي منتقدين الاتجاهات التي تنزع إلى التركيز على الأفراد ودراستهم كما لو كانوا يعيشون في عزلة اجتماعية، ويخلص الباحثان إلى أن الإنسان مخلوق اجتماعي، ولا يمكن دراسة سلوكه أو عملياته العقلية دون اعتبار علاقاته بالمحيطين به وبمجتمعه وثقافته بوجه عام[1].

وتتمثل هذه العوامل في دور الأسرة والمدرسة ومجتمع الرفاق، ووسائل الإعلام.

أ. دور الأسرة:

للأسرة أهمية خاصة في تشكيل معايير السلوك الأخلاقي منذ أن يبدأ الطفل التعرف على بيئته الاجتماعية والتي تتألف في صورها الأولى من الأبوين وأفراد الأسرة التي نشأ فيها، ومن خلال التأثيرات المختلفة للوالدين يتعلم الطفل الامتثال للكبار وتقديرهم واحترامهم، ويتعلم كثيراً من قواعد السلوك الأخلاقي من خلال ما يفرضه عالم الكبار خاصة الأبوين عليه. وينشأ هذا التأثير بحكم أن الأبوين هما اللذان يلبيان الحاجات الأساسية عند الطفل، ومن هنا يحاول الطفل أن يمتثل لرغبات وأوامر الشخص الذي يشبع حاجاته، ومع تقدم الطفل بالعمر، يأخذ تدريجياً باستيعاب وتمثل قواعد السلوك الخاصة بالأسرة. وهذه القواعد قد تختلف قليلاً أو كثيراً من أسرة إلى أخرى أو بين طبقة اجتماعية إلى أخرى[2].

ويمكن أيضاً أن تختلف قليلاً أو كثيرا بتأثر مجموعة أخرى من العوامل أو الظروف الخاصة للأسرة كأن تكون الأسرة في مستوى الفقر أو

(1) Lind, 1995. P 67

Turner, 1983. P 280 + Jarrette, 1991. P 33-34 (2)

الغنى أو كأن يكون الوضع السكني في مستوى الضيق أو الاتساع، أو كأن يغلب على الأسرة مستوى ثقافي متدن أو مرتفع: أي إذا كان الأبوان في مستوى الأمية، أو على درجة عالية من الثقافة، مما قد يؤثر في الطريقة التي يتعامل بها الأبوان مع الطفل، ولأي درجة يتيحان له فرصة التعبير الذاتي والحرية في الاختيار أو لأي درجة يفرضان عليه ضوابط ملزمة في تصرفاته"[1].

ومن ذلك نستخلص أن هناك مجموعة من العوامل في الأسرة تساهم في تشكيل البنية الأخلاقية عند الطفل، ومن هذه العوامل المستوى الثقافي، والاجتماعي، والاقتصادي، والسكن وفي بعض الحالات العامل الإثني العرقي (Ethnic)"[2].

ب. دور المدرسة:

تمثل المدرسة الوسيط الرسمي النظامي الذي ينقل معايير السلوك الأخلاقي التي أَقرها المجتمع في النظام التربوي بشكل عام إلى الطلبة ويفترض بهؤلاء الطلبة أن يتعلموا هذه القواعد، ويتمثلوها في سلوكهم في الوقت الذي تفرض فيه المدرسة نظاما "انضباطيا" يمكن أن يعاقب من يخالف هذه القواعد ويعزز من يتمثلها. ومن هنا تلعب المدرسة دورا مهما في تشكيل قواعد السلوك الأخلاقي عند الطفل. وقد تختلف هذه القواعد بعض الشيء عما اكتسبه الطفل في الأسرة وإذا ما التزمت المدرسة والعاملون فيها، وبخاصة المعلمون بالصيغ الرسمية المعبر عنها في السياسات التربوية وأهدافها المنبثقة عن فلسفة المجتمع ونظام القيم عندئذ تمثل المدرسة الصيغ الرسمية للقيم التي يتوقع من الطفل أن يتلقاها ويستوعبها ويتمثلها في سلوكه، ويشير كل من ليند (Lind) ورست (Rest) إلى أن الحكم الأخلاقي هو نتاج العملية التربوية في البيت والمدرسة، وأن كفاية الحكم الخلقي ترتبط إيجابياً

---

(1) Zimbarde, 1989. P 62

(2) Rosenstand, 2000. P 101 + Rubinstein, 1983. P 822 + Weiner, 1989. P 108

وبشكل عال مع طول مدة التعليم الذي يتلقاه الفرد ونوعيته، وأن كفاية الحكم الأخلاقي يرتبط سلباً مع العمر إن لم يكن مصحوباً بعمليات تربويـة وتعليميـة، وأن هنـاك نمـواً مطـرداً لكفايـة الحكـم الأخلاقـي لـدى المـراهقين طالمـا أنهـم يواصـلون العمليـة التربويـة في المدرسـة والكليـة والجامعة، لكن ذلك لا ينفي وجود مصادر أخرى للقيم يتعرض لهـا الطفـل ويمكـن أن تـؤثر في تكوينه الأخلاقي ومنها مجتمع الرفاق ووسائل الإعلام[1].

ج. مجتمع الرفاق:

يتألف مجتمع الرفاق من أطفال في المرحلة العمرية نفسها يشاركون بعضهم بعضا في ألـوان من النشاط تتمثل في خصـائص المرحلـة العمريـة الواحـدة، ويشـكل هـذا النشـاط مصـدر متعـة ومصدرا مهما لإشباع حاجات أساسية عند الطفل، وخلال تفاعل الأطفال في مجتمـع الرفـاق تنشـأ بينهم معايير وقواعد تحكم سلوكهم أو الطريقة التي يستجيبون بها للمواقف المختلفة، وقد ينشـأ عن ذلك فهم مختلف أو تفسير مختلف لما تفرضه المدرسة أو الأسرة. ويظل هذا التأثير من حيـث استمراره في الحدود الخاصة به، إذ أن معايير مجتمع الرفاق تأخذ تدريجيا بالتعدل وتتغـير بتقـدم العمر، وبفعل عوامل السلطة الكبرى في الأسرة والمدرسة، وتظل هنـاك احـتمالات قائمـة بـأن يـترك مجتمع الرفاق آثاره القريبة أو بعيدة المدى على منظومة القيم والأحكام الأخلاقية المتشـكلة عنـد الطفل. وقد قام فورجي وولشن (Furgy & Wolshin Le) بدراسة استخدام التأثير الاجتماعي في تعديل الأحكام الأخلاقيـة عنـد المـراهقين عـلى عينـة مـن التلاميـذ تـم اختيـارهم عشـوائياً مـن المدرسـة الإعدادية، وقد أظهرت النتائج أن المراهقين من كلا الجنسين يستجيبون لضغوط الأقران المباشرة في تحويل الأحكام الخلقية التي كانت لديهم[2].

---

(1) Husten, 1991. P 3406 - 3408 + Turner, 1983. P 281

(2) محمد فتحي، 1983. ص23.

د. وسائل الإعلام:

تشمل وسائل الإعلام كل ما يمكن أن يتعرض له الطفل من خبرات مسموعة أو مرئية أو مدونة في كتب الأطفال وقصصهم ومجلاتهم إضافة إلى الراديو والتلفزيون، ولا يتسع المجال هنا لتقييم ما ينشر ويصل إلى أيدي الأطفال لأن مثل هذا الأمر يحتاج إلى دراسات متخصصة. ونكتفي بالإشارة هنا إلى أن أكثر المواقف التي يتم بها حدوث النمذجة الرمزية* هي عمليات التعلم من وسائل الإعلام والاتصال، فقد أصبحت هذه الوسائل مصدراً مهماً للتعلم الاجتماعي والأخلاقي، وتتميز هذه الوسائل بإمكانية نقل معظم المعرفة المتعلقة بالسلوكيات المختلفة، بل ويمكنها عرض سلوكيات لا يمكن ملاحظتها في حياتنا الواقعية بشكل تفصيلي وواضح. وتؤدي هذه الوسائل طوْراً مهماً في عملية التنشئة الاجتماعية بما تقوم به من دور في غرس وتعميق القيم الاجتماعية والأخلاقية لدى الأطفال.

إن النمذجة من خلال هذه الوسائل تعتمد على كل من التمثيل الصوري المتحرك أو الثابت، وعلى الوصف اللفظي، وهذه الإمكانية في الجمع بين التمثيل الصوري من جهة والوصف اللفظي من جهة أخرى أعطت عملية النمذجة هذه قدرة أكبر على التأثير، وهناك شكل آخر من أشكال الاتصال يمكن من خلاله حدوث التعلم بالنمذجة وهو الاتصال بالكلمة والصورة المكتوبة والمطبوعة (رواية، قصة، مجلة،...) وهذا النوع من النمذجة أقل إثارة للانتباه من النماذج المتحركة وأقل منها جاذبية وتأثيراً. ويبقى النموذج التلفزيوني هو الأكثر حضوراً وهيمنة على الأطفال لأن الصورة المتحركة هي اللغة الأساسية في هذا النموذج، فما يبث من نماذج كرتونية مدبلجة تقدم أشكالاً من السلوك تفرض نفسها على الأطفال، ليس فقط من خلال محتوى النصوص الروائية التي تتضمنها المشاهد أو الأدوار التي تؤديها الشخوص، ولكن أيضاً من خلال مجموعة المؤثرات في الحركة والنغمة،

---

* مفهوم باندورا في النمذجة الرمزية اعتمد كواحد من منطلقات هذه الدراسة.

والأسلوب والموقف والتي تتآلف مع بعضها البعض في المشهد الواحد لتبرز إيجابيات سلوك أو قيم اجتماعية معينة وسلبيات سلوك أو قيم اجتماعية أخرى، ومجمل القول أن التلفزيون يعتبر أحد أهم وسائل الإعلام وأكثرها شيوعاً وقرباً وجاذبية لدى الطفل بما يعرضه من قصص وأفلام وبرامج يشاهدها الطفل، وقد يبدو الهدف الظاهري منها هو التسلية، ولكن الوظيفة الكامنة لهذه المضامين هي دمج وغرس الكثير من القيم التي تحملها في شخصية الطفل والتي تصبح فيما بعد ذات تأثير على سلوكياته الاجتماعية والأخلاقية، وقد أظهرت عدة دراسات بأنه أصبح هناك أهمية خاصة لدور التلفزيون باعتباره أعمق وسائل الاتصال وأكثرها شيوعا، حيث أصبح جهاز التلفزيون متوفراً في كل بيت، وأضحى كل طفل يخصص وقتاً لا بأس به من حياته اليومية في مشاهدته[1].

وأوضحت بعض الدراسات أنواع البرامج التي يهتم بها الأطفال أكثر من غيرها، مشيرة إلى أن وسيلة الإعلام هذه تنقل إلى خبرات الطفل السمعية والمرئية مشاهد تحمل في طياتها اتجاهات وقيما اجتماعية وأخلاقية، يمكن أن يتأثر الطفل بها بدرجة تعتمد على العوامل الأخرى التي تمت الإشارة إليها، كما أن هذه الدراسات توضح أن هناك كثيرا من التوافق أو التعارض بين ما تعلمه الطفل من مصادر أخرى، وما يتعرض له أمام شاشة التلفزيون[2].

وهناك مجموعة كبيرة من الدراسات التي تناولت أثر التلفزيون على سلوك الأطفال بما فيه ذلك توجهاتهم القيمية،حيث يسهم التلفزيون إسهاماً فعالاً في تشكيل قيم الفرد سلباً أو إيجاباً باستخدام مجموعة من العناصر استخداماً توافقياً أو تبادلياً، بحيث يمكن تغييب عنصرٍ أو إظهار آخر حتى تتم عملية التشكيل معتمداً في نفس الوقت على رصيد الفرد والمجتمع من مكتسبات سلوكية واستعداده لتقبل سلوكياتٍ جديدة[3].

---

(1) Heinz, 1983. P 817+ Williams, 1990. P 125

(2) Singer and Singer, 1983. P 326 + Parker, 1985. P 469

(3) عاطف العبد، برامج الأطفال التلفزيونية ص208.

وكما ورد في دراسة قام بها توفيق يعقوب حول طبيعة مضامين الرسوم المتحركة التي بثها تلفزيون قطر بواقع ساعتين يومياً في الفترة الزمنية ما بين 2001/11/3 إلى 2001/11/10 أشار الباحث إلى أن القيم النفسية والسلوكية تمثل مع القيم الاجتماعية أكثر من ثلاثة أرباع القيم التي تتخلل المواد الموجهة للطفل، وتعود هذه النسب المرتفعة إلى قيم مثل الثقة بالنفس والشجاعة وقوة الإرادة والطموح والطاعة والصبر والأمانة وهي قيم إنسانية وعالمية تتوافر في كل الثقافات ولدى كل الشعوب، ولهذا السبب يتم التركيز عليها في قصص المغامرات وأفلام الكرتون، أما القيم السياسية والدينية فنسبها ضعيفة جداً لأن شركات إنتاج الكرتون سواء أكانت أمريكية أو جنوب شرق آسيوية تتحاشى في معظم الأحيان الخوض في المسائل العقائدية والسياسية لأن السوق الذي تروج فيه منتوجاتها هي سوق دولية وتفضل من هذا المنطلق تجنب إثارة الحساسيات[1].

وسيتم تلخيص بعض هذه الدراسات التي أجريت حول هذا الموضوع في الفصل اللاحق.

ولاشك بأن موضوع القيم والسلوكات الأخلاقية المتضمنة في برامج الأطفال الكرتونية تثير الكثير من الجدل والنقاش، وتعرض الأطفال للمشاهد التلفزيونية، وتأثير هذه المشاهد على المنظومة القيمية لديهم يبقى مثار تساؤلات عددية حاولت هذه الدراسة الإجابة عن بعض منها.

---

(1) توفيق يعقوب، برامج الأطفال التلفزيونية، 2002، ص5.

الفصل الثاني

الدراسات السابقة

كانت أوائل الدراسات والبحوث حول تأثير البرامج التلفزيونية على الطفل قد أجريت في الخمسينيات، وقام بها ويلبور شرام وزملاؤه في الولايات المتحدة الأمريكية، بينما أجرت هيلدا هيملوايت وزملاؤها في بريطانيا دراسات مماثلة، وقد دارت البحوث حول قدرة البرامج على تشكيل اتجاهات الطفل وتغيير سلوكه، وقد أكدت هذه الدراسات وجود علاقة معقدة بين التلفزيون والمؤثرات الأخرى في حياة الطفل، كما أشارت هذه الدراسات بنظرتها إلى الطفل باعتباره عضواً نشطا متفاعلاً مع البرامج وليس مستقبلاً سلبياً لها، وقد عالجت البحوث جانبين، الجانب النفسي والجانب الاجتماعي، وقد تبنت هذه الدراسة الجانب الاجتماعي وبالتحديد الجانب الاجتماعي الأخلاقي (رغم أهمية الجانب النفسي التي لا نستطيع إنكارها) وعليه فقد كانت الدراسات التي حاولنا الإشارة إليها منسجمة مع المنطلقات الأساسية للدراسة، وأولها مفاهيم النمو المعرفي كا يطرحها بعض علماء النفس مثل بياجيه، وثانيها منطلقات تتعلق بمفاهيم النمو الأخلاقي كما يطرحها عالم النفس كولبيرغ وكيف يربط هذه المفاهيم الأخلاقية بمفاهيم النمو المعرفي، وثالث هذه المنطلقات متمثل في اتجاهات نظرية التعلم الاجتماعي المتمثلة في التعلم عن طريق المحاكاة والنمذجة كما يطرحها باندورا، وكيف يتعلم الطفل أنماطاً من السلوك بما في ذلك المعتقدات والقيم وأشكال المعرفة المجردة عن طريق المحاكاة وتقليد النماذج المقدمة في وسائل الإعلام المختلفة، وهناك منطلق رابع وهام تبنته هذه الدراسة وهو المنبثق عن دراسة النمو عامة والتي توضح أن لخبرات الطفولة تأثيراً خاصاً في تكوين شخصية الراشد.

ويذكر أدب الموضوع دراسات عدة اهتمت بتقصي العلاقة بين مراحل النمو المعرفي ومراحل النمو الخلقي ومنها دراسة لي (Lee, Maureen. 1971)

التي أجريت على عينة تتراوح أعمار أفرادها بين (5-17) سنة من الطلاب الإنجليز، وأظهرت نتائجها وجود علاقة بين مراحل بياجيه المعرفية وبين مراحل الأحكام الخلقية على مقياس كولبيرغ، حيث أمكن الحصول على معاملات ارتباط بين هذه المراحل تراوحت بين (0.26-0.7) بمتوسط (0.49). ويعزو لي سبب هذا الانخفاض في معامل الارتباط إلى اتساع المدى العمري لأفراد الدراسة[1].

وتشير دراسة كيسي وويستون (Keasy and Weston, 1973) التي طبقت على عينة مكونة من 20 طفلاً تراوحت أعمارهم ما بين (7-9) سنوات، نصفهم من الذكور والنصف الآخر من الإناث تم اختبارهم على مهمات بياجيه (اختبار التصنيف، اختبار الاحتفاظ، اختبار الوزن واختبار الحجم) إلى أن 15 طفلاً من أفراد العينة الذين اعتبروا في مرحلة العمليات المادية على مهمات بياجيه توزعوا على المرحلة الخلقية الثانية على مقياس كولبيرغ، وأن طفلين في سن السابعة وطفلاً واحداً في سن التاسعة ممن اعتبروا في مرحلة العمليات المادية على مقياس مهمات بياجيه صنّفوا في المرحلة الخلقية الأولى على مقياس كولبيرغ، وفي هذا إشارة واضحة إلى أن أطفال مرحلة العمليات المادية على مقياس بياجيه يتوزعون على المرحلة الأولى والثانية على مقياس كولبيرغ[2].

أما دراسة لينج فورد وجورج (Leang Ford and George, 1973) فقد استهدفت قياس النمو العقلي والنمو الخلقي عند فئة من المراهقين تراوحت أعمارهم ما بين (12-15) سنة، واستخدمت في الدراسة مهمات بياجيه للأجسام الطافية، ومقياس كولبيرغ للأداء على مراحل النمو الخلقي،

(1) Depalma and Foley, 1975. P 45

(2) Depalma and Foley, 1975, P 46

وأظهرت النتائج وجود علاقة مباشرة ما بين التفكير المنطقي ومستويات الحكم الخلقي عند المراهقين موضوع الدراسة[1].

أما دراسة تملنسون وكيسي (Tomlinson-keasey and keasey, 1974) فقد اختبرت العلاقة بين مستوى النمو المعرفي ومستوى النمو الخلقي في عمرين محددين (12 و 19 سنة)، وكان أفراد العينة من الإناث من طلبة المدارس الثانوية والكليات، وأظهرت نتائج هذه الدراسة أن هناك مؤشراً واضحاً على وجود علاقة بين النمو المعرفي والنمو الخلقي ممثلة بمعامل ارتباط تراوحت قيمته بين (0.60-0.58) وأن هذه العلاقة مستقلة عن عامل العمر، أي أن المستوى المعرفي للفرد بغض النظر عن عمره هو الذي يرتبط بمستوى الأحكام الخلقية[2].

وفي دراسة طولية لتشارلز وايت ونانسي باشنل (Charles White and Nancy Bushnell, 1974) أجريت على أطفال من جزر البهاما أشارت نتائجها إلى أن مراحل كولبيرغ هي مراحل عالمية، وأن الحكم الخلقي للأفراد ينمو بتقدم أعمارهم، حيث تشير النتائج إلى نمو عامل المراحل الخلقية للأعلى، وأن عامل الجنس ليس ذا دلالة في نمو الأحكام الخلقية[3].

وفي دراسة توريل (Turiel, 1978) التي استخدم فيها مقياس كولبيرغ المعدل للبيئة التركية على عينات من فئات عمرية 10-11، 12-13، 14-15، 16-17، 18-25 سنة للتأكد من نسق النمو الأخلاقي الذي أشار إليه كولبيرغ وعلاقة هذا التطور بالمستوى الاجتماعي الاقتصادي، توصل توريل إلى أن الحكم الخلقي له صيغة تطورية، فكلما تقدم الفرد بالعمر كلما قل وجوده في المراحل الدنيا حسب تصنيف كولبيرغ[4].

---

(1) أرناووط، 1982، ص11.

(2) Depalma and Foley, 1975. P 49-50

(3) Charles White, 1978. P 58-65

(4) Depalma and Foley, 1975. P 51 + Turiel, 1978. P 50-55

أما دراسة لورانس ووكر وبويـد ريتشـاردز (Lawrence Walker and Boyd Richards, 1978) التـي تناولت النمو المعرفي كعامل مؤثر في الانتقال من مرحلة خلقية إلى أخرى، فقد اهتمت بالعلاقة بين المستوى الأخلاقي التقليدي ومرحلة العمليات المجردة، وأكدت الفرضية القائلـة بـأن أفراد المرحلة الخلقية الثالثة والذين يصنفون على أنهم فعلا في مرحلة العمليات المجردة ينتقلـون إلى المرحلة الخلقية الرابعة، وأشارت الدراسة أيضا إلى أن النمو المعرفي متغير هام للنمو الخلقي وأن كون الفرد فعلياً في مرحلة التفكير المجرد ضروري لوصوله إلى المرحلة الخلقية الرابعة[1].

وفي دراسة أجرتها ستيورات وليون (Stewart and Passcual Leon 1992) على مئة وعشرين طفلا تراوحت أعمارهم بين (10-16 سنة) أشارت إلى أن النمو العقلي شرط ضروري، ولكنـه غـير كـاف لنمو الحكم الأخلاقي[2].

وفي دراسـة لهـون وتشـارلز (Hoon, Charles, 1994) في سـنغافورة طبقـت عـلى 800 مراهـق تراوحت أعمارهم بين (13-16 سنة) اختيروا عشوائياً من ست مدارس وجدت الباحثتان أن هنـاك فترة انتقالية بين مرحلتي التفكير المادي (Concrete Thinking) والتفكير المجرد (Formal Thinking) يمر بها المراهقون وأن هناك تفاوتاً كبيراً بينهم في القدرة على التفكير في الاحتمالات النظرية الممكنة بعيداً عن الاحتمالات المادية المباشرة -ولصالح الذكور مقارنة بالإناث- مـما أدى إلى التـأثير عـلى أحكامهم الأخلاقية وتفاوتها تبعاً لذلك[3].

ويشير كـولبيرغ (Kohlberg 1984) مـن واقـع البحـث العلمـي الـذي أجـراه عـلى (72) فـرداً تراوحت أعمارهم ما بين (10-16) سنة، واستخدم أثناء مقابلته معهم قصصاً تدور حول شخص ما في مأزق أخلاقي وترك للمفحوص أن

(1) Walker, 1979. P 95-103

(2) Stewart, 1994. P 251-270

(3) Hoon, Charles, 1994. P 56

يذكر ماذا يفعل لو حل مكان هذا الشخص مع إعطاء تبريرات لهذا الفعل أو السلوك، واستطاع كولبيرغ نتيجة لهذه الدراسة أن يصل إلى تحديد ست مراحل تتباين فيها مبررات إصدار الأحكام الأخلاقية، وأشار إلى ارتباط العمليات المعرفية ومراحل النمو المعرفي بالحكم الخلقي، ويقول أن مرور المراهقين بمرحلة التفكير المجرد شرط ضروري ولكنه غير كافٍ للانتقال إلى المرحلتين الخامسة والسادسة من الحكم الأخلاقي،حيث يؤكد كولبيرغ أهمية التعليم والتعرض للخبرات الاجتماعية، وأهمية دور التربية الديمقراطية في تنمية الحكم الأخلاقي[1].

وتشير نارفاييز ورفاقها (Narvaez 1998) من واقع دراسات أجروها على عينات من طلبة الصفين الثالث والخامس الابتدائيين وعدد من الراشدين إلى أن فهم الموقف الأخلاقي يؤثر في الحكم الأخلاقي وأن هذا الفهم هو متغير نمائي[2].

وهناك دراسات لأثر النمذجة في تعلم السلوك الخلقي منها دراسة باندورا وروس وروس (Bandura and Ross and Ross 1963) التي قام من خلالها الباحثون بدراسة للمقارنة بين النماذج العدوانية الحقيقية الحية والنماذج المقدمة من خلال أفلام كرتونية مصورة وتأثيرها على سلوك العدوان لدى الأطفال في مرحلة ما قبل المدرسة، وبعد إجراء الدراسة على أربع مجموعات من الأطفال، ثلاثة منهم تعرضوا لنموذج من النماذج العدوانية، ومجموعة رابعة ضابطة لم تتعرض لهذه النماذج العدوانية، وجد أن الأفراد الذين شاهدوا النموذج العدواني أظهروا استجابات عدوانية شبيهة بسلوك النموذج أكثر بكثير من الذين لم يشاهدوه، وأظهرت النتائج أيضاً أن النماذج المقدمة عن طريق الأفلام لها نفس الفاعلية والتأثير المرتبط بالنماذج الحية في نقل أنماط

(1) Kohlberg, 1985. P 28-31 + Depalma and Foley, 1975. P 2

(2) Narvaez, 1998. P 13-18

السلوك المنحرف. أما الافتراض بكون النمذجة ترتبط بنوع النموذج من حيث واقعيته وحياته فلم يتأيد إلا بشكل جزئي، حيث أظهرت النتائج فرقاً محدوداً بين النموذج الحسي الواقعي والنموذج الكرتوني[1].

وفي دراسة يارو ورفاقه (Yarrow and Others) تمت المقارنة بين نموذج حي ونموذج رمزي من خلال مواد لعب، ولوحظ تأثير هذين النموذجين في سلوك المساعدة والتعاطف لدى عينة مؤلفة من (104) أطفال في مرحلة الروضة وتم قياس سلوك المساعدة بملاحظة المفحوص وهو يقوم بمساعدة طفل صغير. وأظهرت النتائج أن الأطفال الذين شاهدوا النماذج الفعلية الحية كانوا أكثر مساعدة من الذين شاهدوا النماذج الرمزية[2].

وفي دراسة أجراها (د. سعد عبد الرحمن 1974) لمعرفة آثار النماذج التلفزيونية على أطفال الخليج، وقدمت لمراقبة البحوث والدراسات الإعلامية بوزارة الإعلام الكويتية، وجد أن أطفال المدارس من سنة (10-14) سنة، فضلوا شخصيات مثل غوار الطوشة، بباي، بات مان، كاسبار، فريد شوقي. وكان صفات البطل الذي أعجب به (76.4%) من أفراد العينة البالغة (1005) طالباً وطالبة هي: الإضحاك، والفكاهة، والشجاعة، والقوة، والمرح، وحب المغامرة والطيبة، وقد صرح (76%) من الأطفال ذوي السن الأصغر بميلهم لتقليد البطل، بينما صرح (66%) من الأطفال ذوي السن الأكبر بميلهم إلى تقليد البطل، وعند سؤال الأطفال أفراد العينة إن كانوا يرغبون بأن يكونوا مثل البطل أجاب (76%) منهم بنعم، في حين أجاب (24%) منهم بلا، وقد خلص الباحث إلى أن الأطفال في هذه السن قد يتأثرون بالقيم وأنماط السلوك التي تصدر عن أبطال البرامج الروائية التي يعرضها التلفزيون[3].

---

(1) Epstein, 1971. P 243 + Williams, 1990. P 36 + Barcus, 1990. P 19 + Comstock, 1978. P 223 + Libert, 1989. P 70-71

(2) المهدي، إبراهيم. 1990. ص48.

(3) الابراهيم، حسن، 1988. ص 198.

وفي دراسة أجراها باندورا وماكدونالد (Bandura and McDonald, 1963) هدفت إلى الكشف عن أثر التعزيز الاجتماعي وسلوك النموذج في تشكيل السلوك الخلقي لدى الأطفال، واشتملت على عينة من الأطفال تراوحت أعمارهم بين (5-11 سنة) قدم لهم اختبار قبلي ليميز الأطفال في مستويات أحكامهم الخلقية حسب نظرية بياجيه (تبعاً لنتائج السلوك أو القصد)، وقسمت العينة إلى مجموعات ثلاث: الأولى لاحظت نموذجاً راشداً يقدم أحكاماً خلقية يتبعها تعزيز للنموذج والمفحوص، والثانية شاهدت سلوكاً يتبعه تعزيز للنموذج فقط دون الملاحظ والثالثة لم تشاهد أي نموذج، وإنما كانت تنال التعزيز فقط حين يحكم المفحوص حكماً مخالفاً لنوع الأحكام التي أظهرها على الاختبار القبلي، وبعد المعالجة فحص الباحثان ثبات الأحكام عند الأطفال وتعميمها في مواقف اجتماعية مختلفة ثم قدم للمفحوصين الاختبار القبلي نفسه، فأظهرت النتائج أن الأطفال الذين تعرضوا للنماذج تعدلت أحكامهم الخلقية، واستمر هذا التغير إلى ما بعد التجريب، مما حدا بالباحثين إلى اعتبار النمذجة إجراء فاعلاً في تعديل الأحكام الخلقية[1].

وهدفت دراسة كوان ورفاقه (Cowan and others 1969) إلى التحقق من نتائج دراسة باندورا وماكدونالد (1963) والتي لم ير فيها باندورا وماكدونالد ما يؤيد نظرية بياجيه في نمو الحكم الخلقي، انتقى الباحثان (32) طفلاً قسّموا إلى أربع مجموعات، اثنتان منها أحكامهما موضوعية وحسب النتائج الظاهرة للسلوك، واثنتان منها أحكامهما حسب النية والقصد من وراء القيام بالسلوك، وعرضت كل مجموعة لنموذج يقدم أحكاماً مخالفة لتوجهات وأحكام أفرادها الخلقية، ثم قدم الاختبار البعدي لإحدى مجموعتي الأحكام الموضوعية بعد التعرض للنموذج مباشرة وقدم للأخرى بعد التعرض للنموذج

(1) Bandura, 1969. P 275-279 + Bandura, 1969. P 274-281 + Miller, 1983. P 222

بأسبوعين، واتبعت الإجراءات نفسها في تطبيق الاختبار البعدي مع المجموعتين الأخريين (مجموعتي النية والقصد من وراء السلوك) ولاحظ الباحثون تأثير بعض العوامل التي اعتقدوا أنها تؤثر في أداء المفحوصين مثل نوع فقرات الاختبار ووقت تقديمه، ومع أن معظم نتائج هذه الدراسة أشارت إلى أن اختلاف المجموعات مرتبط بتأثير النماذج فإنهم رأوا أيضا أنهم قدموا تساؤلات لا تجيب عنها نظرية النمذجة في الحكم الخلقي وأشاروا إلى أنه لا يمكن لبحثهم أو بحث باندورا وماكدونالد إثبات أو نفي وجهة نظر بياجيه[1].

أما دراسة ريشتون (Rushton, 1975) فقد حاولت بيان الآثار الفورية وطويلة المدى للنموذج، والوعظ والحكم الخلقي على كرم الأطفال، وقد تألفت عينة الدراسة من (140) طفلاً تراوحت أعمارهم ما بين (7-11) عاماً، وقام الباحث بملاحظة الآثار الفورية لهذه العوامل، والآثار بعيدة المدى عند اختبار الأطفال للمرة الثانية بعد شهرين من اختبارهم للمرة الأولى. وقد قيس سلوك المساعدة وذلك بحساب عدد القطع التي أعطاها الطفل للفقراء، وتم قياس الحكم الخلقي من خلال الإجابة على ست قصص من قصص بياجيه، وقد أوضحت الدراسة أن النموذج كان أكثر فعالية في إحداث سلوك الكرم. سواء أكان ذلك في الاستجابة الفورية أو طويلة المدى، أما الوعظ فكان فعالاً على المدى الطويل، وإن لم يكن له أثر فوري ملاحظ، كما وجد الباحث أيضاً بعض التأييد لعلاقة الحكم الخلقي بالكرم[2].

وفي دراسة داوود (1977) كان الهدف معرفة أثر متغيري العمر والتعرض لنموذج متلفز على أحد أبعاد السلوك الخلقي وهو بُعد مقاومة الإغراء. قام الباحث باختيار عينة تألفت من (180) طفلاً من مدارس مدينة عمان أعمارهم تراوحت بين (6-12) سنة، قسموا إلى أربع مجموعات. تعرضت المجموعة الأولى لفيلم يصور طفلاً يغش ثم يثاب، وتعرضت المجموعة

---

(1) Cowan, 1969. P 261-266

(2) المهدي، إبراهيم، 1990. ص49.

الثانية لفيلم يصور طفلاً يغش ثم يعاقب، وتعرضت المجموعة الثالثة لفيلم يصور طفلاً يغش دون أن يُتبع سلوك الغش بإثابة أو عقاب، بينما لم تتعرض المجموعة الرابعة لأي فيلم، ثم عُرض الأفراد إلى موقف إغراء يتضمن وجود ألعاب أمام الطفل، وتقضي التعليمات بعدم اللعب بها ولوحظ مدى استجابة الطفل لهذه التعليمات. وقد أشارت النتائج إلى عدم وجود فروق ذات دلالة إحصائية بين المجموعات الأربع، وفسر الباحث هذه النتيجة باحتمالات عدة منها تأثير الخبرات السابقة ووجود بعض العوامل الموقفية التي أثرت على سلوك المفحوصين أثناء التجربة، وأشار الباحث إلى ضرورة القيام ببحوث أخرى تحقق مزيداً من الضبط لظروف التجربة، ومزيداً من الدقة في تحديد بعض متغيراتها[1].

قام جروسيك ورفاقه (Grusec and others 1978) بدراسة لمعرفة أثر ملاحظة نموذج لسلوك العطاء والإيثار والتعرض للنصح في سلوك العطاء عند الأطفال، وتألفت عينة الدراسة من (96) طفلاً تراوحت أعمارهم بين (8-10 سنوات) وبعد تعريض أفراد العينة للمعالجة بثلاثة أسابيع طبقت عليهم اختبارات أظهرت نتائجها أن نموذج العطاء كان أكثر فعالية من نموذج النصح، وإن كان النصح فعالاً إلى حد ما. كذلك أظهر أطفال المجموعة التجريبية عموماً سلوكاً للمساعدة أكثر من أطفال المجموعة الضابطة الذين لم يتلقوا أي معالجة على الإطلاق[2].

أجرى جولد سميث (Gold Smith, 1978) دراسة هدفت إلى التعرف على العلاقة بين مشاهدة الأطفال للتلفزيون وبين نموهم الاجتماعي واختار عينة مكونة من (34) طفلاً وطفلة تراوحت أعمارهم ما بين (3-4) سنوات من

---

(1) داوود، صلاح، 1977. ص 28-30.

(2) Grusec, 1978. P 920-923

مستويات اقتصادية متوسطة، وأظهرت النتائج الدور البارز الذي يلعبه التلفزيون في نمو الأطفال من الناحية الاجتماعية[1].

وكذلك أجرى الباحثان سبرافكن وروبنشتين (Sprafken and Rubinstein, 1979) دراسة للتعرف على طبيعة عادات مشاهدة الأطفال للتلفزيون ودرجة السلوك الاجتماعي الذي يبرز في حياتهم المدرسية، واختار عينة مكونة من (393) طالب وطالبة في الصفوف الثاني والثالث والرابع الابتدائي، وقد توصلت هذه الدراسة إلى عدة نتائج منها وجود ارتباط ذي دلالة إحصائية بين عادات المشاهدة والسلوك العدواني بشكل يتفوق على الارتباط الموجود بين هذه العادة في المشاهدة والسلوك الاجتماعي[2].

وقد أجرى جيروم ودوروثي سنجر من جامعة (Yale) في الولايات المتحدة الأمريكية (Singer and Singer, 1981) دراسة على عينة مكونة من (141) طفلاً من أطفال الروضة في منطقة كاناتيكت لمعرفة العلاقة بين مشاهدة الأطفال للتلفزيون والسلوك العدواني لديهم، وقد دلت النتائج التي توصل إليها الباحثان على وجود علاقة هامة بين مشاهدة العنف التلفزيوني والسلوك العدواني الفعلي لدى الأطفال[3].

وقد قام (عاطف العبد سنة 1986) كما ورد في (جميعان 1990) بدراسة تحليلية لعدد من برامج الأطفال التلفزيونية المقدمة في عدد من الدول العربية (الجزائر، تونس، سوريا، الأردن، الكويت وقطر)، أظهرت عدداً من النتائج منها أن هذه البرامج تسعى إلى غرس عدد من القيم الاجتماعية والأخلاقية وتوجه الأطفال إلى أنماط سلوكية محددة، وأهم هذه القيم الصدق (7.25%) والمحبة والإخلاص والنظافة والنجاح (5.92%) لكل منها، والتضحية الوطنية

(1) جميعان، 1990. ص 59-60.

(2) جميعان، 1990. ص 59-60.

(3) Liebert. 1989. P 147-148

والصبر (4.615) لكل منها، والإبداع (3.29%) والتسامح والجمال والحرية والاستقلالية (2.63%) لكل منها، أما الحاجات النفسية التي سعت برامج الأطفال إلى تحقيقها وإشباعها فهي الآتي:

التسلية (17.9%)، والخيال (16.42%)، والمعرفة (14.93%)، والحب (13.34%)، والنجاح (11.94%)، وتأكيد الذات (7.46%)، والتقدير الاجتماعي (5.97%)، والتوافق الاجتماعي والاستقلال (4.48%)، لكل منهما، والأمن (2.99%)"[1].

وفي دراسة أجراها جميعان (سنة 1990) وحاولت التعرف على مدى تحقيق برامج الأطفال في التلفزيون الأردني للحاجات النفسية والاجتماعية للأطفال من سنة (9-12) سنة، وقد قام الباحث بتحليل مضمون عينة من برامج الأطفال التي عرضت في التلفزيون الأردني في الفترة الواقعة ما بين 4/1 إلى 89/9/30، كما قام بإجراء دراسة ميدانية على عينة من أطفال المرحلة الابتدائية العليا (الرابع والخامس والسادس) في مدينة إربد وقراها وأسفرت الدراسة عن نتائج عدة أهمها:

- عملت برامج الأطفال التي عرضت في التلفزيون الأردني خلال فترة الدراسة التحليلية على تحقيق (14) حاجة نفسية واجتماعية من حاجات الأطفال بنسب متفاوتة وهي اللعب والترويح (19.23%)، والمعرفة (18.12%)، والمحبة، وتعليم المعايير السلوكية وإرضاء الأقران (7.97%) لكل منها، والتحصيل والنجاح (7.25%)، وتحقيق الذات (6.52%)، والتقدير الاجتماعي (5.07%)، والحرية والاستقلال (4.35%)، والرعاية والتوجيه والانتماء (3.62%) لكل منهما، وتقبل السلطة والأمن (2.90%)، وأخيراً إرضاء الكبار (2.17%).
- كانت أكثر البرامج تحقيقاً للحاجات هي الرسوم المتحركة (55.80%)،

---

(1) جمعيان، إبراهيم، سنة 1990، ص1-4 – ص51.

تلاها الحوار (21.01%)، ثم الحديث المباشر (15.22%)، فالقالب التمثيلي (4.35%) وأخيراً الغناء الفردي والجماعي (3.62%).

- يشاهد جميع الأطفال (عينة الدراسة) التلفزيون بمعدل ساعتين يومياً، أما برامج الأطفال التي تشاهدها عينة الدراسة فهي: توم وجيري (95.27%)، وساندي بل (92.91%)، ومغامرات سبانك (91.89%)، وسندباد (91.22%)، والحوت الأبيض (88.51%)، وكاليميرو (87.50%)، وأحباب الله (76.01%)، وافتح يا سمسم وأسماء لا تنسى (73.99%) لكل منهما، وشارلوك هولمز (70.27%)، ودكان الألعاب (68.84%)، وحكايات عمو سليم (67.23%)[1].

وهدفت دراسة إبراهيم (1990) إلى تنمية السلوك الاجتماعي الإيجابي متمثلا في سلوك المساعدة باستخدام قصص تقوم شخصياتها بالمساعدة، وتألفت عينة البحث من 22 طالبا من طلاب الصف الثاني الأساسي في مدرستين من مدارس مدينة أسوان بجمهورية مصر العربية، قسموا إلى مجموعتين مناصفة حيث تعرضت المجموعة الأولى لبرنامج يتألف من مجموعة من القصص تقوم شخصياتها بتقديم المساعدة للآخرين، وتركت الأخرى دون معالجة، وتم قياس سلوك المساعدة عند كلتا المجموعتين عن طريق مقياس صممه الباحث لدراسته، وأظهرت النتائج أن البرنامج الذي طبق أثر في المجموعة التجريبية بزيادة سلوك المساعدة لدى أفرادها[2].

وهناك دراسات عدة اهتمت بمعرفة أثر الجنس في نمو الأحكام الخلقية منها الدراسة الطولية لتشارلز وايت ونانسي باشنل (Charles White and Nancy Bushnell, 1974) والتي سبق الحديث عنها في الصفحات السابقة حيث أشارت هذه الدراسة إلى أن الجنس عامل ليس ذا دلالة في نمو الأحكام

(1) جمعيان، إبراهيم. سنة 1990. ص 1-5 + ص 51.

(2) إبراهيم، المهدي، 1990. ص 2-5.

الخلقية، وقد تكونت العينة من (426) طفلاً من الـذكور والإنـاث تراوحـت أعمارهـم بـين (8-17 سنة) وامتدت فترة الدراسة إلى ثلاث سنوات وكان معظم أفراد العينة مـن بيئـات فقيـرة مادياً وثقافياً وبينت النتائج أنه كلما تقدم العمر بالأفراد قل احتمال وقوعهم في المرحلـة الأولى، وزاد احتمال هذا الوقوع في المراحل الأعلى من مراحل التوزيع على مقياس كولبيرغ، وبالتحديد فقـد توزع معظم أفراد العينة موضوع الدراسة هـذه في المـرحلتين الثانيـة والثالثـة علـى مقيـاس كولبيرغ[1].

وفي دراسة لرست (Rest, 1974) وجد أنه ليس هناك فروق ذات دلالة إحصائية بين الجنسين في التفكير الخلقي، وفي دراسة أخرى لرست تناولت مراجعـة 32 دراسة تبحـث في الفـروق بـين الجنسين في الحكم الخلقي وجدت دراستان فقط أيـدتا وجـود ارتبـاط ذي دلالـة بـين الجنس والحكم الخلقي وفي كلتي الدراستين حصلت الإناث علـى درجـات أعلـى مـن الـذكور، وكنتيجـة لمراجعته للدراسات التي تناولت أثر الجنس على النمو الخلقي أشـار رسـت إلى أن الفـروق بـين الجنسين في الحكم الخلقي نادراً ما تكون ذات دلالة في المرحلة الدنيا والمرحلة العليا عند طلبـة الكليات والراشدين[2].

وقام ووكر (Walker 1984) بمراجعة الدراسـات المتعلقـة بـالفروق بـين الجنسـين في التفكيـر الأخلاقي في مراحل الطفولة والمراهقة المبكرة والمراهقة المتأخرة والشباب ووجد أن هناك فروقاً ذات دلالة إحصائية بين الذكور والإناث في مرحلتي الطفولة والمراهقة المبكرة في خمس دراسات فقط من أصل (21) دراسة أجريت في هـذه المرحلـة العمريـة أمـا في مرحلـة المراهقـة المتـأخرة والشباب فإن نتائج مراجعته أظهرت عدداً محدداً من الدراسات التي وجد فيها فـرقٌ ذو دلالـة بين الإناث والذكور في هذه السن

(1) White, 1978. P 58-65

(2) نشواتي، 1984. ص 486.

حيث أشارت (10) دراسات فقط إلى وجود فروق ذات دلالة إحصائية بين الجنسين في التفكير الأخلاقي. أما فيما يتعلق بالدراسات التي بحثت الفروق بين الجنسين في سن الرشد، فقد لخص ووكر (Walker) (13) دراسة تضمنت (1223) فرداً تراوحت أعمارهم بين (21-65 سنة)، وتبين أن الفروق بين الجنسين في التفكير الأخلاقي في سن الرشد لم تختلف عما هي في المراحل السابقة، فمن بين (21) دراسة أظهرت (4) دراسات فقط فروقاً ذات دلالة لصالح الذكور[1].

وفي دراسة لأمية بدران (1981) هدفت إلى التعرف على أثر جنس الطالب وعمره والمستوى الاقتصادي والاجتماعي في نوع الحكم الأخلاقي لديه، تكونت عينة الدراسة من (72) طالباً وطالبة نصفهم من طلبة الصف الثاني الإعدادي تراوحت أعمارهم بين (13-14 سنة) والنصف الآخر من طلبة الصف الثاني الثانوي تراوحت أعمارهم بين (17-18 سنة) ومن المستويات الاجتماعية الثلاثة، مرتفع، متوسط، منخفض (تم التحديد بناءً على استبانة خاصة لهذا الغرض) وتم قياس الحكم الأخلاقي بواسطة مقياس كولبيرغ المعرب للنمو الخلقي وأظهرت النتائج أن أداء الطلبة الأصغر سناً على المقياس يتوزع على المراحل الثانية والثالثة، بينما يتوزع طلبة الثاني ثانوي على المراحل الثانية والثالثة والرابعة والخامسة على المقياس مما يُستدل منه على أن النمو الخلقي يتطور مع العمر. أظهرت النتائج أيضا عدم وجود فروق ذات دلالة بين أفراد الفئة العمرية (13-14) من الجنس الواحد والمستوى الاقتصادي الواحد في توزيعها على مراحل مقياس كولبيرغ. كذلك عدم وجود فروق ذات دلالة إحصائية بين الذكور والإناث في توزيعهم على مراحل مقياس كولبيرغ وكذلك عدم وجود فروق بين الذكور والإناث داخل الفئة العمرية الواحدة والمستوى الاقتصادي الواحد. وأظهرت النتائج أيضا أنه لا توجد فروق ذات

---

(1) Walker, 1984. P 50 + Santrock, 1992. P 495

دلالة إحصائية بين طلبة العينة لفئات المستوى الاقتصادي الاجتماعي الثلاث وتوزيعها على مراحل المقياس كما أظهرت النتائج أيضاً أن طلبة فئات المستوى الاقتصادي الاجتماعي لكل من الفئتين العمريتين (كل على انفراد) عدم وجود فروق ذات دلالة إحصائية بين توزيعاتهم على مراحل مقياس كولبيرغ المعرب[1].

وفي دراسة لرباب درويش (1987) في الأردن هدفت إلى معرفة توزيع طلبة الجامعة الأردنية من الجنسين في الكليات العلمية والإنسانية والمستويات الدراسية المختلفة على مراحل التفكير الأخلاقي الست لكولبيرغ، ومعرفة دور الجامعة في تنمية مستوى التفكير الأخلاقي للطلبة، وهدفت أيضاً إلى معرفة فيم إذا اختلف توزيع طلبة الجامعة على المراحل الخلقية باختلاف جنسهم، وقد استخدم في هذه الدراسة مقياس كولبيرغ المعرّب لقياس الحكم الأخلاقي وأجريت الدراسة على 700 طالب وطالبة من طلبة الجامعة من مختلف الكليات والمستويات الدراسية بين الجنسين، ولقد أشارت النتائج إلى أن ثلثي الطلبة يقعون في المرحلة الرابعة (64.4%) وأن ما يزيد على ثلثهم يقعون في المرحلة الخامسة (34.2%) وقد تبين أيضاً أن نسبة قليلة لا تزيد عن (3%) وقعت في المرحلتين الثالثة والسادسة، كما أظهرت النتائج دوراً محدوداً للجامعة في تنمية الحكم الأخلاقي للطلبة حيث لم تظهر فروقاً كبيرة بين مستويات النماء الأخلاقي للطلبة في المستويات الدراسية الأربعة. كما أظهرت النتائج دوراً محدوداً للجامعة في تنمية الحكم الأخلاقي للطلبة حيث لم تظهر فروق كبيرة بين مستويات النماء الأخلاقي للطلبة في المستويات الدراسية الأربعة. كما أظهرت النتائج أن نوع الدراسة الجامعية التي يتلقاها الطالب علمية كانت أم إنسانية لا تسهم في زيادة مستوى تفكيره الأخلاقي، إذ جاءت النتائج متقاربة بين الكليات العلمية والإنسانية، كما أظهرت النتائج

(1) بدران، 1981. ص 44-46.

أيضا وجود فروق طفيفة جداً وتكاد تكون معدومة بين الجنسين في مستوى النماء الأخلاقي، فبينما كانت نسبة الذكور الذين صنفوا في المرحلة الرابعة (60.5%) من عينة الدراسة و (38%) من العينة في المرحلة الخامسة على مقايس كولبيرغ، كانت نسبة الإناث (68%) من عينة الدراسة شغلت المرحلة الرابعة و(30.8%) شغلت المرحلة الخامسة على المقياس[1].

وفي دراسة طولية لسبيتشر (Speicher 1994) على عدد من الأفراد في سن المراهقة وأوائل مرحلة الرشد وجد ارتباطاً ثابتاً وقوياً ما بين الأحكام الأخلاقية للأهل والأحكام الأخلاقية للأبناء، حيث أشارت النتائج الإحصائية إلى وجود ارتباط قوي في سن المراهقة بين الأحكام الخلقية لكل من الوالدين والأبناء لصالح الإناث أكثر من الذكور أما في أوائل الرشد فقد كان الارتباط بين أحكام الآباء الخلقية والتعليم مؤشراً قوياً للتنبؤ بأحكام الأبناء الخلقية، كما وجد أن متغير التعليم في هذه المرحلة أكثر تأثيراً في تفكير الأبناء الأخلاقي من متغير الأحكام الخلقية للآباء[2].

وهناك دراسات اهتمت بمعرفة تأثير البيئة الثقافية والاقتصادية على الحكم والسلوك الخلقي نذكر منها دراسة عبر ثقافية أجراها بيرسوف وميللر (Bersoff na Miller, 1993) على عينة مكونة من (180) طفلاً وراشداً من الأمريكيين والهنود حول تأثير الثقافة والعوامل البيئية الموقفية (Culture and Contextual Factors) على الأحكام الأخلاقية والنزعة إلى تحميل الأفراد مسؤولية انتهاكاتهم للقوانين والنظم الأخلاقية، وجد أن الهنود أكثر تسامحاً مع الأفراد الذين ينتهكون القوانين والنظم الأخلاقية خاصة إذا كانت لديهم مبررات عاطفية لذلك، وهم أقل نزعة إلى تحميل مسؤولية هذه الانتهاكات من نظرائهم الأمريكيين[3].

---

(1) درويش، 1987، ص 39-41.

(2) Speicher, 1994. P 624-628

(3) Bersoff and Miller, 1993. p 66.

وفي دراسة أجراها بيك (Beck, 1994) على عينة من الشباب تراوحت أعمارهم ما بين (17-22) سنة بعد إنهائهم لمرحلة التعليم الثانوي وانخراطهم في التعليم المهني، أشار بيك من نتائج هذه الدراسة إلى وجود تأثير ملحوظ لطبيعة المهنة التي يتعلمونها والأجواء الأخلاقية السائدة فيها ومعاييرها على الحكم الأخلاقي والسلوك الأخلاقي لدى الأفراد عينة الدراسة[1].

وتشير نتائج هذه الدراسات بشكل واضح إلى أن النمو المعرفي على علاقة مؤكدة بالنمو الخلقي، وأن العلاقة بينهما علاقة طردية، أي أن مستوى الأحكام التي يصدرها الأفراد تصبح أكثر تطوراً كلما أظهر الأفراد تطوراً في نموهم المعرفي ومحاكمتهم العقلية للأمور. وتشير هذه الدراسات أيضاً إلى أنه لا يوجد فروق بين الجنسين في مستوى نموهم الخلقي.

وأوضحت نتائج هذه الدارسات أيضاً أثر عملية النمذجة في تعلم السلوك الخلقي فقد أظهرت هذه الدراسات بمجملها إلى أن النمذجة هي واحدة من طرق تعلم السلوك الخلقي القيمي، لكن هذا التأثير قد لا يظهر في بعض المواقف نتيجة لبعض العوامل أو المؤثرات (كما أشارت إليه دراسة داوود 1977).

وتشير عالية الخياط (1990) كما ورد في رسالة الخليج العربي) إلى أنه لابد لبرامج التلفزيون أن تكون في مستوى (القدوة) ولابد من أن ينظر إليها على أنها مصادر تعليم وتربية للأطفال، مما يجعلها نموذجاً من نماذج القدوة[2].

وكما ورد في ويليامز (Williams, 1990) فقد توصل ماكوبي وويلسون (Maccoby and Wilson, 1967) نتيجة دراسة أجرياها إلى أن الأطفال يميلون إلى تقليد النماذج التي تتفق مع جنسهم ويقول كوبلينسكي وكروس

(1) Beck, 1997. p 24-28

(2) الخياط، 1990، ص 130.

وسيجوارا (Koblinsky, Cruse, and Sugawra, 1978) أن من الصعب أن يقلد الأطفال الأدوار التي يقوم بها نماذج من الجنس الآخر[1].

وفيا يتعلق بتأثير متغيرات من نوع البيئة الثقافية، محددة بتعليم الأبوين، والبيئة الاقتصادية، محددة بمستوى الدخل، فقد أثبتت الدراسات أن لها أثرها في الحكم الخلقي والسلوك الخلقي لدى الأفراد، كذلك أثبتت الدراسات أهمية عامل العمر والصف المدرسي في تحديد الحكم الخلقي والسلوك الخلقي لدى الأفراد أيضاً، وفيما يتعلق بتأثير الجنس على الأحكام الخلقية فإن الدراسات متقاربة في هذا المجال، ولكن عدداً كبيراً من الدراسات التي استُشهِد ببعضٍ منها في هذه الدراسة تشير إلى عدم وجود فروق واضحة بين الجنسين في طبيعة الأحكام الأخلاقية وبخاصة عندما يتساوى الجنسان في مستوى التعليم وظروف التنمية الاجتماعية.

وقد بينت دراسة كريبس (Krebs, 1977) أن الإناث أكثر أخلاقية من الذكور، أما دراسة بشوي وناس (Bushway snd Nash, 1977) فقد اتفقت نتائجها مع نتائج مراجعات ووكر (Walker, 1984) والتي أشارت إلى عدم وجود فروق بين الإناث والذكور من حيث السلوك الأخلاقي، فقد استنتج بيرتون (Burton, 1977) من ذلك بعدم وجود فروق بين الجنسين في السلوك الأخلاقي[2].

كما يشير أمسل ورينينجر (Amsel and Reninger 1997) إلى أنه لا يمكننا فهم التغيرات والنمو في النظم المعرفية باعتبارها مكوناً أساسياً في الحكم الأخلاقي أو تقييمها دون الرجوع إلى المحتوى الاجتماعي والثقافي للنظام الذي ينشأ فيه الفرد[3].

---

(1) Williams, 1990. P 33-34.

(2) قارة، سليم، 1989، ص 34.

(3) Lind, 1997. P 46-50.

ويشير ووزيناك وفيشر (Wazinak and Fisher 1993) إلى أن تفكير الأطفال ينمو ضمن محتوى اجتماعي وبيئي معين حيث تؤثر هذه العوامل إضافة إلى العوامل الثقافية المتداخلة على سلوك الإنسان وتفكيره، كما يؤكد أن بناء الطفل لمفاهيمه الشخصية الذاتية، كما يقول بياجيه والمعرفيون، إنما هو عملية اجتماعية في جوهرها تحدث ضمن إطار الثقافة العامة والتفكير الإنساني الذي ينعكس على السلوك ولا ينبغي أن يدرس في معزل عن المشاعر والانفعالات والمعتقدات والقيم، وأن التفكير الإنساني والسلوك يتغيران بشكل حيوي دائم، وبما أن الحكم الأخلاقي هو جزء من التفكير الإنساني فإن ما يصدق على التفكير يصدق كذلك على الحكم الأخلاقي[1].

ويؤكد بلاكهام (Blackham, 1983) أن المعتقدات الدينية تؤثر في الأحكام الأخلاقية للفرد وفي تفكيره الأخلاقي بوجه عام مشيراً إلى أن التفكير الأخلاقي معني بافتراضات وحالات الأخلاق والحقائق المتصلة بالموقف والواجبات، وكذلك تفعل المعتقدات الدينية التي تلعب دوراً مماثلا للمبادىء الأخلاقية في توجيه السلوك واتخاذ القرارات الأخلاقية[2].

بهذا نرى أن الحكم الخلقي يتأثر بعدد كبير من العوامل أهمها مراحل النمو المعرفي، والعمليات المعرفية إضافة إلى الذكاء والتحصيل ومستوى التعليم، والعمر والبيئة الاقتصادية والثقافية والاجتماعية وأنماط التنشئة الاجتماعية، وصفات الشخصية والدافعية والعمليات الانفعالية والاتجاهات الدينية والقيم السائدة والمفاهيم والقوانين الأخلاقية (Codes of Ethics) وطبيعة المهنة إضافة إلى التربية الأخلاقية وإذا كانت هذه العوامل التي أشرنا إليها كعوامل مؤثرة في الحكم الأخلاقي ليست موضع ضبط في هذه

---

(1) Lind, 1997. P 46-50.

(2) Blackham, 1983. p 149-151.

الدراسة، فإننا ننتقل إلى العامل الأهم والذي يمكننا التحكم به وضبطه تجريبياً ألا وهو النموذج التلفزيوني إضافة إلى ضبط عوامـل مـؤثرة أخـرى مـن نـوع العمـر والجنس وتعلـيم الأب والأم والبيئة الاقتصادية، باعتبار أن عملية النمذجة (كما أشارت إليه الدراسات السابقة) هـي عمليـة مؤثرة في التربية الأخلاقية وفي تعلم السلوك الخلقي والحكم الخلقي على حد سواء فمع التطور التكنولوجي أصبحت النماذج المقدمة من خـلال الصـور أو الأفلام الكرتونيـة المنقولـة بواسـطة وسائل الاتصال واسعة الانتشار، وصارت تمثل مصدراً من مصادر المعلومات وأصبحت وسـائل الاتصال عموماً مؤسسة من مؤسسات التنشئة الاجتماعية، وأصبح التلفزيـون هـو أكـثر هـذه الوسائل شيوعا وأهمية في تقديم النماذج التي تساهم في عملية التنشئة الاجتماعية والأخلاقيـة. ومن هنا حاولت هـذه الدراسـة البحـث في فاعليـة هـذه الوسيلـة أي النمذجـة التلفزيونيـة في اكتساب الأحكام الأخلاقية ومدى تأثيرها في السلوك الأخلاقي كـما يعـبر عنـه الفـرد في المواقـف التي تثير مثل هذا السلوك. ولتحقيق هذا الهدف سننتقل في الفصل اللاحق إلى منهجية البحـث المعنية باختبار أثر التلفزيون أو برامجه من خلال موقف تجريبي تعرض فيه أمام عينـات مـن الأطفال مشاهد تمثل نماذج مختارة من البرامج واستقصاء أثرها باستدعاء استجابات الأطفال إلى الخصائص والأفعال والمواقف التي شاهدوها ومدى تحبيذهم أو تقبلهم أو رفضهم لها، وما إذا كان هذا التقبل أو الرفض مختلفاً تبعاً لمتغيرات محددة مثل عمر الطفل وجنسه وبيئته الثقافية والاجتماعية ونوع البرامج.

الفصل الثالث

هدف الدراسة وأسئلتها وفرضيات البحث

مقدمة:

يكثر الحديث بين الناس عن الآثار المحتملة لمشاهدة البرامج التلفزيونية على المشاهدين، وقد كانت هذه الآثار افتراضاً ضمنياً في كثير من الدراسات التي حاولت تقصي ـ الآثار الممكنة للتلفزيون على المشاهدين بعامة وعلى الأطفال بخاصة، لكن بمراجعة عدد كبير من الدراسات نجد أن معظمها يعتمد على استخدام تصاميم بحثية ارتباطية أو وصفية ليس من السهل فيها التحقق من وجود علاقة سببية تربط بين مشاهدة التلفزيون وآثار محتملة في الجوانب المعرفية أو الانفعالية أو السلوكية بشكل عام على الطفل.

والأمثلة على ذلك ما قام به أندرسون وكولينز Anderson, D. and Collins, P.1988 بمراجعة عدد كبير من الدراسات التي حاولت دراسة تأثير التلفزيون على الجوانب المعرفية عند الطفل. ويلاحظ في هذه الدراسات أنها اقتصرت على أمور محددة مثل تقدير فترة المشاهدة أي المدة التي يقضيها الأطفال في مشاهدة التلفزيون يومياً أو أسبوعياً، والأبعاد المكانية والحسية أثناء فترة المشاهدة والمشاهد التي ينتبه إليها الطفل أكثر من غيرها، ودرجة الاستيعاب لمحتوى بعض المشاهد [1].

لكن كما يبدو فإن الدراسات التي حاولت أن تعرض الأطفال لمشاهد أو برامج معينة وتقصي الأثر المحتمل لهذه البرامج بعد المشاهدة مباشرة أو بعد انقضاء فترة من الزمن، أي ما يسمى بالأثر بعيد المدى، مثل هذه الدراسات

---

(1) Anderson, D. and Collins, p. 1988. p. 7-8.

تكاد أن تكون نادرة جداً. وتجدر الإشارة هنا إلى أن عدداً كبيراً من الدراسات التي حاولت تقصي مثل هذه العلاقة تركزت في موضوع أثر مشاهد العنف في السلوك العدواني عند الأطفال[1].

وهناك دراسات أخرى حاولت تقصيـ أثر مشاهدة البرامج التلفزيونية على السلوك الاجتماعي والأخلاقي لكن معظمها اعتمد على ما يسمى بتحليل المحتوى لمثل هذه البرامج ومحاولة تحديد القيم الاجتماعية والأخلاقية المتمثلة في سلوك شخصيات المشاهد روائية كانت أم مسرحية أم غيرها... لكن لم يتم التحقق في مثل هذه الدراسات من أن المشاهد التي تتمثل فيها هذه القيم يمكن أن تترك أثراً قريب المدى أو بعيد المدى على الطفل[2].

لكن ذلك كله لا ينفي وجود بعض الدراسات التي حاولت تصميم موقف يمكن من خلاله دراسة العلاقة بين المشاهدة وأثرها. وقد سبقت الإشارة إلى وجود بعض الدراسات حول أثر مشاهد العنف في السلوك العدواني عند الأطفال، لكن هناك بعض الدراسات الأخرى التي تناولت مشاهد تمثلت فيها مفاهيم وقيم اجتماعية وأخلاقية وأثرها في السلوك الاجتماعي والأخلاقي للأطفال[3]، وقد ذكرنا بعض هذه الدراسات في صفحات سابقة.

ويظل السؤال الذي حاولنا الإجابة عنه في دراستنا الحالية إلى أي مدى يمكن أن يتأثر الطفل بمشاهد تلفزيونية تحمل اتجاهاتٍ وقيماً اجتماعية وأخلاقية معينة، يظل هذا السؤال موضع اهتمام كبير لدى الآباء والمربين بشكل عام والباحثين بشكل خاص، سيما وأن جزءاً كبيراً من المشاهد التلفزيونية يتم في مرحلة نمو عمرية حرجة (وهي المرحلة العمرية التي ارتكزت عليها هذه الدراسة من سن (8-13) سنة تتشكل فيها شخصية

---

(1) Rubinstein, 1982. p 820.

(2) Stein, Huston 1981. p 183-184. William, F. 1981. p. 116-117.

(3) Singer, D.G 1983. p 815. Rubinstein, 1982. p 820.

الطفل وجزء كبير من قيمه وعاداته وأنشطته السلوكية والاجتماعية والأخلاقية المختلفة، ونظراً لأهمية الإجابة عن هذا السؤال الذي يشكل العمود الفقري للدراسة الحالية ولتعدد جوانب هذا الموضوع ومجالات بحثه تظل الحاجة قائمة وربما ملحة لعدد كبير من الدراسات التي يمكن أن تكون لنتائجها أهمية خاصة في اختيار البرامج التلفزيونية التي يتعرض لها الأطفال ورقابتها وتوجيهها في الأطر الأخلاقية التي يقرها المجتمع، وبهذا تكون الفرضية الرئيسة في هذه الدراسة هي: ((المشاهد التلفزيونية في برامج الأطفال والتي تحمل اتجاهات وقيماً اجتماعية وأخلاقية معينة تؤثر في منظومة القيم الاجتماعية والأخلاقية عند الأطفال مشاهدي هذه البرامج))، وقد تفرعت عنها فرضيات فرعية سنأتي على ذكرها في الصفحات اللاحقة. وقد استند في تصميم هذه الدراسة إلى منطلقات عدة أولها يتعلق بمفاهيم النمو المعرفي كما يطرحها بعض العلماء المعرفيين مثل بياجيه، وثانيها منطلقات تتعلق بمفاهيم النمو الأخلاقي كما يطرحها كولبيرغ وكيفية ارتباط هذه المفاهيم الأخلاقية بمفاهيم النمو المعرفي وثالث هذه المنطلقات يتعلق باتجاهات نظرية التعلم الاجتماعي الممثلة في التعلم عن طريق المحاكاة والنمذجة كما يطرحها باندورا، وكيف يتعلم الطفل أنماطاً من السلوك بما في ذلك المعتقدات والقيم وأشكال المعرفة المجردة عن طريق المحاكاة وتقليد النماذج. وهناك منطلق رابع وهام تبنته هذه الدراسة وحاولت المواءمة بينه وبين المنطلقات الثلاثة السابقة وهو المنطلق المنبثق عن دراسات النمو عامة والتي توضح وكما ذكرنا سابقاً كيف أن لخبرات الطفولة تأثيراً خاصاً قريب المدى أو ربما كان بعيد المدى على تكوين الشخصية للراشد، وكيف أن هذا التأثير يمكن أن يمتد إلى القيم والمعتقدات التي يتعرض لها الطفل في مراحل طفولته كتفصيلات أو كتوجهات قيمية لتصبح فيما بعد أكثر رسوخاً في التكوين الشخصي للراشد. هذه المنطلقات جميعها تشكل عوامل مرجحة لآثار قريبة المدى، وأخرى بعيدة المدى للخبرات التي يتعرض لها الطفل في طفولته والتي يمكن أن تشمل مشاهداته التلفزيونية التي تؤلف جزءاً

كبيراً من نشاطه اليومي وهذا ما تحاول الدراسة التي نقوم بها التأكد منها وإبراز أهميتها.

وقد اتبع في هذه الدراسة الأسلوب المنهجي للبحث النوعي (Qualitative Research) المتحرر من القيود التي تفرض على التحليل الكمي الإحصائي، واستخدم فيه نوع من التفكير المتبصر والمتعمق لتحليل الظواهر. وهذا ينفي الحاجة إلى مجموعة ضابطة باعتبار أن نتيجة التحليل الموضوعي للموقف هي المجموعة التي تمت دراستها ثم التعرف إلى منظومة القيم عندها قبل عرض المشاهد، فكأنها تمثل مجموعة منتقاة من مجموعة الأطفال المناظرة لهذه المجموعة في العمر وسني الدراسة، ولذلك فإن مجرد المقارنة لأداء المجموعة قبل عرض المشاهد وبعد عرضها يمكن أن يعطي نوعاً من المؤشرات الدالة على مدى تأثير هذه المشاهد على منظومة القيم عند الأطفال موضوع الدراسة. وقد استند في ذلك إلى Campbell and Stanley في وصف ما يسمى بالتصاميم شبه التجريبية والتي يتم بها القياس على مجموعة واحدة في مرحلتين أو أكثر ويستخلص من ملاحظة الفروق ما إذا كان هناك تأثير للمتغير المستقل أم لا.

أسئلة الدراسة وفرضياتها.

إذا افترضنا أن مجموعة من الأطفال أمكن تعريضهم لمشاهد أفلام كرتون تلفزيونية من نوع ما، تُعرض في برامج الأطفال في مواقف محددة، وكانت هذه المشاهد مختارة بحيث تتمثل في سلوك شخوصها الروائية والمسرحية قيم واتجاهات معينة لمعرفة أثرها على سلوك الأطفال القيمي عندئذ يكون الهدف من هذه الدراسة "التعرف إلى مدى تأثر هؤلاء الأطفال بما يشاهدون معبرا عنه بدرجة تقبلهم أو موافقتهم أو تفضيلهم لأي سلوك أو شخص يقوم بسلوك تتمثل فيه قيمة أو اتجاه يمكن تصنيفهما في المجال الأخلاقي"، وإذا افترضنا أنه أمكن التعرف على منظومة القيم عند الأطفال عينة الدراسة قبل تعرضهم للمشاهد الكرتونية التلفزيونية في قياس قبلي،

وإذا ما أمكن التعرف على منظومة القيم عندهم بعد تعرضهم لمشاهدة هذه النماذج في قياس بعدي، وكيف يمكن ملاحظة تأثير المشاهد عن طريق المقارنة بين نتائج القياسيين القبلي والبعدي، يمكن أن يعبر عن هذا الافتراض بالسؤال التالي:

- ما مدى تأثر منظومة القيم عند مجموعة من الأطفال تعرضوا لمشاهدة أفلام كرتون تلفزيونية تتمثل فيها قيم واتجاهات معينة، وكيف يختلف هذا الأثر بفعل متغيرات من نوع العمر والجنس ومستوى تعليم الأبوين ومستوى الدخل.

ويتم استقصاء الإجابة عن هذا السؤال من خلال تقصي الفروق في منظومة القيم قبل المشاهدة وبعدها، وينبثق عن هذا السؤال الأسئلة التالية:

1. إلى أية درجة كان تأثير المشاهد إيجابياً، بمعنى إلى أية درجة ارتفع تكرار قيم متضمنة في المشاهد في القياس البعدي عما هو عليه في القياس القبلي:

التكرار في القبلي	في المشاهد	في البعدي
منخفض	مرتفع	مرتفع

2. إلى أية درجة كان تأثير المشاهد سلبياً بمعنى إلى أية درجة انخفض تكرار قيم متضمنة في المشاهد في القياس البعدي عما كان عليه في القياس القبلي:

التكرار في القبلي	في المشاهد	في البعدي
مرتفع	منخفض	منخفض

3. إلى أية درجة كان تأثير المشاهد موقفياً أي مقتصراً على الموقف الذي تمت فيه المشاهدة، معبراً عنه بتكرار مرتفع نسبياً في اختبار المشاهد وتكرار منخفض في القياسين القبلي والبعدي.

التكرار في القبلي	في المشاهد	في البعدي
منخفض	مرتفع	منخفض

4. إلى أية درجة اختلف تأثير المشاهد عند الأطفال حسب متغيرات العمر، الجنس، مستوى تعليم الأب، مستوى تعليم الأم، مستوى دخل الأب.

ويمكن صياغة هذه الأسئلة على شكل فرضيات تحاول الدراسة جمع البيانات للتحقق منها وهذه الفرضيات هي:

الفرضية الرئيسة:

مشاهد أفلام الكرتون التلفزيونية في برامج الأطفال والتي تحمل اتجاهات وقيماً اجتماعية وأخلاقية معينة تؤثر على منظومة القيم الاجتماعية والأخلاقية للأطفال مشاهدي هذه البرامج.

ويتفرع من هذه الفرضية الرئيسة فرضيات فرعية هي:

1- تأثير المشاهد إيجابي:

تظهر قيم ترجحها مواقف المشاهد، وليست في منظومة القيم المعبر عنها في القياس القبلي، لم تبرز أهميتها بتكرار مرتفع في القياس القبلي، فيرتفع تكرارها بعد المشاهدة في اختبار المشاهد ويرتفع تكرارها في القياس البعدي.

2- تأثير المشاهد سلبي:

تظهر قيم تقلل المشاهد من أهميتها كونها ترجح قيماً أخرى منافسة لها، فينخفض تكرارها في اختبار المشاهد وتنخفض تكراراتها تبعاً لذلك في القياس البعدي.

3- تأثير المشاهد موقفي:

طبيعة الموقف ترجح قيماً معينة لا تتجاوز الموقف، ويرتفع التكرار في

اختبار المشاهد، ويكون منخفضاً نسبياً في الاختبارين القبلي والبعدي.

4- لا تأثير للمشاهد على قيم لم تطرح فيها:

المشاهد لم تطرح مواقف تستثير قيماً معينة وردت في القياس القبلي – البعدي فيقترب تكرار هذه القيم من الصفر في اختبار المشاهد ويكون القياسان القبلي والبعدي متقاربين.

5- يختلف تأثير المشاهد التلفزيونية حسب متغيرات محددة:

يختلف تأثير المشاهد على منظومة القيم حسب متغيرات تناولتها الدراسة وهي العمر، مستوى الدخل، تعليم الأب، تعليم الأم والفروق بين الجنسين.

- خطة العمل المنهجية الميدانية:

ومن أجل التحقـق مـن صحة هـذه الفرضيات وضعت خُطـة عملٍ تنفيذيةٍ تتضمن مسارات منهجية تؤكد مصداقية نتائجها وذلك مـن خـلال التعـرف عـلى الأثر المبـاشر (قريب المدى) والأثر غير المباشر والذي يأتي بعد انقضاء فترة كافية لاستبعاد أثر عوامل داخلية يمكن أن يتأثر بها البناء المعرفي والأخلاقي عند الطفل، والمـدة المقدرة حوالي أربعـة إلى ستة أيام بعـد المشاهدة، هذه الخطة هي:

- اختيار مجموعة من برامج الأطفال أو اقتطاع مشاهد مختارة من هذه البرامج تتوافر فيها شروط معينة مثل:

• أن يعبر المشهد من خلال أحداثه عن قيمة أو قيم ضمنية أي توجّهات قيمية يمكن أن يتقبلها الأطفال ويتأثروا بها.

• أن تتضمن وقائع المشهد مبررات صريحة أو ضمنية ترجّح قيمة معينة في السياق الذي تبرز فيه.

• أن تكون اللغـة المستخدمة في المشـاهد بمفرداتها وتراكيبها في مستوى الاستيعاب اللغوي لأطفال الدراسة.

- أن يؤلف المشهد وحدة موضوع تترابط فيها الأحداث وتتكامل في إطار يبرز القيمة المستهدفة وتدفع الطفل إلى متابعتها.

- للتأكد من أن الأطفال في مرحلة المشاهدة يتابعون ويستوعبون ما يشاهدون، توضع مقدمة قصيرة تصف الوقائع الأساسية في المشهد – دون أي تلميح أو إيحاء بما تحمله من توجّهات قيمية – لتُقرأ على الأطفال قبل عرض المشهد.

- توضع صيغة أوّلية للأسئلة التي ستوجه للأطفال بعد عرض كل مشهد على شكل موقف يتم فيه التساؤل عن التصرف الذي يختاره الطفل أو يفضله – والذي تُعبر الإجابة عنه عن قيمة معينة دون أخرى.

- توضع خطة المعاينة لاختيار أطفال عينة الدراسة (10 من الذكور، و10من الإناث من كل فئة من 5 فئات عمرية/ في مستويات الصفوف من الثالث وحتى السابع.

- يتم استقصاء – مسحي – للقيم (التوجهات القيمية) التي يُقدّر أنها على درجة من القبول لدى الأطفال الأردنيين في البيئات الثقافية والاجتماعية التي نشأوا فيها.

- توضع الصورة الأولية لفقرات مقياس القيم (التوجهات القيمية) على شكل مواقف تعرض بدائلاً من التصرفات يعبر فيها الطفل عن تفضيله لإحداها/ أو رفضه، ومبررات التفضيل أو الرفض.

- يوضع المقياس في جزئين، يتعلق أولهما بمنظومة القيم السائدة عند الأطفال قبل عرض المشاهد (قياس قبلي) وبعده (قياس بعدي) والثاني مجموعة القيم المشتقة من المشاهد التلفزيونية، وهذه يُختبر فيها الأطفال في مرحلتي القياس القبلي والبعدي.

- بعد إعداد الصورة الأولية للمقياس ومراجعتها وتنقيحها تُعرض على حكام يتم اختيارهم وفق أسس معينة، ويتم بعد ذلك مراجعة الصورة الأولية للمقياس وتنقيحها بناء على ملاحظات الحكام.

- تجرّب الصورة المنقحة للمقياس في عينة من الأطفال في المدى العمري نفسه لعينة الدراسة، لأغراض التحقق من دلالاتها الإحصائية وفاعليتها لأغراض الدراسة.

- تنظم إجراءات تطبيق المقياس ومشاهدة البرامج المختارة في جدول زمني مناسب، وباعتبار ظروف ضبط تجريبي مقبولة.

* خطوات التطبيق:

- اختيار عينة الدراسة: من الصفوف الثالث، الرابع، الخامس، السادس والسابع، وهي الصفوف المناظرة للأعمار ما بين 8-13 سنة. حيث يقابل الصف الثالث العمر 8 سنوات والصف السابع العمر 13 سنة.

- تطبيق الاختبار القبلي – لمعرفة التوجهات القيمية قبل التجريب (التجريب عرض المشاهد التلفزيونية).

- عرض المشاهد وتطبيق اختبارات المشاهد.

- تطبيق الاختبار البعدي.

* التحليل:

- حصر القيم التي شملها الاختبار القبلي/ البعدي واختبار المشاهد ويتم ترقيمها من قيمة 1- 99.

- استخراج تكرار كل قيمة في استجابات المفحوصين في الاختبار القبلي، والاختبار البعدي، واختبار المشاهد، مصنفة حسب متغيرات العينة: الصف/ العمر، الجنس، مستوى تعليم الأب، مستوى تعليم الأم، مهنة الأب/ مستوى دخل الأسرة.

- تحديد القيم التي تؤلف مجموعات متمايزة في كل مرحلة (القبلي، المشاهدة، البعدي) باستخدام أسلوب التحليل العاملي، باعتبار أن كل عامل يمثل تجمعاً معيناً من القيم.

- مقارنة القيم الأكثر تكراراً في مرحلة الاختبار القبلي والبعدي واختبار المشاهد للتعرف على:

أ. منظومة القيم السائدة قبل المشاهدة (القبلي).

ب. القيم المتأثرة بالمشاهد (اختبار المشاهد).

ج. منظومة القيم بعد المشاهدة (البعدي).

وتتم هذه المقارنة آخذين بعين الاعتبار متغيرات الدراسة (الجنس، العمر/الصف، مستوى تعليم الأب.... الخ).

خلاصة القسم الأول: الإطار النظري للدراسة

تغطي برامج الأطفال مساحة واسعة من البرامج التي يبثها التلفزيون الأردني في الفترة البرامجية المخصصة للأطفال في التلفزيونات العربية بشكل عام والتلفزيون الأردني بشكل خاص، وأمام هذا التنوع الكبير في البرامج الكرتونية المدبلجة التي يتعرض لها الطفل برزت الحاجة إلى مثل هذا النوع من الدراسات لوضع الأسس العلمية الواضحة والتي قد تساعدنا في حالة ما إذا تأكدت صحة الفرضية محور الدراسة في أن للتلفزيون وبرامجه المخصصة للأطفال دوراً كبيراً في منظومة القيم الاجتماعية والأخلاقية عند الطفل، وقد تساعدنا نتائج هذه الدراسات في اختيار برامج للأطفال تتضمن قيماً واتجاهات معنية تتلاءم مع ثقافتنا والابتعاد عن قيم واتجاهات تتعارض مع هذه الثقافة، ومما يجعل هذا الموضوع بالغ الأهمية أن عينة المشاهدين من الأطفال موضوع الدراسة الحالية في مرحلة نمو عمرية حرجة تتشكل فيها قيم الطفل وعاداته وأنشطته السلوكية والاجتماعية والأخلاقية المختلفة.

فالدور الذي يقوم به التلفزيون من حيث تأثيره في بعض جوانب النمو عند الطفل كان مجال دراسات عديدة، وبالرغم من أن التأثير يتفاوت حسب محتوى البرامج إلا إن المحصلة العامة لهذه الدراسات أكدت وجود علاقة واضحة بين مدركات الأطفال وبرامج التلفزيون، فقد بينت دراسات متعددة أن الأطفال يكتسبون من التلفزيون أنماطا متباينة من السلوك الاجتماعي والأخلاقي على حد سواء، وتتمثل في شخوص برامج الأطفال التلفزيونية نماذج من القيم الاجتماعية والأخلاقية يمكن التعرف عليها وتصنفيها بطرق مختلفة، فقد انتهجت بعض الدراسات تقسيم هذه القيم والخصائص في مجالين: الأول متصل بالذات، والثاني متصل بالغير، والأمثلة على سمات في المجال الأول: حب الذات والثروة والشهرة والمركز...الخ. والأمثلة على سمات في المجال الثاني: العدالة والمحبة والمثابرة والإخلاص والوطنية...الخ. وإذا أخذنا بتصنيف كولبيرغ

(Kohlberg) لمراحل النمو الخلقي نجد أنها تقترب بطريقة ما من التصنيف السابق، إذ يبدأ الطفل متمحوراً حول ذاته وينتقل بتطوره في مراحل العمر إلى الامتثال للسلطة والكبار ثم المجتمع المحلي إلى أن تأخذ قيمه أبعادها الإنسانية وصيغها العقلانية. ويمكن أن يأخذ التحليل العلمي أبعاداً أكثر شمولية لجوانب الشخصية كما تظهر في كتابات بعض المؤلفين والباحثين (كاتل، أريكسون، موري وغيرهم) لكن في الدراسة الحالية هنا يأخذ التحليل العلمي أبعاداً أخرى قد تتسق بدرجة ما أو تغاير ما يمكن أن تطرحه التوجهات النظرية عند الباحثين في جوانب السلوك الاجتماعي والخلقي. فطبيعة النصوص والمشاهد التي تم اختيارها لابد لها من أن تفرض بما فيها من بطولات ووقائع وصراعات محدِّدات على نظام التصنيف الـذي سـيتم بناؤه، كذلك لابد أن تؤخذ بالاعتبار عوامل أخرى أبرزها الأسرة والمدرسة، ومجمل عناصر البيئة التي ينشأ فيها الطفل بأبعادها الثقافية والاجتماعية، على سلوكه الاجتماعي والأخلاقي. أمام هذا كله وأمام هـذا التعـدد في العوامل المؤثرة في تكوين الطفل الشخصي والاجتماعي يظل السـؤال القـائم هـو إلى أي مـدى يمكن أن يتأثر الطفل بمشاهد تلفزيونية تحمل اتجاهات وقيماً اجتماعية وأخلاقية معينة؟ ونظراً لتعدد جوانب هذا الموضوع والأبحاث المتعلقة به تظل الحاجة قائمة وربما ملحة لعدد كبير مـن الدراسات التي يمكن أن يكون لنتائجها أهمية خاصة في اختيار البرامج التلفزيونية التي يتعرض لهـا الأطفال ورقابتها وتوجيهها في الأطر الأخلاقية التي يقرها المجتمع.

وقبل أن ننتقل إلى الحديث عن الدراسة التي نحن بصددها والمنطلقة من الفرضية الرئيسـة بأن برامج الأطفال المدبلجة تؤثر في منظومة القيم الاجتماعية والأخلاقية عند الأطفال مشاهدي هذه البرامج، لابد لنا من استعراض بعض الدراسات التي تأتي في مجال العلاقة بين النمو المعرفي وعلاقته بالنمو الخلقي، وكذلك بعض الدراسات التي تناولت أثر النمذجة في تعلم السلوك الخلقي، وكذلك أثر بعض المتغيرات كالجنس والعمر والبيئة الاقتصادية والاجتماعية سيما وأن هـذه الدراسات تشكل واحدة من المنطلقات التي استندت إليها هذه

الدراسة، وقد أشارت بعض هذه الدراسات إلى وجود علاقة بين الحكم الخلقي والسلوك الخلقي وبين النمو المعرفي والعمليات المعرفية، بما في ذلك القدرة الفعلية، وأنماط التفكير الناقد، والتفكير الاستدلالي والإبداعي، كما أشارت بعض هذه الدراسات إلى عوامل أخرى وذات صلة بالأحكام الخلقية والقيم مثل مستوى التعليم والعمر والبيئة الاجتماعية والثقافية والتي تشكل وسائل الاتصال المختلفة بما فيها التلفزيون إحدى روافدها الهامة، إضافة إلى أنماط الشخصية والدافعية، والعمليات الانفعالية والاتجاهات الدينية والقيم السائدة والمفاهيم والقوانين الأخلاقية وطبيعة المهنة والتربية الأخلاقية. وأشارت الدراسات أيضاً إلى أن عملية النمذجة هي عملية مؤثرة في التربية الأخلاقية وفي تعلم السلوك الخلقي والحكم الخلقي على حد سواء. فمع التطور التكنولوجي أصبحت النماذج التي تعرض من خلال الصور أو الأفلام الكرتونية المنقولة بواسطة وسائل الاتصال واسعة الانتشار والتي تمثل مصدراً من مصادر المعلومات، ذات أهمية خاصة في عملية التنشئة الاجتماعية والأخلاقية. من هنا حاولت هذه الدراسة البحث في فاعلية النمذجة التلفزيونية في اكتساب الأحكام الأخلاقية ومدى تأثيرها في السلوك الأخلاقي كما يعبر عنه الفرد في المواقف التي تثير مثل هذا السلوك، مستندة إلى منطلقات عدة أولها يتعلق بمفاهيم النمو المعرفي كما يطرحها بعض العلماء المعرفيين مثل بياجيه، وثانيها منطلقات تتعلق بمفاهيم النمو الأخلاقي كما يطرحها كولبيرغ وكيف يربط هذه المفاهيم الأخلاقية بمفاهيم النمو المعرفي، وثالث هذه المنطلقات متمثل في اتجاه نظرية التعلم الاجتماعي المتمثلة في التعلم عن طريق المحاكاة والنمذجة كما يطرحها باندورا، وكيف يتعلم الطفل أنماطاً من السلوك بما في ذلك المعتقدات والقيم وأشكال المعرفة المجردة عن طريق المحاكاة وتقليد النماذج، إضافة إلى منطلق رابع وهي الدراسات التي ذكرناها. وفي محاولة للمواءمة بين هذه المنطلقات جميعها ومعرفتنا بأهمية خبرات الطفولة وتأثيرها على تكوين شخصية الطفل والراشد معاً نشأت فكرة هذه الدراسة في محاولة للإجابة عن الفرضية الرئيسة وهي: أن المشاهد

التلفزيونية في برامج الأطفال والتي تحمل اتجاهات وقيماً اجتماعية وأخلاقية معينة تؤثر على منظومة القيم الاجتماعية والأخلاقية عند الأطفال مشاهدي هذه البرامج، وينبثق عن هذه الفرضية بعض الفرضيات الفرعية وتتمثل فيما يلي:

1. تأثير المشاهد إيجابي على نتائج الاختبار البعدي: بعض المشاهد التلفزيونية لها أثر إيجابي على منظومة قيم الأطفال، كما تكشف عنها نتائج القياس البعدي.
2. تأثير المشاهد سلبي على نتائج الاختبار البعدي: بعض المشاهد التلفزيونية لها أثر سلبي على منظومة قيم الأطفال كما تكشف عنها نتائج القياس البعدي.
3. تأثير المشاهد آني وموقفي وينتهي بانتهاء المشهد: بعض المشاهد التلفزيونية لها أثر آني موقفي ينتهي بانتهاء المشهد وتكشف عنه نتائج القياس البعدي.
4. لا تأثير للمشاهد على قيم لم تطرح فيها: بعض المشاهد لم تطرح مواقف تستثير قيماً معينة وردت في القياس القبلي – البعدي فيقترب تكرار هذه القيم من الصفر في اختبار المشاهد.
5. يختلف تأثير المشاهد حسب متغيرات العمر والجنس، ومستوى تعليم الأبوين، ومستوى الدخل.

ومن أجل التحقق من صحة هذه الفرضيات وضعت خطة عمل تنفيذية ميدانية تتضمن مسارات منهجية تؤكد مصداقية نتائجها وذلك من خلال التعرف على الأثر المباشر (قريب المدى) والأثر غير المباشر والذي يأتي بعد انقضاء فترة كافية لاستبعاد أثر عوامل داخلية يمكن أن يتأثر بها البناء المعرفي والأخلاقي عند الطفل.

وسيتم توضيح جميع فقرات هذه الخطة المنهجية التنفيذية في القسم الميداني التنفيذي اللاحق.

القسم الثاني

التنفيذي الميداني

الفصل الأول: الطريقة والإجراءات

مقدمة:

إن الافتراض الأساسي في هذه الدراسة هو أن الطفل عندما يشاهد برامج تلفزيونية في مستوى نموه المعرفي وقد تتضمن توجيهات قيمية معينة، فإن هناك احتمالات جديرة بالاهتمام بأن يتأثر الطفل بهذه البرامج ويتبنى (يذوّت) القيم المتضمنة فيها ويصبح بعضها على الأقل جزءا من منظومة القيم/ التوجهات القيمية[1] عنده والتي يمكن أن تتصف بنوع من الثبات النسبي. ويمكن أن يتأثر الطفل ببعضها الآخر بحكم الموقف الخاص الذي يرجح توجهاً قيميا على آخر، ولا ننفي حالات أخرى يمكن أن تقع فيها قيم متنافسة فتؤدي إلى إعطاء أهمية أكبر لقيمة، وأهمية أقل لأخرى كانت ذات أهمية أكبر قبل المشاهدة. وعلى وجه التحديد فإن السؤال الرئيس المطروح في هذه الدراسة هو ما الأثر المباشر لمشاهدة برامج الأطفال على منظومة القيم الأخلاقية عند مجموعة من الأطفال تعرضوا لهذه البرامج، وعلى درجة تقبلهم للقيم والاتجاهات المتمثلة فيها؟ وبهذا فالفرضية المنبثقة عن هذا السؤال هي: المشاهد التلفزيونية في برامج الأطفال والتي تحمل اتجاهات وقيماً اجتماعية معينة تؤثر على منظومة القيم الاجتماعية والأخلاقية عند الأطفال مشاهدي هذه البرامج ويتم استقصاء الإجابة عن هذا السؤال المطروح والمتضمن للفرضية الرئيسة في هذه الدراسة من خلال تقصي الفروق في منظومة القيم قبل المشاهدة وبعدها، وينبثق عن هذا السؤال أربعة أسئلة ذكرناها تفصيلاً

---

[1] سبقت الإشارة في الفصل الأول إلى أن الجانب المعرفي في القيمة قد لا يكون في متناول القدرات المعرفية عند الطفل ومن هنا جاء مصطلح التوجهات القيمية بمعنى أن الطفل يأخذ الفعل الضمني للقيمة كموجه للسلوك.

في الفصل الأول. ويمكن صياغة هذه الأسئلة على شكل فرضيات تحاول الدراسة جمع البيانات للتحقق منها، وهذه الفرضيات هي:

1. تأثير المشاهد إيجابي:

تظهر قيم ترجحها مواقف المشاهد، وليست في منظومة القيم المعبر عنها في القياس القبلي. لم تبرز أهميتها بتكرار مرتفع في القياس القبلي. فيرتفع تكرارها بعد المشاهدة في اختبار المشاهد ويرتفع تكرارها في القياس البعدي.

2. تأثير المشاهد سلبي:

تظهر قيم تقلل المشاهد من أهميتها كونها ترجح قيماً أخرى منافسة لها في القياس القبلي، فينخفض تكرارها في اختبار المشاهد وتنخفض تكراراتها تبعا لذلك في القياس البعدي.

3. تأثير المشاهد موقفي:

طبيعة الموقف ترجح قيماً معينة لا تتجاوز الموقف، ويرتفع التكرار في اختبار المشاهد، ويكون منخفضا نسبياً في الاختبارين القبلي والبعدي.

4. لا تأثير للمشاهد على قيم لم تطرح فيها:

المشاهد لم تطرح مواقف تستثير قيماً معينة وردت في الاختبار القبلي – البعدي فيقترب تكرار هذه القيم من الصفر في اختبار المشاهد ويكون القياسان القبلي والبعدي متقاربين.

5. يختلف تأثير المشاهد التلفزيونية على منظومة القيم حسب متغيرات تناولتها الدراسة وهي: العمر، ومستوى الدخل، ومستوى تعلم

الأب، ومستوى تعلم الأم، والفروق بين الجنسين.

وفيما يلي العناصر المنهجية المتبعة في التنفيذ الميداني لهذه الدراسة من أجل التحقق من صحة الفرضيات المطروحة:

1- أفراد العينة:

تألفت عينة الدراسة من مجموعة من الأطفال الأردنيين القاطنين في مدينة عمان، تراوحت أعمارهم بين 8 سنوات، و13 سنة وقد شملت الدراسة الفئات العمرية التالية:

- الفئة العمرية الأولى: من سن 8 سنوات إلى 8 سنوات و11 شهراً.

- الفئة العمرية الثانية: من سن 9 سنوات إلى 9 سنوات و11 شهراً.

- الفئة العمرية الثالثة: من سن 10 سنوات إلى 10 سنوات و11 شهراً.

- الفئة العمرية الرابعة: من سن 11 سنة إلى 11 سنة و11 شهراً.

- الفئة العمرية الخامسة: من سن 12 سنة إلى 12 سنة و11 شهراً.

وتكونت كل فئة عمرية من (20) طالباً، نصفهم من الذكور والنصف الآخر من الإناث، وقد قدر أن تكون هذه الفئات من مستويات الصفوف الثالث حتى السابع، أي من صفوف مرحلة التعليم الأساسي الممتدة بين الصف الأول والعاشر حسب نظام التعليم القائم في الأردن.

اختيرت العينة من مدرسة خاصة في تجمع من المدارس يُطلق عليه اسم مدارس الاتحاد، على اعتبار أنه توفرت في هذه المدارس ظروف التطبيق المناسبة وأهمها تعاون إدارة المدرسة مع إجراءات التطبيق فيها، وقد تم اختيار شخص يعمل في المدرسة للقيام بمهمات التطبيق، توافرت فيه الشروط المناسبة، من حيث المؤهل العلمي، والقدرة على التطبيق، وترتيب الظروف التجريبية وضبطها، إضافة إلى توفر المكان المناسب لإجراء التطبيق كغرفة العرض، وجهاز الفيديو...الخ، ولقد جرى تعريف هذا الشخص بالتعليمات

الواجب اتباعها في عملية التطبيق، ليتم بعدها اختيار خمسة صفوف للإناث وخمسة صفوف للذكور بطريقة عشوائية (طريقة القرعة في حالة تعدد الشعب)، واختير من كل شعبة (10) طلاب أو طالبات بطريقة عشوائية أيضاً، وأخذ طالب إضافي في كل فئة، وذلك حتى يتسنى ضبط احتمالات التسرب في حالة تغيب أحد الطلاب عن الاختبارات اللاحقة، نظراً لطول فترة التطبيق الزمني إضافة إلى كون التطبيق قد جرى في نهاية العام الدراسي، وفي حالة استمرار جميع أفراد الفئة العمرية/ الصفية حتى نهاية مراحل التطبيق، تحذف ورقة الطالب الاحتياط، ولا تحتسب في نتائج تلك الفئة.

ويجدر بنا الإشارة هنا إلى أن التحليل العاملي يتطلب عينة كبيرة إذا ما كان الغرض من الدراسة التوصل إلى بنية عوامل تنطبق مواصفاتها على المجتمع الكبير الذي تنتمي إليه العينة، لكن الغرض من التحليل العاملي هنا وفي هذه الدراسة هو استكشاف العوامل التي تعمل في هذه العينة بالذات وليس في مجتمعها، لأن نتائج التجريب في هذه العينة لا تعمم على عينات أخرى أو مجتمعات أخرى كما هو الأمر في معظم الدراسات التجريبية التي تقتصر على عينات صغيرة، ويتحقق التعميم عندما تتكرر دراسات تجريبية في عينات صغيرة متماثلة أو متقاربة للتحقق من وجود اتجاه عام في النتائج يمكن تعميمه، ولذلك فإن من محددات هذه الدراسة أن تعميم نتائجها يكون بالقدر الذي توجد فيه عينات أخرى مماثلة لعينة الدراسة، وهناك دراسات تجريبية تتبع أسلوب الحالة (Case Study) وعيناتها تكون محدودة جداً ولكنها تُعطى أهمية خاصة. في مثل هذه الدراسات تكون النتائج غير قابلة للتعميم لكنها تقدم نوعاً من البيانات عن فاعلية متغير تجريبي. ويمكن الاستشهاد بعدد كبير من الدراسات المنشورة في الدوريات العالمية مثل:

1. General of Educational Psychology.

2. Psychological Bulletin.

3. General of Educational Measurement.

وقد اتبع في هذه الدراسة محددات شبيهة بالدراسات المنشورة في مثل هذه الدرويات العالمية، وعليه فإن تعميم نتائجها يكون بالقدر الذي فيه عينات أخرى مماثلة لعينة الدراسة.

2- المهمات التجريبية:

تضمنت هذه الدراسة استخدام منهجية معينة والتي بني على أساسها تصميم البحث، واستخدمت فيها تقنيات لها علاقة باختيار نماذج من أفلام كرتون تلفزيونية تكون وقائع فيها قصة أو أحداث معينة متكاملة في عناصرها بحيث توضح أبعاد الموقف وتبرز تصرفات أو نماذج من السلوك ذات صلة بأحكام قيمية أو توجهات قيمية محددة(*)، وطريقة عرضها وإبراز المواقف التي تعبر عن قيم معينة، تتضمنها هذه المشاهد.

وتتسق هذه المنهجية مع المنهجية المتبعة في البحوث النوعية (Qualitative Research) ويمكن الرجوع إلى (2001Mc Milan and Schumacher,) في الفصول 12، 13، 14 لنرى هذا الاتساق مع المنهجية المتبعة في هذه الدراسة.

وللتحقق من أن منظومة القيم أو التوجهات القيمية عند الأطفال تتأثر بمشاهدة التلفزيون في برامج ذات مضامين معينة تتمثل فيها اتجاهات محددة، فقد تم اختيار مجموعة من المشاهد التلفزيونية لاختبار تأثيرها، في موقف تجريبي مضبوط، تألفت المشاهد هذه من أجزاء ثلاثة تم اختيارها من مسلسلات أطفال كرتونية مدبلجة إلى العربية بحيث تتوافر فيها مواصفات وشروط معينة، وقد تكونت هذه المشاهد من الآتي:

1. المشهد الأول: مقتطع من مسلسل الأطفال الكرتوني المدبلج بعنوان ((جيني ذات الشعر الأشقر))، يتألف المسلسل من (12) حلقة مدة كل منها نصف

(*) استخدمت توجهات قيمية على أساس أن الأطفال في هذه المرحلة العمرية من الصعب أن نصفهم بأن عندهم منظومة قيمية بالمعنى الدقيق للكلمة بجوانبها المعرفية بشكل خاص والتي تحتاج إلى درجة نضج في متسوى متقدم من العمر.

ساعة تلفزيونية، طول المشهد المقتطع (4.35) دقيقة، وهـو مـأخوذ مـن الحلقـة الأولى مـن المسلسل[**].

2. المشهد الثاني: مقتطع من مسلسل الأطفال الكرتوني المدبلج بعنوان "أبطـال التـزلج" يتـألف المسلسل من (26) حلقة مدة كل منها نصف ساعة تلفزيونية، طول المشهد المقتطع (9.47) دقيقة، وهو مأخوذ من الحلقة الأولى من المسلسل أيضاً[**].

3. المشهد الثالث: مقتطع من مسلسل الأطفال الكرتوني المدبلج بعنوان "البؤساء"، رائعة فكتور هوجو ويتألف المسلسل من (24) حلقة مدة كل منها نصف ساعة تلفزيونية، طول المشهد المقتطع (11.39) دقيقة وهو مأخوذ من الحلقة الأولى من المسلسل كسابقيه[**].

وبذلك يكون التصور المقترح لمنهجيـة البحـث متمثـلاً في استقصاء أثر مشاهدة بـرامج تلفزيونية تتضمن توجهات قيمية[*] على منظومة القيم عند الأطفال، وذلك مـن خـلال موقـف تجريبي يُعرض فيه أمام عينات من الأطفال مشاهد تمثل نماذج مختارة مـن البرامج، ويتم استقصاء أثرها المحتمل باستدعاء ردود فعل الأطفال إلى مواقف وأفعال تعرضوا لها في المشاهدة التلفزيونية، وما إذا كانت تختلف تبعاً لمتغيرات تفرضها طبيعة العينة مثل عمر الطفل، وجنسه وبيئته الثقافية والاجتماعية. ومن أجل تحقيق هذا الهدف تم اختيار مشـاهد تلفزيونية مـن البرامج المذكورة سابقاً، وأعيد تسجيلها ليتم عرضها في ثلاث جلسات متتالية يتخللها فترات زمنية يتم خلالها تطبيق الجزء من اختبار المشاهد المتعلق بالمشاهد التي تـم عرضها، وقد روعي في عملية الاختيار هذه ما يلي:

[**] وقد وضعت إشارة (#) في الملحق رقم (3) للإشارة إلى القيم الظاهرة في هذه المشاهد التلفزيونية المكونة لاختبار المشاهد.

- أن يعبر المشهد من خلال أحداثه وسلوك شخصياته عن قيم ضمنية أو توجهات قيمية يمكن أن يتأثر بها الأطفال.

- أن تتضمن وقائع المشهد مبررات صريحة أو ضمنية ترجح قيمة معينة في السياق الذي تبرز فيه.

- أن تكون اللغة المستخدمة في المشاهد بمفرداتها وتراكيبها في مستوى الاستيعاب اللغوي للأطفال أفراد الدراسة.

- أن يؤلف الموضوع أو المشهد وحدة تترابط فيها الأحداث وتتكامل في إطار يبرر القيمة المستهدفة، وتدفع الطفل إلى متابعتها.

وقد أمكن التوصل إلى هذه النماذج والمشاهد المتمثل فيها هذه الاتجاهات والقيم المحددة، واختيرت بعد دراسة وتمحيص وتحليل مضمون لعدد كبير جداً من البرامج والأفلام والمسلسلات الكرتونية المدبلجة الموجودة في مكتبة التلفزيون الأردني، والتي بثت أو ستبث على شاشته أو على شاشة أية واحدة من المحطات الفضائية العربية الأخرى.

وللتأكد من أن الأطفال في مرحلة المشاهدة يتابعون ويستوعبون ما يشاهدون، وضعت مقدمة قصيرة تصف الوقائع الأساسية في المشهد دون أي تلميح أو إيحاء لما تحمله المشاهد من توجهات قيمية، تقرأ على الأطفال قبل عرض المشاهد، وكذلك وضعت صيغة أولية للأسئلة التي ستوجه للأطفال بعد عرض كل مشهد على شكل موقف يتم فيه التساؤل عن التصرف الذي يختاره الطفل أو يفضله والذي تعبر الإجابة عنه،عن قيمة معينة دون أخرى.

رتبت المشاهد بطريقة تضمنت أولاً فقرة "جيني ذات الشعر الأشقر" ومدتها (4.35) دقيقة، ثم "أبطال التزلج" ومدتها (9.47) دقيقة، ثم فقرة "البؤساء"، ومدتها (11.39) دقيقة. والمقصود بهذا الترتيب أن نبدأ بالفقرة القصيرة ثم ننتقل إلى الأطول فالأطول لتعويد الأطفال على المشاهدة، وإدماجهم تدريجياً في الجو التجريبي المقصود، وقد اختيرت جميع الفقرات

من الحلقات الأولى للمسلسلات، وذلك حتى تشكل وحدة تترابط فيها الأحداث وتتكامل في إطار يبرز القيمة المستهدفة وتدفع الطفل لمتابعتها، فالحلقات الأولى تحمل دائماً شرحاً تفصيلياً للمشهد والموضوع يسهل على الطفل متابعته والإحاطة بشخصياته وأحداثه.

وقد حلل مضمون المشاهد الثلاثة (أدوات الدراسة) كل على حده وفيما يلي وصفاً تحليلاً لهذه المشاهد للتعرف على القيم التي تضمنتها.

1. جيني ذات الشعر الأشقر/ المشهد الأول.

تضمنت هذه الوقائع مجموعة من المشاهد يمكن سردها حسب تسلسلها في المشهد وبيان الدلالة القيمية المتعلقة بقيمة معينة فيها كما يلي:

- تشاهد جيني طفلاً صغيراً يسرق أكواز الذرة (القيمة الواضحة هنا هي قيمة السرقة).
- جيني لا تعاقب الطفل بيللي لأنه سرق أكواز الذرة (القيمة الواضحة هنا هي قيمة السرقة المبررة بالجوع، ومسامحة الطفولة).
- تسأل جيني المعلمة عن بيللي وهل هو يتعب ويجوع فعلاً، تخبرها المعلمة بأنه يكذب وكلامه غير صحيح (القيمة الواضحة هنا هي قيمة الكذب والكذب المبرر بالخوف).
- تسأل المعلمة الأطفال هل فعلاً بيللي كاذب (القيمة الواضحة هنا هي قيمة الكذب المبرر بالخوف).
- تأخذ جيني الذرة وتوزعها على الأطفال (القيمة الواضحة هنا قيمة حب الطفولة والمساعدة).

2. أبطال التزلج: المشهد الثاني:

- فريق بيير يحاول أن يوصل الشعلة بطريقة تعتمد على المهارة والسرعة في التزلج (القيمة الواضحة هنا هي قيمة الفوز بشرف وأخلاق).

- فريق هيربرت يحاول تعطيل فريق بيير حتى يصل قبله (القيمـة الواضحـة هنا هـي قيمة الفوز مهما كانت الطريقة)

- تشاهد ليزا بيير يسقط في الحفرة وتطير من يده الشعلة تحاول مساعدته (القيمـة الواضحـة هنا هي قيمة مساعدة الصديق).

- يترك هيربرت زميلته مصابة ويستمر في السـباق (القيمـة الواضحـة هنا هـي قيمـة الأنانيـة وحب الذات).

- فريق هيربرت يحـاول أن يرمـي الشـعلة حتـى لا يـترك المجـال لفريق بيير للفوز (القيمـة الواضحـة هنا هي قيمة الأنانية وحب الذات).

3. البؤساء/ المشهد الثالث:

- تعيش كوزيت مع العائلة المكونة من أم وأب وابنتين وتقوم على خـدمتهم جميعـا (القيمـة الواضحة هنا هي قيمة الظلم وعدم احترام الطفولة).

- البنتان تصرخان وتضحكان على كوزيت وتأمرانها بإحضار الطعام وأشياء أخرى وعلى كوزيت الطاعة (القيمة الواضحة هنا هي قيمة الظلم والاستعباد).

- تحاول كوزيت إنقاذ الرجل الغريب (القيمة الواضحة هنا هي قيمة مساعدة الغريب).

- تطعم كوزيت الكلب فطيرتها وهي جائعة (القيمة الواضحة هنا هـي قيمة حب الحيـوان الأليف ومساعدته).

- يحاول الأب والأم الاستيلاء على مال الرجل الغريب (القيمة الواضحة هنا هـي قيمة حب المال والأنانية).

وبعد أن حُلل مضمون المشاهد الثلاثة صيغت أسئلة اختبار المشاهد بطريقة تتلاءم مـع القيم المتوقع أن يجيب عليها المفحوصون، مع بيان الأسباب التي دعتهم إلى اختيار الإجابة.

3- تصميم البحث:

يعني هذا البحث بشكل رئيس بدراسة أثر متغير مستقل أساسي هو مشاهدة برامج التلفزيون على متغير تابع هو منظومة القيم الاجتماعية، والأخلاقية عند عينة من أطفال الأردن، ونظراً لأن مجموعة الدراسة مكونة من ذكور وإناث ولأنها من فئات عمرية متنوعة، ومن بيئات ثقافية متجانسة نسبياً من حيث كونها من الطبقة المتوسطة في الأردن، إلا أنها تختلف في خصوصيات محددة من نوع مستوى الدخل، ثقافة الأهل...الخ. وبهذا يلاحظ وجود المتغيرات التالية التي فرضتها طبيعة العينة وهي:

- متغير الجنس بمستويين: ذكور وإناث.
- متغير الصف/ العمر بخمسة مستويات: الصفوف من 3-7 وهي مناظرة للأعمار من 8-13سنة وقد روعي عند اختيار العينة:
- مستوى تعليم الأب بثلاثة مستويات: الثانوي، والجامعي (بكالوريوس)، والجامعي بعد البكالوريوس (هندسة، طب، ماجستير، دكتوراه).
- مستوى تعليم الأم بثلاثة مستويات بنفس التصنيف السابق لتعليم الأب.
- مستوى الدخل بثلاث مستويات هي:

1. أقل من (300) دينار أردني في الشهر.
2. من (300-600) دينار أردني في الشهر.
3. (600) دينار فما فوق في الشهر.

ويبين الجدول اللاحق الطريقة التحليلية المتبعة للتحقق من صحة الفرضيات.

جدول التحليل الإحصائي المتبع للتحقق من صحة فرضيات الدراسة:

1- في الاختبار القبلي يستخرج:

1. تكرار كل متغير في العينة الكلية جميع الصفوف، ذكور وإناث (المتغير هو أحد القيم المرقمة من 1-99).

2. تكرار كل متغير حسب الصف والعمر والجنس.

3. تكرار كل متغير حسب مستوى تعليم الأب (لجميع الصفوف والجنسين معا).

4. تكرار كل متغير حسب مستوى تعليم الأم (لجميع الصفوف والجنسين معا).

5. تكرار كل متغير حسب مستوى الدخل (لجميع الصفوف والجنسين معا).

2- في اختبار المشاهد: نفس التحليل السابق 1، 2، 3، 4، 5.

3- في اختبار البعدي: نفس التحليل السابق 1، 2، 3، 4، 5.

وذلك حسب الجدول المبين أدناه:

المتغير	الجنس	الصف 3	الصف 4	الصف 5	الصف 6	الصف 7	جميع الصفوف
1	ذكور						
	إناث						
	ذكور و إناث						
2	ذكور						
	إناث						
	ذكور و إناث						
99							

وبهذا نختبر الفرضيات المذكورة آنفاً فإذا كان تكرار قيمة في القياس البعدي أكبر مما هو في القياس القبلي فهذا يشكل مؤشراً إيجابياً يدعم الفرضية الأولى التي تقول بأن تأثير المشاهد إيجابي. وإذا حدث العكس أي انخفض تكرار قيمة في القياس البعدي عما هو عليه في القياس القبلي فهذا يشكل مؤشراً يؤيد الفرضية الثانية التي تقول بأن تأثير المشاهد سلبي. وإذا لم تتأثر قيمة التكرار لقيم معينة زيادة أو نقصانا في القياسين القبلي والبعدي، بينما ظهر ارتفاع ملحوظ في تكرار هذه القيم في اختبار المشاهد، فيعطينا هذا دليل على الفرضية الثالثة والتي تقول إن تأثير المشاهد موقفي. أما القيم التي تكون متضمنة في الاختبار للقياس القبلي والبعدي لكن المشاهد لم تطرح مواقف تستثيرها فلا يظهر تغير في تكرار هذه القيم بين القياسين القبلي والبعدي وبالتالي تتأيد الفرضية الرابعة التي تقول لا تأثير للمشاهد على قيم لم تطرح فيها. أما من حيث استقصاء تأثير متغيرات العمر ومستوى الدخل والجنس ومستوى تعليم الأب ومستوى تعليم الأم فيمكن التعرف على حجم هذا التأثير ودلالته من خلال الفروق التي يمكن ملاحظتها في تكرار القيم في القياسين والتي ترتبط بكل متغير من هذه المتغيرات.

4- أدوات الدراسة:

إن بناء أدوات الدراسة وتطبيقها وفق إجراءات محددة يستند إلى تقنية خاصة تقوم على أساس تصميم مواقف استثارة تستدعي استجابات تنطوي على قيم معينة. وقد تألفت أدوات الدراسة من اختبارين:

1-أ) الاختبار المستخدم في القياسين القبلي والبعدي.

1-ب) اختبار المشاهد الكرتونية المدبلجة.

1-أ) اختبار القياس القبلي والبعدي:

هو الاختبار الذي استخدم في القياسين القبلي والبعدي، وتألف من

مجموعة من المواقف المستخلصة من تحليل منظومة القيم المفترض وجودها عند الأطفال(*) قبل تعرضهم للمشاهد التلفزيونية، وبعد تعرضهم لهذه المشاهد، للتحقق فيما إذا كان هناك تغيرٌ في منظومة القيم يمكن أن يُعزى إلى تعرضهم للمشاهد التلفزيونية المنتقاة. تألف الاختبار من (17) موقفاً أو سؤالاً يحتمل الاستجابة لقيم معينة، تعرض أبدالاً من التصرفات يعبر فيها الطفل وعن طريق اختياره لإحدى الاستجابات عن تفضيله لإحداها أو رفضه لها ومبررات هذا الرفض أو التفضيل.

1-ب) اختبار المشاهد الكرتونية المدبلجة:

وهو الاختبار الذي تم تطبيقه بعد مشاهدة البرامج التلفزيونية مباشرة، وقد تألف من مواقف مشتقة من هذه المشاهد بشكل محدد، وذلك لتقصي ما إذا كان هناك تأثير مباشر للقيم المتضمنة في هذه المشاهد، وما إذا كان هذا الأثر قد امتد إلى القياس البعدي، أم أنه اقتصر على أثر مؤقت يتصل بالموقف الذي تطرحه المشاهد ولا يمتد أثره إلى أمد طويل أو بعيد، وقد تضمن الاختبار (21) موقفاً يحتمل الاستجابة لقيم معينة، يطلب من المفحوص الإجابة عنها بنعم أو لا، كما يطلب منه أن يذكر مبررات الرفض أو القبول بحيث يشير إلى القيم الضمنية أو الصريحة الموجودة عند الأطفال.

ويبين الشكل في الصفحة اللاحقة مكونات المقياس المبني.

---

* توصلنا إلى هذه القيم عن طريق تحليل مضمون عدد من الكتب المدرسية: عربي، تاريخ، دين للصفوف الثالث حتى السابع، وكذلك تحليل مضمون مجموعة كبيرة من القصص والمجلات المتداولة في المدارس والمكتبات، وسيتوضح هذا في طريقة بناء الاختبار.

مكونان المقياس المبني

الاختبار القبلي	اختبار المشاهد	الاختبار البعدي
المكونات: مجموعة من القيم المتأثرة بعوامل اجتماعية بيئية بالإضافة إلى قيم متضمنة في المشاهد	مجموعة من القيم المحددة المتضمنة في المشاهد	مجموعة من القيم المتأثرة بعوامل اجتماعية بيئية بالإضافة إلى قيم متضمنة في المشاهد
الغرض: استقصاء للتوجهات القيمية عند الأطفال في المجتمع الأردني والتي يمكن أن يكتسبها الطفل في الأسرة والمجتمع والمدرسة	استقصاء توجهات قيمية معينة يفترض أن المشاهد تتضمنها	استقصاء التوجهات القيمية بعد التعرض للبرامج والتي يمكن أن تكون قد تأثرت بمشاهدة البرامج
المحتوى: يوجد في هذا الاختبار 17 موقفاً يحتمل الاستجابة لقيم معينة	يوجد في هذا الاختبار 21 موقفاً يحتمل الاستجابة لقيم معينة	يوجد في هذا الاختبار 17 موقفاً يحتمل الاستجابة لقيم معينة مناظرة/ مماثلة لما جاء في الاختبار القبلي

2. طريقة بناء الاختبارين:

2-أ) الاختبار القبلي/ البعدي:

تم بناؤه استناداً إلى تحليل منظومة القيم المتوقع أن تكون عند أفراد الدراسة في البيئة الثقافية التي نشؤوا فيها، وتم التوصل إلى ذلك بالاطلاع على عدد كبير من الكتب المدرسية المقررة في منهاج العينة/ أفراد الدراسة من الصف الأول حتى الصف السابع، ككتاب القراءة العربية، والتربية الإسلامية والتاريخ، وكذلك الاطلاع على عدد كبير جداً من

القصص والروايات والمجلات الخاصة بالأطفال والموجودة والمتداولة في عدد من المكتبات المدرسية على اعتبار أنها شائعة في المجتمع الأردني، وتساهم في تكوين حصيلة الطفل القيمية، وتعكس في جانب كبير منها التقاليد والقيم السائدة في المجتمع الأردني والتي يتم تنميتها في الأسرة والمدرسة والبيئة الاجتماعية، ومن القيم المستخلصة من هذه المصادر نذكر على سبيل المثال قيمة الانتماء الأسري، وطاعة الوالدين، والأمانة، والصدق، والتعاون، والمساعدة، والصبر، والمحافظة على الأصدقاء، والمحافظة على البيئة، والعدالة، والمحافظة على الحياة وعدم قبول الظلم.

وكذلك تضمن الاختبار في جزء منه مجموعة القيم والاتجاهات المستخلصة من تحليل المحتوى لأفلام الكرتون التلفزيونية والتي ستعرض على أفراد الدراسة في المشاهد الكرتونية المدبلجة. ومن هذه القيم قيمة التفوق والفوز، والتضحية بالنفس للرفاق، والغيرية والتسامح، والأنانية وحب الذات، والإيثار وتفضيل الآخر، وحب المخاطرة، والسرقة المبررة بالجوع، والمنافسة غير الشريفة، والتحلي بالروح الرياضية وحب الشهرة[*].

وبذلك تم التوصل إلى وضع الصورة الأولية لفقرات اختبار القيم أو التوجهات القيمية في الاختبار القبلي – البعدي على شكل مواقف تعرض أبدالاً من التصرفات يعبر فيها الطفل عن تفضيله لإحداها أو رفضه لها، ومبررات التفضيل أو الرفض.

وقد أدرجت هذه المواقف المثيرة للإجابات في ورقة الأسئلة بحيث احتوت الصفحة الأولى منها على المعلومات الشخصية المتعلقة بالطالب،

---

* وقد جمعت هذه القيم وأضيف إليها القيم الأخرى التي ذكرها عدد من أفراد العينة كقيمة إسعاد الآخرين، الإيمان بالقدرية، أهمية القيمة الفنية والجمالية لتشكل في مجموعها قائمة القيم المذكورة في الملحق رقم (3) والتي اعتمدت في هذه الدراسة.

كاسمه، وجنسه...الخ. واحتوت الصفحة الثانية على معلومات مختصرة عن الاختبار ومكوناته والهدف من تطبيقه.

أما الصفحات التالية من كراسة الاختبار فقد تضمنت المادة المكونة للـ (17) موقفاً والتي هي مكونات الاختبار... كل موقف منها يحتمل الاستجابة لقيم معينة، ويطلب من المفحوص في كل سؤال أن يختار واحداً من الخيارات المطروحة في نهاية السؤال، ثم يطلب منه ذكر السبب الذي جعله يختار إجابة معينة دون أخرى، حيث تتحدد القيمة الضمنية في استجابة الطفل في السبب الذي ذكره لاختيار البديل من المواقف (ويوضح الملحق رقم (1) صورة عن هذا الاختبار).

2-ب) اختبار المشاهد الكرتونية المدبلجة:

تألف من مجموعة من المواقف التي تستثير استجابات من ردود أفعال عند الأطفال متضمنة لقيم أو لتوجهات قيمية تحتويها المشاهد التلفزيونية المختارة التي يتعرض لها الطفل في المعالجة التجريبية.

وقد أعدّ هذا الاختبار بحيث كانت الصفحة الأولى منه محتوية على المعلومات الشخصية المتعلقة بأفراد الدراسة، كالاسم، والعمر، والجنس...الخ، في حين تضمنت الورقة الثانية معلومات مختصرة عن الاختبار ومكوناته والغاية من تطبيقه، وتضمنت الصفحات التالية المادة المكونة للـ(21) موقفاً وكل موقف منها يحتمل الاستجابة لقيم معينة، ويُتوقع من استجابات الأطفال لها استقصاء توجهات قيمية يُفترض أنّ المشاهد تضمّنتها.

(ويوضح الملحق رقم (2) الصورة الكاملة لاختبار المشاهد).

3. تعليمات التطبيق للاختبارين:

يطبق الاختبار بطريقتين فردياً أو جماعياً، بحيث يكون فردياً مع الأعمار الصغيرة (الصف الثالث)، وجماعياً مع الصفوف من (4-7) على النحو المبين أدناه:

1. الصف السابع والسادس:

يتم التطبيق في مجموعتين :

- المجموعة الأولى خمسة أطفال.

- المجموعة الثانية ستة أطفال.

2. الصف الخامس:

يتم التطبيق في (3) مجموعات:

-المجموعة الأولى ثلاثة أطفال.

- المجموعة الثانية أربعة أطفال.

- المجموعة الثالثة أربعة أطفال.

3. الصف الرابع:

يتم التطبيق في (5) مجموعات: المجموعة الأولى، والثانية، والثالثة، والرابعة طفلان. لكل مجموعة، المجموعة الخامسة ثلاثة أطفال.

4. الصف الثالث:

يتم التطبيق بطريقة فردية.

طُبق الاختبار القبلي على كل مجموعة على حدة وفي اليوم التالي لعملية التطبيق، طبق اختبار المشاهد (بعد تعرض الأطفال لها مباشرة) وبعد أربعة

أيام طبق الاختبار البعدي وقد اتبعت في عملية التطبيق الخطوات التالية (نفسها في القياسين القبلي والبعدي).

- يحضر أفراد الدراسة إلى قاعة الاختبار وتوزع عليهم كراسة الاختبار كل مجموعة على حدة، ويبدأ تطبيق الاختبار (القبلي والبعدي) بأن يقرأ الفاحص المدرب وصفاً للموقف، وبلغة يفهمها الطلاب، وتنتهي بطرح السؤال عن الموقف ويطلب منهم الإجابة ويشرح لهم كيف يتم ذلك، وهكذا حتى نهاية الاختبار.

- في اختبار المشاهد يدعى الأطفال إلى مكان مجهز للعرض التلفزيوني حيث تعرض المشاهد التلفزيونية أمام الأطفال، يعرض كل مشهد على حدة مبتدئين بالمشهد الأول، ويتم بعد العرض تطبيق اختبار المشاهد الخاص بذلك المشهد، وهكذا حتى نهاية الاختبار.

- في الأعمار الصغيرة في الصفين الثالث والرابع، يساعد الفاحص الطلاب بالكتابة إذا ما دعت الحاجة لذلك، ويقوم كذلك بالتمثيل ولعب الدور، إذا ما كانت هناك ضرورة لذلك أيضاً.

- استغرق تطبيق الاختبار في كل من القياسين القبلي والبعدي حوالي الساعة.

- استغرق تطبيق اختبار المشاهد بما في ذلك زمن عرض المشاهد حوالي الساعة أيضاً.

4. تصحيح الاختبارين:

- تم التصحيح يدوياً، وكان الباحث قد توصل إلى (99) قيمة متضمنة في الاختبارات الثلاثة، أعطيت كل قيمة رقماً متسلسلاً وتم التصحيح بإعطاء رقم القيمة وتسميتها في استجابة كل مفحوص.

- فرغت هذه الأرقام الدالة على القيم في جداول بيانية وأدخلت في الحاسوب

بمراعاة نظام ترميز يأخذ بالاعتبار جميع متغيرات الدراسة ومستوياتها والتي تم ذكرها سابقاً.

5. الصدق في الاختبارين:

تمّ استقصاء صدق أدوات البحث (الاختبارين)/ بالطرق التالية:

- نتائج التحليل العاملي لاستجابات الأطفال وهذا ما يسمى بصدق البناء أو صدق المفهوم.

- أية فروق يمكن استكشافها بين أفراد الدراسة المصنفين في فئات حسب مستويات محددة لكل متغير من متغيرات الدراسة وسيتم عرض النتائج في فصل النتائج.

وفي الحالتين يكون الاعتماد على فرضيات ضمنية، ففي حالة التحليل العاملي يمكننا القول أن الاختبارات هذه تقيس عوامل تعبر عن تجمعات من القيم تقع في مجالات محددة، أما في الفروق فالافتراض أن الأطفال الذين ينتمون إلى بيئة أسرية ذات خصائص ثقافية أو اقتصادية معينة يمكن أن تتأثر قيمها بتلك الخصائص الأسرية المحددة، ونتائج الدراسة المذكورة لاحقاً تشير إلى أن الفروق التي ظهرت بين فئات العمر تدل إلى أن هناك تمييزاً في منظومة القيم(*) بين هذه الفئات.

6. الثبات في الاختبارين:

إن طرق الثبات الكلاسيكية (طريقة الإعادة أو الصور المتكافئة أو النصفية أو غيرها) لا يمكن تطبيقها في هذه الدراسة، ذلك لأن القيم التي تم

---

* منظومة القيم: هي مجموعة القيم التي تتشكل في مراحل معينة من حياة الطفل، يتعلمها ويكتسبها ويذوتها تدريجياً وتصبح جزءاً من شخصيته ومرجعية لسلوكه الأخلاقي.

حصرها عند الأطفال يفترض أنها يمكن أن تتغير خلال فترة التجريب وجمع البيانات، وبذلك لا تنطبق عليها الطرق الكلاسيكية المذكورة فالاستجابة قد لا تبقى ثابتة بين فترة وأخرى في حالة الإعادة. ويظل هناك عامل مهم في تحقيق درجة مقبولة من الدقة في البيانات وهو التسجيل الدقيق لهذه البيانات ومن ثم تصنيفها وفق نظام تصنيف في درجة معقولة من الاتساق، ومن أجل تحقيق هذا الهدف تم جمع البيانات على الاستمارات الخاصة في الاختبار القبلي/ البعدي واختبار المشاهد من قبل شخص تم تدريبه على تطبيق الاستمارات وتسجيل البيانات، وتمت مراجعة عدد من نماذج التسجيل هذه بإشراف الباحثة للتأكد من دقة التطبيق، وفيما بعد قامت الباحثة بتصنيف الاستجابات حسب انتمائها إلى كل من القيم التي تم تحديدها في قائمة القيم (الملحق رقم 3) وباستخدام نظام التصنيف الذي تم الاتفاق عليه مع حكام مختصين بحيث تتحقق في هذه الإجراءات درجة مقبولة من الدقة في تسجيل الاستجابات وتصنيفها، وقد أخذت عينة من إجابات الطلبة وتم تصنيف القيم فيها من قبل الباحثة وحكام مؤهلين واستخرجت درجة التوافق في التقديرات المعطاة، وقد تراوحت هذه التقديرات بين 85 و 91% مما يشير إلى درجة من الثبات يمكن الاعتماد عليها في هذه الدراسة.

5- الإجراء والتطبيق:

طبق على أفراد الدراسة اختبار القيم كاختبار قبلي، ثم عُرضت عليهم المشاهد الكرتونية المنتقاة، وطبق بعد المشاهدة مباشرة اختبار القيم المتضمنة في المشاهد، وبعد أربعة أيام من تطبيق اختبار المشاهد، طُبق عليهم اختبار القيم كاختبار بعدي.

1. خطوات التطبيق:

تم الاتفاق مع فاحص مؤهل علمياً، يحمل درجة الماجستير في علم النفس التربوي، ويعمل في الوقت نفسه مرشداً تربوياً في المدرسة التي تم التطبيق

فيها، وله خبرات سابقة في تطبيق اختبارات نفسية وتربوية مختلفة، وقد قام الفاحص باختيار أفراد الدراسة، بطريقة عشوائية، وكان عددهم (100) طالب وطالبة واختار عشرة طلاب إضافيين، واحداً في كل مجموعة من المجموعات العشر، وذلك تحسباً لاحتمال تغيب واحد من أفراد المجموعة عن الاختبارات اللاحقة، نظراً لطول فترة الاختبار والبالغة حوالي ثمانية أيام لكل مجموعة، ولأن التطبيق كان في نهاية العام الدراسي، واحتمال تسرب أحد الطلاب كان وارداً.

وقبل تطبيق الاختبار درست حالة جميع أفراد العينة والموجودة في السجلات الشخصية المتوفرة لدى إدارة المدرسة للتأكد من أن جميع الأفراد، ضمن المدى العمري المطلوب، والظروف التجريبية الأخرى كالحالة الصحية على سبيل المثال.

وطبق الاختبار بداية على طلاب الصف السابع الذكور بتاريخ 97/12/6 وقسمت المجموعة المكونة من (11) طالباً إلى مجموعتين واحدة من خمسة طلاب والأخرى من ستة وطبق الاختبار القبلي على كل مجموعة على حدة حيث دعيت كل مجموعة إلى قاعة الاختبار ووزعت عليهم كراسات الاختبار القبلي، ثم قام الفاحص بقراءة تعليمات الاختبار، وأعطي نبذة مختصرة عن محتوياته ثم طلب من المفحوصين تعبئة الصفحة الأولى من الاختبار والمتضمنة المعلومات الشخصية عنه: الاسم والعمر...الخ. وبعد التأكد من أن جميع الأطفال قد أتموا تعبئة هذه المعلومات، طلب منهم قلب الصفحة، وبدأ الفاحص بقراءة وصف للموقف الأول بصوت واضح، وبلغة بسيطة يفهمها الأطفال، وانتهى بطرح السؤال عن الموقف والطلب منهم بتسجيل الإجابة في المكان المعد لها بخط واضح وأعطي الطلاب الوقت الكافي للإجابة، وبعد الانتهاء من السؤال أعطي لهم السؤال التالي وهكذا حتى نهاية الاختبار، واستخدمت الطريقة نفسها، والتقسيم العددي نفسه في المجموعات مع طلاب الصف السادس.

وفي اليوم التالي قـام الفـاحص بتطبيـق اختبـار المشـاهد الكرتونيـة المدبلجـة عـلى نفـس المجموعتين السابقتين، حيث دعي الطلاب إلى مكان التطبيق المجهـز للعـرض التلفزيـوني، وبـدأ التطبيق بتوزيع كراسات الاختبار على المفحوصين، ليقوم الفاحص بعدها بإعطـاء لمحـة مـوجزة عن الاختبار، وطريقة الإجابة عنه ثم طلب من المفحوصين تعبئـة الصـفحة الأولى مـن الاختبـار والمتضمنة للمعلومات الشخصية اللازمة وبعد الانتهاء من ذلك قلبت الصفحة ليقـوم الفـاحص بعدها بقراءة التعليمات الموجودة فيها، واللازمة لفهم المشاهد المعروضة وطريقة الإجابة عنها. ثم قام الفاحص بعرض المشهد الأول، وقد صـاحب العـرض شرح مبسـط بلغـة واضـحة وسـهلة يفهمها الطلاب عما يجري أمامهم من أحداث، ثم أوقف الجهاز، وطلب من المفحوصين المباشرة بالإجابة عن الأسئلة المتعلقة بهذا المشهد والمدونة في كراسة الاختبار. وبعد التأكد من أن جميع أفراد المجموعة قد أتموا الإجابة، عرض المشهد الثاني... ثم الثالث لينتهي بعده الاختبار.

وبعد أربعة أيام قام الفاحص بتطبيق الاختبار البعـدي عـلى نفـس المجمـوعتين وبـنفس الترتيب العددي الذي استخدم معهم سابقاً... حتى نهاية الاختبار.

أما بالنسبة لطلبة الصف الخامس، فقد قام الفاحص بتطبيـق الاختبـارات الثلاثـة علـيهم بالطريقة نفسها، وبالترتيب نفسه، وبالفواصل الزمنيـة المحـددة نفسـها والتـي اسـتخدمت مـع المجموعتين السـابقتين، (الصـف السـابع والسـادس)، إلا أن عـدد الأفـراد في كـل مجموعـة مـن مجموعات الصف الخامس كان مختلفاً إذ قسمت بالأعداد: 3، 4، 4.

وبالنسبة لطلاب الصف الرابع فقد كان التطبيق على مجموعات عددية مكونـة مـن 2، 2، 2، 2، 3. واستخدم الفاحص في التطبيق نفس الطريقة المستخدمة مع الصفوف والأعمار السابقة، ولكن تميزت هذه الفئة بأن تعليمات التطبيق أعطيت بشيء من التبسيط في الشرح، وبمساعدة بعض

الطلاب على الكتابة، عندما دعت الحاجة إلى ذلك. واستخدمت معها نفس الفواصل الزمنية بين الاختبارات المطبقة والتي استخدمت في المجموعات الصفية السابقة.

أما طلاب الصف الثالث فهم الفئة الأصغر سناً في المجموعات كلها، ونظراً لصغر سنهم هذا فقد طبقت عليهم الاختبارات جميعها وبطريقة فردية لكل منها، نظراً لصعوبة التطبيق الجماعي والثنائي عليهم كما أنهم استأثروا بشرح تفصيلي أكثر، ومساعدة في القراءة للأسئلة والاجابة عنها أكثر من أقرانهم في المجموعات الصفية الأخرى.

وقد لجأ الفاحص مع هذه الفئة الصفية الصغيرة إلى المساعدة في الكتابة أحياناً وإلى التمثيل ولعب الدور أحياناً أخرى نظراً لما تطلبه توضيح الموقف التجريبي في بعض الحالات.

استخدمت نفس الطريقة الإجرائية ونفس الأسلوب في الشرح والتطبيق، مع الإناث أفراد الدراسة، وكذلك استخدمت نفس الفواصل الزمنية في تطبيق الاختبارات الثلاثة، ونفس المجموعات العددية للصفوف من (4-7)، ونفس الطريقة الفردية مع عينة أطفال الصف الثالث.

استغرقت فترة التطبيق الكلي (40) يوماً، شارك الباحث مرات عدةً في التواجد في مكان التطبيق، وساهم في إعطاء الإرشادات للفاحص إذا تطلب الأمر ذلك، حسب ما يمليه الموقف التطبيقي.

وأثناء التطبيق كانت هناك بعض الاستفسارات حول بعض الأسئلة والمواقف ففي الاختبار القبلي/ البعدي كان هناك سؤالٌ لم يفهمه معظم الأطفال وهو الشق الرابع من سؤال رقم (11) من "البطل". وقد حذف السؤال فيما بعد ولم تحتسب نتائجه في القياس. وكذلك السؤال رقم (4) من نفس الاختبار أثار عدداً من التساؤلات ولكن كان يفهم بعد الشرح في جميع الحالات.

أما في اختبار المشاهد الكرتونية المدبلجة فقد أثار السؤالان رقم (3، 4) من أسئلة المشهد الأول "جيني ذات الشعر الأشقر" استيضاحات بسيطة، وكذلك الأسئلة ذات الأرقام (5، 4، 3) من أسئلة المشهد الثاني "أبطال التزلج" والسؤال رقم (3) من أسئلة المشهد الثالث "البؤساء" أثارت جميعها بعض الاستفسارات البسيطة والتي فهمت تماماً بعد شرح بسيط وأجاب عنها الطلاب بمجموعهم. وفيما عدا ذلك فقد كانت الأسئلة مفهومة، وواضحة عند العينة أفراد الدراسة.

2. مكان التطبيق:

قام الفاحص بتطبيق الاختبارات الثلاثة في مدارس الاتحاد، طبق الاختبار القبلي/ البعدي، في أحد الصفوف التابعة للمدرسة والتي تتميز بسعتها وجوها المريح، وبُعدها عن الضوضاء، للإناث في مدرسة الإناث، وللذكور في مدرسة الذكور، هذا فيما يتعلق بالتطبيق الجماعي، أما فيما يختص بالتطبيق الفردي لطلاب الصف الثالث على وجه التحديد، فقد تم في مكتب المرشد التربوي في مدرسة الذكور، ومكتب المرشدة التربوية في مدرسة الإناث.

تم عرض المشاهد الخاصة باختبار المشاهد الكرتونية في غرفتي عرض الأفلام للذكور في مدرسة الذكور والإناث في مدرسة الإناث، حيث احتوت الغرفتان إضافة إلى الظروف المكانية والصحية المناسبة على جهاز للفيديو، وجهاز عرض تلفزيوني، وقد تم العرض في جو مناسب من حيث الخصوصية والهدوء وانضباطية الظروف التجريبية الأخرى.

لاحظ الفاحص خلال عملية التطبيق عدداً من ردود الأفعال الهامة التي أظهرها المفحوصون منها:

- تفاعل الطلاب مع الأسئلة أثناء الإجابة خاصة مع المشاهد الكرتونية المعروضة.

- عدم التردد في طلب التوضيحات من الفاحص.

- تركيز تام وصمت أثناء عرض المشاهد.

- انجذاب للتطبيق وشعور بالإثارة للموقف التجريبي.

- الحماس لاستمرار التطبيق والسؤال عما إذا كانت هناك مشاهد أخرى.

- صعوبات بالإجابة عن السؤال "ليش".

ومن أجل أن يتم التطبيق في ظروف أقرب ما تكون إلى الضبط في الظروف التجريبية تـم الاتفاق مع إدارة المدرسة على إجراء ترتيبات مـع معلمـي الصـفوف لاستدعاء أفراد الدراسـة المستهدفين من صفوفهم، وحجز غرفة العرض التلفزيوني في مواعيـد محـددة، وتنظيـم مواعيـد خاصة للاختبارات هذه، وقد تمت جميع عمليات التطبيق على أفراد المجموعة على الاختبارات الثلاثة، القبلي، المشاهدة، البعدي... عـدا طـالبين لم يتمكنـا مـن تتمـة الاختبـارات والحضور في المواعيد المحددة، وقد حذفت أوراقهما واستبعدا مـن عمليـات التصحيح واستبدلا بطالبين مـن الطلبة الاحتياط.

3. المدة الزمنية للتطبيق:

- استغرقت عملية التطبيق في المتوسط المدد الزمنية التالية:

الصف السابع ذكوراً وإناثاً.

قبلي بمتوسط حوالي 50 دقيقة.

مشاهد بمتوسط حوالي 35 دقيقة.

بعدي بمتوسط حوالي 55 دقيقة.

الصف السادس ذكور وإناث:

قبلي بمتوسط حوالي 50 دقيقة.

مشاهد بمتوسط حوالي 35 دقيقة.

بعدي بمتوسط حوالي 55 دقيقة.

الصف الخامس والرابع:

قبلي بمتوسط حوالي 60 دقيقة.

مشاهد بمتوسط حوالي 40 دقيقة.

بعدي بمتوسط حوالي 60 دقيقة.

الصف الثالث:

قبلي بمتوسط حوالي 55 دقيقة.

مشاهد بمتوسط حوالي 45 دقيقة.

بعدي بمتوسط حوالي 70 دقيقة.

4. طريقة معالجة الاختبارات المطبقة:

تم ترقيم جميع الأوراق أرقاما متسلسلة (بدلا عن الأسماء)

الجنس: أعطي الذكور الرقم 1 والإناث الرقم 2

الصف: أعطي الأرقام 3، 4، 5، 6، 7.

العمر: طرح تاريخ الاختبار من تاريخ الميلاد، حسب العمر بالشهور وسُجل على الصفحة الأولى من ورقة الاختبار.

مستوى تعليم الأب: ثانوي: 1

جامعي بكالوريوس: 2

فوق البكالوريوس (هندسة، طب، دكتوراه، ماجستير): 3

عمل الأب: عمل متدني الدخل: 1

عمل متوسط الدخل: 2

عمل مرتفع الدخل: 3

فرغت أولا جميع تعابير القيم بشكل منفصل وأعطيت كل قيمة رقما.

فرعت المعلومات السابقة جميعا على أوراق الكمبيوتر.

	أرقام الخانات
الرقم المتسلسل 3 خانات	1، 2، 3
الجنس خانة واحدة (1. ذكور / 2. إناث)	4
الصف خانة واحدة (3، 4، 5، 6، 7)	5
العمر بالشهور 3 خانات	6، 7، 8
مستوى تعليم الأب خانة واحدة (1، 2، 3)	9
مستوى تعليم الأم خانة واحدة	10
عمل الأب خانة واحدة	11
الاختبار القبلي (10 + 7) × 2	45-12
اختبار المشاهد 21 × 2	42-1
الاختبار البعدي (10+7) × 2	76-43

6- التحليل الإحصائي للبيانات:

رُصد تكرار القيم في العينة الكلية وفي كل مستوى عمري/صفي في الاختبار القبلي واختبار المشاهد، والاختبار البعدي وذلك لإجراء المقارنات بينها لمعرفة التغير بين القبلي والبعدي وأيضاً بين القبلي واختبار المشاهد، وبين اختبار المشاهد والبعدي، وكذلك لإجراء المقارنات نفسها حسب متغير العمر، والجنس، ومستوى تعليم الأم والأب ونوع عمل الأب ومستوى الدخل، ثم فرغت البيانات التي تم جمعها في القياسين القبلي والبعدي في الحاسوب، باستخدام نظام ترميز روعيت فيه مستويات المتغيرات التي اعتمدت في هذه الدراسة، وتم تحليل البيانات إحصائياً كما يلي:

1. في الاختبار القبلي يستخرج:

1) التكرار، والتكرار النسبي لكل قيمة في العينة الكلية من جميع الصفوف ذكوراً وإناثاً (المتغير هو أحد القيم المرقمة من 1-99 والمبينة في جداول لاحقة).

2) التكرار والتكرار النسبي لكل قيمة حسب الصف والجنس.

3) التكرار والتكرار النسبي لكل قيمة حسب مستوى تعليم الأب (لجميع الصفوف والجنسين معاً).

4) التكرار والتكرار النسبي لكل قيمة حسب مستوى تعليم الأم (لجميع الصفوف والجنسين معاً).

5) التكرار والتكرار النسبي لكل قيمة حسب مستوى الدخل (لجميع الصفوف والجنسين معاً).

2. في اختبار المشاهد

نفس التحليل السابق (5، 4، 3، 2، 1).

3. في الاختبار البعدي

نفس التحليل السابق (5، 4، 3، 2، 1).

وقد أدى هذا التحليل إلى ما يلي:

- حصر القيم التي شملها الاختبار القبلي / البعدي واختبار المشاهد والتي تم ترقيمها من 1-99 (يبين الملحق رقم (3) قائمة بهذه القيم).

- استخراج التكرار والتكرار النسبي لكل قيمة في استجابات المفحوصين في الاختبار القبلي - البعدي، واختبار المشاهد مصنفة حسب متغيرات أفراد الدراسة، الصف، العمر، الجنس، ... الخ.

- تحديد القيم المؤلفة لمجموعات متمايزة في كل مرحلة (القبلي المشاهدة، البعدي) وذلك باستخدام أسلوب التحليل العاملي، باعتبار أن كل عامل يمثل تجمعاً من القيم، وفي محاولة للتحقق فيما إذا كانت القيم

المرصودة (1-99) يمكن أن تتجمع في أقل عدد من المجالات أو المجموعات، بمعنى هل يمكن اختصار هذه القيم بحيث يتم إدماج القيم التي لها دلالات متشابهة أو مترابطة في مجال واحد أو تجمع واحد؟

للتحقق من ذلك أخضعت البيانات للتحليل العاملي الذي يفترض أن يلخص جميع القيم التي عبر عنها الأطفال في أقل عدد من العوامل، أو المجالات، حيث يمثل كل منها مجالاً أو تجمعاً تلتقي فيه القيم المتشابهة أو المترابطة.

- مقارنة القيم الأكثر تكراراً في مراحل الاختبار القبلي، المشاهدة والبعدي للتعرف على منظومة القيم السائدة قبل المشاهدة - (الاختبار القبلي).

- منظومة القيم السائدة المتأثرة بالمشاهد (اختبار المشاهد).

- منظومة القيم بعد المشاهدة (الاختبار البعدي).

ويمكن ملاحظة كيف أن هذه النتائج تعكس افتراضات أساسية في نظرية التعلم الاجتماعي المستندة إلى ملاحظة نماذج حية أو متلفزة وتكوين معتقدات وأفكار تؤلف في جوهرها قيماً وأحكاماً أخلاقية عن السلوك الذي يتوجب القيام به في مواقف معينة، وفي بعض هذه المواقف تأيدت أحكام أخلاقية معينة من خلال التأثير الإيجابي للمشاهد وفي بعضها الآخر كانت الأفكار المستمدة من المشاهد متعارضة مع معتقدات وأحكام سابقة فظهر تأثير المشاهد سلبياً، وفي حالات أخرى لا يكون التغير في المعتقدات والأفكار بعيد الأثر وهنا يكون التأثير موقفياً آنياً مرتبطاً بالموقف، وقد لا يكون هناك توافق بين الأفكار التي يعرضها الموقف الجديد والتوجهات القيمية السابقة عندئذ لا يظهر تأثير للمشاهد على قيم لم تطرح فيها.

وسنعرض في الفصل اللاحق النتائج التي توصلنا إليها بناءً على المعالجات الإحصائية وتفسيراتها اجتماعياً وأخلاقياً بشيء من التفصيل.

الفصل الثاني : النتائج

مقدمة:

طرح في هذه الدراسة سؤال رئيس حول الدور الذي يقوم به التلفزيون من حيث تـأثيره في منظومة القيم الاجتماعية والخلقية عند الأطفال في الأردن، وذلك من خلال موقف تجريبي، عرضت فيه أمام عينات من الأطفال مشاهد تمثل نماذج مختارة من البرامج، تم استقصاء أثرها باستدعاء استجابات الأطفال إلى الخصائص والأفعال والمواقف التي شاهدوها، ومدى تحبيذهم أو تقبلهم لها، أو رفضهم إياها. وما إذا كان هذا التقبل أو الرفض يختلـف تبعاً لمتغيـرات عـدة مثل عمر الطفل، جنسه، بيئته الثقافية والاجتماعية والاقتصادية.

1- القيم التي تم استقصاؤها في أدوات الدراسة:

وقد تم استخلاص معايير لتحليل البرامج، وبناء نظام تحليل استناداً إلى هـذه المعايير، متبعين في ذلك الاتجاه الإمبريقي (Empirical) الذي يعتمـد المشـاهدة والتجريب في التوصل إلى تعميمات قد لا يؤيدها بالضرورة التفكير البديهي أو أية افتراضات نظرية أخرى. وحتـى تنظم عملية التحليل تم حصر القيم المتضمنة أو المتوقع أن تتضمنها استجابات المفحوصين للمواقف التي يطرحها الاختبار القبلي / البعدي، واختبار المشاهد، آخذين بعـين الاعتبـار أن هذه القيم ما هي إلا مواقف تتمثل فيها سلوكات تقع على متصل (Continuum) تتـدرج فيه القيمة في عدة مستويات، كأن نأخذ مثلاً سمة التفوق والفوز في عدة مستويات، والمسـالمة في عدة مستويات أيضاً ومن

ناحية أخرى فقد تظهر القيمة على شكل سمة ثنائية القطبية. والأمثلة على ذلك ما يلي:

الاستقلالية ----------------------- الاعتمادية.

العدالة ----------------------- الظلم

القوة ----------------------- الضعف

السيطرة ----------------------- الخضوع

ويتضمن الملحق رقم (3) قائمة بهذه القيم أو التوجهات القيمية والمتعلقة بحالة التوقع أو درجة الرضا والتقبل التي عبر عنها الطفل من خلال استجابته للاختبارات الثلاثة مرقمة من (1-99).

وقد رصدت القيم التي كانت الاستجابة لها بنسبة تمثل الحد الأدنى لأفراد العينة، وتتحقق لها الدلالة الإحصائية في مستوى $\alpha \geq 0.05$، وذلك باستخدام الإحصائي ز (z) لدلالة النسبة، ونتيجة لتطبيق هذا الإحصائي تبين أن النسبة 0.08 أو أقل ليس لها دلالة إحصائية بمستوى 0.05 في عينة الدراسة، وقد أشير إلى هذه الفقرات بالإشارة (-) على ملحق القيم رقم (3). وهناك عدد محدود جداً من القيم التي كان تكرارها في قياسين متدنياً جداً (دون مستوى الدلال) (بين 0.09 إلى 0.011) وقد أشير لها بالإشارة (--) واعتبرت مع الفقرات التي تكراراتها غير ذات دلالة واعتبرت هذه القيم بأنها لا تؤلف مكونات أساسية في منظومة القيم عند أفراد العينة.

2- نتائج التحليل العاملي/ مجالات القيم:

وللتحقق من أن هناك مجموعات من القيم المترابطة أو ذات الدلالات المتقاربة، أو ذات معان مترادفة، فقد استخدم أسلوب التحليل العاملي لاستقصاء بنية العوامل التي تفسر الاستجابة للمواقف الاختبارية في القياسين

القبلي والبعدي وفي اختبار المشاهد، وقد لا يكون هناك مبرر كاف لاستخدام التحليل العاملي بسبب صغر العينة ولأنه ليس لها علاقة مباشرة بالفرضيات وإنما علاقة غير مباشرة كون التحليل العاملي يعرف منظومة القيم التي تظهر فيها تأثير المشاهد على فرضيات الدراسة. ويظل التحليل العاملي مؤشراً هاماً باعتبار أن الغرض هو استكشاف الطريقة التي تتشكل فيها القيم إلى مجموعات في هذه العينة على وجه التحديد باعتبار أن كل مجموعة منها تمثل عاملاً أو مجالاً تتجمع فيه القيم المترابطة أو المترادفة في المضمون أو الدلالة. إذن ممكن القول أن هذه المجموعات هي اختزال للتكرار في هذه القيم عن طريق تلخيصها في مجموعات أعطي كل منها تسمية عامة تعبر عن مجال عام يشمل القيم المندرجة تحتها، وهي القيم التي كانت ارتباطاتها بالعامل أكبر ما يمكن. ويوضح الملحق رقم (4) صورة مصغرة للملحق التفصيلي للقيم.

ملحق رقم (4)

نتائج التحليل العاملي لاستجابات العينة الكلية مرتبة في مجالات قيم عامة (عوامل) تنازلياً حسب نسبة التباين التي يفسرها كل عامل في الاختبارات الثلاث

الرقم	القبلي Pre	البعدي Post	المشاهد obs.
1	الانتماء للأسرة والمجتمع	اعتماد الحكمة والعقل	التعاون والمشاركة في إطار المساواة بين الناس
2	المصالح المتبادلة	مخالفة مبررة لمعايير المجتمع	الاعتزاز بالذات والتفوق
3	العدالة	العقاب مقوم للسلوك	احترام التعهد والاتفاق بغض النظر عن أي اعتبار
4	قيم إنسانية غيرية	التضحية لعمل الخير من أجل الآخرين	الإنصاف، ورفض الظلم

الرقم	القبلي Pre	البعدي Post	المشاهد .obs
5	الامتثال لمعايير الأسرة والمجتمع القريب	التصرف الذكي من أجل عمل الخير	التسامح ونبذ العقاب وبخاصة للطفولة
6	معايير دينية	النظام الاجتماعي وقوانينه وأعرافه	احترام ملكية وحقوق الآخرين والمحافظة عليها بغض النظر عن أية اعتبارات
7	القوة والسيطرة	الالتزام بقيم اجتماعية عامة	التعاطف مع الآخرين
8	التحلي بالشجاعة والكرامة والاعتزاز بالنفس	التعاطف مع الآخرين	الاهتمام بالآخرين
9	رفض الظلم	الامتثال للسلطة والقانون الاجتماعي	المحافظة على الذات والحياة الكريمة
10	المحافظة على الذات والناس الأقرب صلة	القوة والسيطرة	السعي للشهرة والمركز
11	اللامبالاة	التفوق والفوز	التعاطف مع الآخرين
12	الاهتمام بالطفولة	إشباع حاجات شخصية	المبدأ الأخلاقي في فعل الخير ولو فيه مخالفة للقانون
13	تقبل الأمور كما هي	قيم اجتماعية إنسانية عامة	أهمية الذات والحفاظ عليها
14	الطاعة للسلطة في إطار المنفعة الشخصية المتوقعة	الخضوع للقوة والسلطة	الامتثال لمعايير جماعية عامة
15	الغيرية	صيانة الذات والتنصل من المسؤولية	الالتزام بقيمة العدالة والإنصاف والصدق
16	الأنانية وحب الذات	المحافظة على الذات وتجنب الأذى	التبادلية في العلاقات الاجتماعية
17	الامتثال للمعايير السائدة	التواضع والالتزام بالمواثيق	الامتثال للأحكام الدينية
18	تبرير المخالفة الأخلاقية	تقوى الله	مخالفة مبررة لقيم سائدة
19	تفضيل القريب على الغريب	تبرير قيمة غير مقبولة	الإنصاف والأمانة

المشاهد .obs	البعدي Post	القبلي Pre	الرقم
الاهتمام بمعايير المجتمع ونظمه	الالتزام بنظام المجتمع	تفضيل الذات على الآخرين	20
عمل الخير مجز	الامتثــال لمعايير المجتمــع الأخلاقية	عدم الإذعان للسلطة والقانون	21
المحافظة على الذات وتجنب الأذى	توخي الحيطة والحذر من الغير	الاهتمام بالذات والبيئة المحيطة	22
تحقيق الذات	تحدي معايير المجتمع	العدالة والحق	23
الإيثار والغيرية	حب المخاطرة والفوز	عدم التسامح/التشدد في التعامل مع الأطفال	24
المسالمة وحماية الذات	مساعدة الآخرين بدون مقابل	عزل الذات عما يحيط بها	25
مرجعية القانون والقيم الاجتماعية السائدة مع التأكيـد علـى الكرامة الذاتية	التملك والاستحواذ	الولاء للمجتمع الأصغر/ الأقرب	26
مرجعية البطولة في المشهد	احترام الذات والاعتزاز بالنفس	الامتثال لمعايير المجتمع	27
التحلي بالحيلة والحنكة	إنكار الذات	مكافأة معنوية	28
	التحفظ والاستقلال الذاتي		29
	تقدير الكفاءة الذاتية		30
	تقدير الإبداع والذكاء		31
	الوصــول للهــدف الشخصي بالتعقل والحنكة		32

وحتى لا يكون حكمنا اجتهادياً من أن هناك مجموعة من القيم متقاربة وبينها نوع من التداخل، فقد تركنا للتجريب أن يثبت أن مجموعات القيم هذه تمثل اتجاهات محددة أو محتوى لقيم متشابهة ومتقاربة، وقد استخدمنا التحليل العاملي السابق الذكر لتلخيص المتغيرات والتي بينها نوع من التداخل، ويظهر هذا التداخل في التجريب على شكل متغيرات مترابطة يعززها التحليل ومجموعة تحت عامل واحد يميزها عن مجموعة أخرى بين متغيراتها نوع من الترابط أو التداخل ومجتمعة تحت عامل آخر وهكذا. ويظهر هذا التأثير للقيم من خلال اختلاف بنية (تشكيلية) العوامل في كل مرحلة من المراحل، فبنية العوامل قبل المشاهدة اختلفت عن بنيتها بعد المشاهدة، وهناك عوامل ظهرت قبل المشاهدة وبعدها، ولكن درجة مساهمتها أو قوتها بمعنى ما تفسره من تباين اختلف أيضاً، وفسر الاختلاف على أساس أن المشاهدة للبرامج التلفزيونية هي التي أدت إلى هذا الاختلاف. ومن ناحية أخرى فإن العوامل هذه في أي مرحلة من المراحل لخصت العدد الكبير من القيم إلى عدد أقل من التجمعات، ويمكن القول أن القيم التي تجمعت تحت أحد العوامل وبحكم هذا التجمع يستخلص أن بينها نوعاً من الترابط أي أنها تنتمي إلى مجال واحد. ومن ناحية أخرى فإن مجموعة القيم التي تؤلف بنية العامل الواحد اختلفت من مرحلة لأخرى ويفسر ـ الاختلاف هذا على أساس أن الأهمية التي أعطيت لقيم معينة في مرحلة من المراحل اختلفت في المرحلة الأخرى، مثلاً قيمة كانت تشكل إحدى مكونات عامل بتشبع كبير في مرحلة، أصبحت في مرحلة أخرى أقل أهمية فقل تشبع العامل بها وقد يحدث العكس في مثال آخر، فقيمة لم تكن لها أهمية وكان تشبعها بالعامل متدنياً في المرحلة الأخرى ظهرت بتشبع أكبر في عامل آخر وهكذا.

من الأمثلة التي كان فيها العامل في موقع متقدم في القياس القبلي وانتقل إلى مواقع متأخرة في اختبار المشاهد والقياس البعدي القيمة (35)

(السرقة غير مقبولة دينياً)، فقد حددت بتشبع بلـغ (0.80) في العامـل رقـم (6) (معـايير دينيـة) وبنسبة تفسر حوالي (3%) من التباين في العامل في الاختبار القبلي، وأصبحت هذه القيمـة مـن محددات العامل رقم (17) (الامتثال للأحكام الدينية) بتشبع بلغ (60%) وبنسبة تباين للعامـل بلغت (2.6%) وكذلك ظهرت هذه القيمة في العامل رقم (19) (تبرير قيم غير مقبولة اجتماعياً) بتشبع سلبي بلغ (0.83) وبنسبة تباين للعامل بلغت (2.4%) في الاختبار البعدي.

وهناك أمثلة أخرى أخذ فيها العامل موقفا معينا في القياس القبلي بدلالة تشبعه في قيمة معينة، وانتقل إلى مواقع أخرى في اختبارات المشاهد والقياس البعدي. وقد يكون العامل متقدماً أو متأخراً عن موقعه في القياس القبلي لكون التشبع بالقيمة السائدة موجبا أو سالباً ومن أمثلة ذلك ما يلي:

القيمة 38 (التحلي بالشجاعة والكرامة والاعتزاز) فقد ساهمت بدرجة تشبع بلغت (0.76) في تحديد العامل رقم 8 (الشعور بالكرامة) وبنسبة تباين للعامل بلغت 2.8 في الاختبـار القبلـي. وأيضاً ساهمت في تحديد العامل رقم 4 (الإنصاف ورفض الظلم) بتشبع بلغ (0.46) وبنسبة تبـاين للعامل 3% في اختبار المشاهد، وساهمت بدرجة تشبع سلبي بلغت (0.82) في تحديـد العامـل رقم 26 (التملك والاستحواذ) وبنسبة تباين للعامل بلغت 2.2% في الاختبار البعدي.

ومن العوامل التي اختلفت في تكوينها في الفقرات أو القيم التي تشبع بها العامل ذكر مثلاً العامل رقم (25) (المسالمة وحماية الذات) فقد ظهر في اختبار المشاهد وتكون مـن القيمـة (34) (المسالمة والاستكانة بسبب الضعف) والقيمة (45) (الإنسـانية وفعـل الخيـر للطفولـة)، ولم يظهر له نظير لا في الاختبار القبلي ولا البعدي، ويبدو أن المشاهد استثارت هذا العامل وأبرزته، ولم يوجد نظير لهذا في الاختبار القبلي أو البعدي (كوزيت في المشاهد).

3- نتائج تحليل استجابات العينة الكلية:

للإجابة عن السؤال الرئيس المطروح في هذه الدراسة والذي يمكن

صياغته على شكل فرضية رئيسة هـي "المشاهد التلفزيونيـة في بـرامج الأطفـال والتـي تحمـل اتجاهات وقيماً اجتماعيـة وأخلاقيـة معينـة تـؤثر في المنظومـة القيميـة الاجتماعيـة والأخلاقيـة للأطفـال مشاهدي هـذه البـرامج "إضافة إلى الأسـئلة المتفرعـة عـن هـذه الفرضية والمقابلـة للفرضيات الفرعية التالية:

1- تأثير المشاهد التلفزيونية إيجابي في نتائج الاختبار البعدي.

2- تأثير المشاهد التلفزيونية سلبي في نتائج الاختبار البعدي.

3- تأثير المشاهد التلفزيونية موقفي وآني وينتهي بانتهاء المشاهد.

4- لا تأثير للمشاهد التلفزيونية على قيم لم تطرح فيها.

5- يختلف تأثير المشاهد حسب متغيرات تناولتها الدراسة وهي: العمـر، مستوى الدخل، مستوى تعليم الأب، مستوى تعليم الأم والفروق بين الجنسين.

ومن أجل التوصل إلى عدد مـن الإجابـات فيمـا يتعلـق بالفرضية الرئيسة والفرضيات الفرعية المنبثقة عنها فقد تم تحليل البيانات التي تجمعت في مراحل إجرائها والتوصل إلى عدد من النتائج الإحصائية الدالـة والتي تقودنـا إلى تفسيرات اجتماعيـة وأخلاقيـة في ضوء نظرية التعلم الاجتماعي لبانـدورا عـن الأثر المتوقـع لهـذه المشاهد علـى المنظومـة القيميـة الاجتماعيـة والأخلاقيـة موضوع الدراسة الحالية. وقد استخرجت التكرارات والتكرارات النسبية في العينة الكلية للأفراد الذين استجابوا للمواقف المتعلقة بالقيم المتضمنة في المشاهد.

ويشير الترتيب التنازلي للقيم حسب تكرارها في استجابات المفحوصين في القيـاس القبلي والقياس البعدي واختبار المشاهد إلى الأثر المتوقع لهـذه المشاهد علـى المنظومـة القيميـة الاجتماعية الأخلاقية عند الأطفال موضوع الدراسـة، ويلاحظ كـذلك اختلاف ترتيب القيم في مراحل القياس الثلاث مما يعكس التغير الذي طرأ على الأهمية النسبية لتأثير المشاهد، وهـذا يقدم

دليلاً على تحقق صحة الفرضية الرئيسة في هذه الدراسة المتعلقة بأثر المشاهد التلفزيونية على المنظومة القيمية للأطفال.

4- نتائج مقارنة الاستجابات في القياس القبلي والقياس البعدي واختبار المشاهد:

وللتحقق من نوع التأثير الناتج عن المشاهد، فقد أجري التحليـل الإحصائي الـذي يمكن بواسطته استقصاء نوع التأثير من حيث كونه إيجابياً أو سلبياً أو غيـر ذلك، وتبـين الجـداول في الصفحات اللاحقة نوع التأثير المتحقق والفقرات (القيم) التي ظهر فيها هذا التأثير في كـل مـن القياسين القبلي والبعدي واختبار المشاهد. ويقودنا هذا التحليل الإحصائي إلى التفسير الاجتماعي الأخلاقي في ضوء نظرية التعلم الاجتماعي لباندورا من أن المشاهد لنموذج متلفز يتكون عنده معتقدات وأفكار اجتماعية أخلاقية ومعلومات عامة تتعلق بالنموذج المشاهد. هذه المعتقدات يمكن أن تكون على درجة من التوافق أو عـدم التوافـق مـع معتقدات سـابقة عند المشـاهد (الطفل) وبما أن النموذج (بطل القصة يكافأ على قيامه بفعل معين) عندئـذ تتعـزز المعتقدات والأفكار المتعلقة بذلك الفعل. ويترجم هذا إلى تأثير إيجابي للمشاهد ورصد القيمـة المتعلقـة بذلك الفعل لتصبح هذه القيمة جزءاً من منظومته الشخصية (الاجتماعية الأخلاقية) أما إذا كان النموذج المشاهد لا يكافأ على الفعل الذي يقوم به أو يعاقب عليه فتتكون لدى المشاهدْ أفكاراً أو معتقدات تنفي القيم المتعلقة بذلك الفعل. وبذلك ينتفي تعزيز تلك القيم ويظهر ذلك على شكل تأثير سـلبي للمشاهد. وفي حـالات لا يكون التغير في المعتقـدات والأفكار الاجتماعيـة والأخلاقية عند الطفل المشاهد بعيد الأثر وبخاصة إذا لم يكن هنـاك تـوافـق بـين الأفكار التـي يفرضها الموقف الجديد والتوجهات القيمية السابقة، عندئذ قد يظهر تأثير المواقف بالقدر الذي تفرضه المشاهد التلفزيونية، ومن هنا نشير إلى هذا النوع من التأثير بأنه تأثير موقفي وآني

وانتفاء الحالات السابقة في المواقف التي طرقت في الاختبار في مثل هذه الحالة تنتفي أية أفكار أو معتقدات اجتماعية وأخلاقية (لدى الطفل المشاهد) ذات الصلة بهذه القيم. ويمكن ملاحظة أن المشاهد التلفزيونية التي لا تتضمن مواقفا أو أفعالا ذات صلة بها، وبذلك لا يظهر تأثير للمشاهد على قيم لم تطرح فيها وتبين القيم اللاحقة والتحليل الإحصائي اللاحق والمفسر تفسيراً اجتماعياً أخلاقياً لها هذه النتائج. وفي هذا إجابة عن الفرضية الرئيسة في الدراسة بأن المشاهد التلفزيونية في برامج الأطفال لها أثر في منظومة القيم الاجتماعية والأخلاقية المتوقعة عند الأطفال مشاهدي هذه البرامج.

القيمة 1 (تقدير التفوق والفوز) : { تكرارها النسبي في القياس القبلي (0.79) وانخفض في اختبار المشاهد إلى (0.45) وفي القياس البعدي إلى (0.47) }.

ظهر تأثير المشاهد سلبياً في الاختبار البعدي، فقد كان تكرار القيمة عالياً في القياس القبلي (0.79)، وبالرغم من أن الاختبار تضمن سؤالاً يبرز هذه القيمة إلا أنها انخفضت في اختبار المشاهد إلى (0.45)، ويمكن أن يعزى هذا الانخفاض إلى ظهور قيم أخرى منافسة من نوع حب التفوق والمساعدة، والمحافظة على الحياة ويبدو أن بروز هذه القيمة المنافسة أدى إلى انخفاض تكرار القيمة (1) في المشاهد عما كانت عليه في الاختبار القبلي مع أنها بقيت ذات وزن وتكرار مرتفع نسبياً وهذا ما يبرر الاستنتاج بأنه كان للمشاهد تأثير سلبي على تكرار هذه القيمة.

القيمة 2 (التضحية بالنفس للوطن) : {تكرارها النسبي في القياس القبلي (0.28) وانخفض بشكل كبير إلى (0.03) في اختبار المشاهد ولكنه ارتفع كثيراً في القياس البعدي إلى (0.58)}.

ظهر تأثير المشاهد إيجابياً في الاختبار البعدي ولم يظهر في اختبار المشاهد، فقد بلغ التكرار النسبي لهذه القيم (0.28) في الاختبار القبلي، وقد تضمنت أسئلة الاختبار مواقف استثارت هذه القيمة بهذه النسبة ولكنها

انخفضت في اختبار المشاهد إلى (0.03) ويبدو أن المشاهد التلفزيونية حثت بشكل ضمني على التضحية بالنفس للوطن، إلا أن اختبار المشاهد لم يبرز مواقف واضحة تستدعي الاستجابة لهذه القيمة وربما كان ذلك لوجود قيم أخرى منافسة كالرغبة في الفوز مثلاً (تكرارها النسبي 0.45). ولكن تكرار هذه القيمة ارتفع بدرجة ملحوظة في الاختبار البعدي وكأن تأثير هذه القيمة الضمني في اختبار المشاهد برز في الاختبار البعدي وأدى إلى رفع تكرارها النسبي إلى (0.58).

القيمة 3 (التسامح مع الغير) : { تكرارها النسبي في القياس القبلي (0.07) وارتفع قليلاً إلى (0.14) في المشاهد، و (0.15) في القياس البعدي}.

ظهر تأثير المشاهد إيجابياً في الاختبار البعدي ولكن بدرجة محدودة جداً، واقتصرت الأسئلة المتضمنة لهذه القيمة في الاختبار القبلي البعدي على سؤال واحد مباشر فقط فظهر التغير الإيجابي المحدود بين (0.07 في القبلي و 0.15 في البعدي). ويبدو أن وجود قيم أخرى منافسة كعدم قبول الظلم مثلا (0.85) قد أثر على وزن هذه القيمة (3) والذي برز بشكل واضح في اختبار المشاهد.

القيمة 4 (السعي للمنفعة): { تكرارها النسبي في القياس القبلي (0.16) وفي المشاهد (0.23) وفي القياسء البعدي (0.09) }.

كان تأثير المشاهد موقفيا ولكن بدرجة محدودة، أبرزت أسئلة الاختبار في القياس البعدي مواقف استثارت هذه القيمة بهذه النسبة. أما في المشاهد فقد ارتبطت هذه القيمة بمواقف معينة تحمل معنى خاصاً مرتبطاً بكل المواقف، ويمكن لقيم أخرى أن تحمل المعنى نفسه أو شيئاً قريباً منه مثل المكافأة المادية والمكافأة المعنوية والرغبة في الفوز.

القيمة 5 (الانتماء الأسري وطاعة الوالدين): { تكرارها النسبي في القياس القبلي (0.28) وفي اختبار المشاهد (0.21) وفي القياس البعدي (0.29) }.

يلاحظ أنه لم تتأثر نتائج الاختبار البعدي بالمشاهد سلباً أو إيجاباً، وعلى ما يبدو فإن الارتباط الأسري وطاعة الوالدين من القيم قوية الجذور، والتي تكاد تكون ثابتة نوعاً ما في مجتمعنا ومن الصعب أن يطرأ عليها تغيير حتى بوجود قيم أخرى منافسة.

القيمة 6 (الإيمان بالمساواة بين الناس) : { تكرارها النسبي في القياس القبلي (0.02) وفي اختبار المشاهد (0.21) وفي القياس البعدي (0.02) }.

كان تأثير المشاهد آنياً وموقفياً، فلم تتضمن أسئلة الاختبار القبلي مواقف تبرز هذه القيمة، ولكنها ارتبطت بمواقف محددة في اختبار المشاهد (كوزيت والعائلة التي تعمل عندها على سبيل المثال) مما أدى إلى ارتفاع تكراراتها في اختبار المشاهد، ولم تبرز هذه المواقف في القياس القبلي والبعدي مما يدل على أن تأثير المشاهد كان آنياً موقفياً ومرتبطاً بوجود المشاهد فقط. ولم يؤثر على نتائج تكرارات القيمة في الاختبار البعدي.

القيمة 7 (اعتماد الأنانية وحب الذات): {تكرارها النسبي في القياس القبلي (0.19) وفي اختبار المشاهد (0.19) وفي القياس البعدي (0.07) }.

ظهر تأثير المشاهد سلبياً في الاختبار البعدي، ويبدو أن المشاهد حملت قيماً منافسة أخرى لهذه القيمة من نوع الرحمة بالآخرين (0.30) والمحافظة على الحياة (0.29) على سبيل المثال، وكأن هذه القيم المنافسة المتضمنة في المشاهد قد أثرت سلباً على نتائج القياس البعدي ولو بدرجة محدودة.

القيمة 8 (الإيثار وتفضيل الآخر على النفس) : { تكرارها النسبي في القياس القبلي (0.07) وفي اختبار المشاهد (0.22) وفي القياس البعدي (0.30) }.

ظهر تأثير المشاهد إيجابياً في الاختبار البعدي، ويبدو أن المشاهد خلقت

مواقف استثارت هذه القيمة بهذه النسبة ويلاحظ أن تأثير المشاهد قد امتد ليؤثر في نتائج الاختبار البعدي تأثيراً إيجابياً وأدى إلى رفع تكرار هذه القيمة في الاختبار البعدي إلى (0.30).

القيمة 9 (الانتماء للمجتمع) : {تكرارها النسبي في القياس القبلي (0.30) وفي اختبار المشاهد (0.04) وفي القياس البعدي (0.17) }.

ظهر تأثير المشاهد سلبياً في الاختبار البعدي، نلاحظ أن التكرار منخفض جداً في اختبار المشاهد (0.04) وانخفض في البعدي بفرق واضح عن القبلي (0.17) ويبدو أن قيماً منافسة كانت الأكثر وضوحاً كالأنانية على سبيل المثال والتي ظهرت بتكرار بلغ (0.19) في اختبار المشاهد.

القيمة 10 (تقدير أهمية المحافظة على الحياة) : {تكرارها النسبي في القياس القبلي (0.14) وفي اختبار المشاهد (0.90) وفي القياس البعدي (0.42) }.

ظهر تأثير المشاهد إيجابياً بشكل واضح في البعدي، ويبدو أن المشاهد تضمنت مواقف (من مثل مساعدة العدو المنافس عند تعرضه للخطر في سباق التزلج) أبرزت هذه القيمة وأدت إلى ارتفاع تكرارها النسبي إلى (0.90) ومن هنا ارتفع التكرار في البعدي بفارق واضح عما هو في الاختبار القبلي.

القيمة 11 (اعتماد الصدق بغض النظر عن النتائج) : {التكرار النسبي في القياس القبلي (0.22) وفي اختبار المشاهد (0.30) وفي القياس البعدي (0.19) }.

تأثير المشاهد كان موقفياً، يلاحظ أن هناك تقارباً كبيراً بين القياسين القبلي والبعدي وأن التكرار النسبي ارتفع في اختبار المشاهد، وعاد إلى مستواه السابق في القياس البعدي، أي أن تأثير المشاهد كان موقفياً آنياً ومرتبطاً بالمشاهد. ولعل وجود قيم أخرى منافسة كالطفولة تسامح ولا تعاقب (0.49) مثلاً كان لها تأثير غير مباشر في عدم استمرار ظهور هذه القيمة في القياس البعدي.

القيمة 12 (تقدير الأمانة) : {التكرار النسبي لهذه القيمة في القياس القبلي (0.33) وفي اختبار المشاهد (0.25) وفي القياس البعدي (0.23) }.

من الملاحظ هنا أن تأثير المشاهد كان سلبياً بعض الشيء، واستمر هذا التأثير السلبي إلى القياس البعدي ولكن الفرق بين القياس القبلي ونتائج اختبار المشاهد والقياس البعدي كان محدوداً جداً ولا يكاد يصل إلى مستوى الدلالة وهذا هو المتوقع خصوصاً في المرحلة العمرية التي يعيشها أطفال العينة والتي يتأثرون فيها بشكل مباشر بمعايير الأسرة والمجتمع التي تؤكد قيمة الأمانة.

القيمة 13 (المحافظة على الأصدقاء وتجنب الأذى) : {التكرار النسبي لهذه القيمة (0.03) في القياس القبلي و (0.24) في اختبار المشاهد و(0.01) في القياس البعدي}.

يلاحظ بوضوح أن تأثير المشاهد كان موقفياً، فقد كان تكرار هذه القيمة متدنياً جداً في القياس القبلي وكأن الأسئلة لم تستثر هذه القيمة بدرجة كافية، ويبدو أن هناك قيمة قريبة ومشابهة كالسلامة وتجنب الأذى (0.43) نافستها وأدت إلى انخفاضها، ولكن هذه القيمة ارتفعت بتكراراتها إلى (0.24) في اختبار المشاهد والتي يبدو أنها حملت مواقف تبرز هذه القيمة، غير أن هذا التأثير كان موقفياً وآنياً مؤقتاً ولم يمتد تأثيره إلى الاختبار البعدي، الذي بقيت نتائجه على ما يبدو بالدرجة نفسها تقريبا (0.01) وكما كانت عليه سابقاً في الاختبار القبلي.

القيمة 14 (تبرير الكذب) : {التكرار النسبي في القياس القبلي (0.19) وفي اختبار المشاهد (0.05) وفي القياس البعدي (0.04) }

من الواضح أن تأثير المشاهد في هذه القيمة كان سلبياً أو أن المواقف في اختبار المشاهد لم تبرز هذه القيمة أو ربما نافستها قيم أخرى كأهمية الحياة والمحافظة عليها على سبيل المثال (0.90) وقد أثرت المشاهد في نتائج الاختبار

البعدي مما أدى إلى انخفاضها عما كانت عليه سابقاً في الاختبار القبلي، فإذا كان الكـذب المـبرر مقبولاً إلى حد ما (0.19) عند فئة صغيرة من الأطفال، فإن انخفاض نسبة التكرار يعنـي أنـه لم يكن مقبولاً في مواقف المشاهد ولا في مواقف القياس البعدي.

القيمة 15 (توخي السلامة وتجنب الأذى والخطر) : {التكرار النسبي لهذه القيمة (0.43) في القيـاس القبلي و (0.70) في اختبار المشاهد، و (0.12) في القياس البعدي}.

من الواضح أن تأثير المشاهد كان موقفياً وآنياً، بالرغم من أن التكرار النسبي كان مرتفعـاً في القياس القبلي لكنه ارتفع بفرق واضح في اختبار المشاهد إذ كانـت هنـاك مواقـف تسـتدعي تجنب الأذى والخطر في المشاهد (كما في أبطال التزلج، ومحاولتهم الابتعاد عن الخطر، وكوزيت ومحاولتها مراعاة العائلة للغرض نفسه) فلما انتفى تأثيرها انخفـض تكرارهـا حتى إلى دون مـا كان عليه في القياس القبلي.

القيمة 16 (التوجه للحكمة وحسن التخلص من المآزق والمواقف المحرجة) : {التكرار النسبي لهـذه القيمة (0.16) في القياس القبلي و (0.19) في اختبار المشاهد و (0.40) في القياس البعدي}.

يتبين هنا كيف ظهر تأثير المشاهد إيجابياً في البعدي ولم يظهر في المشاهد غيـر أن التـأثير الإيجابي للمشاهد كانت نتائجه واضحة في الاختبـار البعـدي إذ سـجلت تكـرارات القيمـة فيـه بمقدار (0.40) ولم يظهر هذا التأثير في اختبار المشاهد نفسه، ويمكن القول هنا أن حب الـتخلص من المآزق والمواقف المحرجة يمثل استراتيجية مفضلة أكثر مما هـي نزعـة قيميـة تميـز الأطفـال الأكثر نضجاً أو تأثراً بالخبرات التي يتعرضون لها بشكل عـام كـما يقـدر أنـه حـدث في مواقـف المشاهد.

القيمة 17 (تقدير المكافأة المادية) : {التكرار النسبي لهذه القيمة (0.34) في القياس القبلي (0.01) في اختبار المشاهد، و (0.27) في القياس البعدي}.

لم يتأثر تكرار هذه القيمة في القياس البعدي بالمشاهد سلباً أو إيجاباً ويعتبر قريباً جداً من التكرار في القياس القبلي، والتفسير المباشر أن المشاهد لم تتضمن مواقف تستثير هذه القيمة، فحافظت على مستواها السابق بدرجة كبيرة.

القيمة 18 (تقدير المكافأة المعنوية) : {التكرار النسبي لهذه القيمة (0.32) في القياس القبلي و (0.02) في اختبار المشاهد و (0.39) في القياس البعدي}.

لم تتأثر نتائج البعدي بالمشاهد سلباً أو إيجاباً، كما يلاحظ التشابه الكبير بين نتائج هذه القيمة ونتائج الفئة السابقة "المكافأة المادية" من حيث تكرارها النسبي في القياسين القبلي والبعدي والذي كان متقارباً جداً، ربما يعود السبب في ذلك إلى أن المشاهد لم تتضمن مواقف تستثير هذه القيمة فقد حافظت على مستواها في القياسين، فالمكافأة سواء كانت مادية أم معنوية تعتبر من المؤثرات الفعالة في السلوك وقد أكدت ذلك مبادىء نظرية معروفة عند ثورندايك في قانون الأثر، وسكنر في مفهوم التعزيز.

القيمة 19 (تقدير التضحية للقريب الحميم) : {التكرار النسبي لهذه القيمة (0.14) في القياس القبلي، و (0.00) في اختبار المشاهد، و (0.41) في القياس البعدي) }.

ظهر التأثير إيجابياً في البعدي ولم يظهر في المشاهد، إذ لم يسجل أي تكرار في اختبار المشاهد الذي لم يحمل مواقف تبرز هذه القيمة بشكل محدد وكأن المشاهد تضمنت تعزيزاً لهذه القيمة لم يبرز في اختبار المشاهد ولكنه برز في الاختبار البعدي بنسبة تكرار تزيد كثيراً عما كانت عليه في القياس القبلي، وليس من السهل تفسير هذه النتيجة، فربما كان ما تضمره "كوزيت" من محبة لوالدتها وما عانته من أجلها سبباً غير مباشر لمثل هذه

النتيجة والتي لم يسأل عنها اختبار المشاهد ولكن الاختبار البعدي كان مباشراً في السؤال عنها.

القيمة 20 (السعي لكسب ود الأصدقاء وطاعة الوالدين) : {التكرار النسبي لهذه القيمة (0.19) في القياس القبلي و (0.00) في المشاهد و (0.23) في القياس البعدي}.

لم تتأثر نتائج الاختبار البعدي سلباً أو إيجاباً بالمشاهد، وكانت هذه القيمة ذات تكرار محدود في الاختبار القبلي، ولكن تكرار هذه القيمة انخفض إلى درجة الصفر في اختبار المشاهد الذي لم يتضمن مواقف تبرز هذه القيمة وبقي مستوى التكرار نفسه تقريباً في الاختبار البعدي، ومن المعروف أن هذه القيمة تمثل ثوابت أساسية في التنشئة الاجتماعية للطفل في المجتمع العربي بشكل عام وفي المجتمع الأردني بشكل خاص، وتترسخ هذه القيمة في التقاليد والعادات التي تصبح جزءاً أساسياً من منظومة القواعد الاجتماعية التي يتعرض لها الأطفال.

القيمة 21 (المحافظة على البيئة والسلامة العامة) : {التكرار النسبي لهذه القيمة (0.22) في القياس القبلي و (0.01) في اختبار المشاهد و (0.35) في القياس البعدي}.

ظهر التأثير إيجابياً في البعدي ولم يظهر في اختبار المشاهد، وكأن المواقف المستثارة في أسئلة الاختبار القبلي - البعدي هي المسؤولة عن تسجيل هذه الدرجة، ولكنها كانت شبه معدومة في اختبار المشاهد الذي لم يحمل مواقف تبرز هذه القيمة، ليس من السهل تفسير هذه النتيجة إلا من خلال التقدير بأن المواقف التي يحاول فيها أبطال المشاهد تجنب الأذى والخطر يعمم إلى تجنب الأخطار البيئية والمحافظة على السلامة العامة، ومن هنا فقد يفسر تأثير المشاهد في إطار عمومية المواقف أكثر مما يفسره إطار موقف خاص على الأقل بالنسبة لقيم من نوع القيمة 19، 20، 21.

القيمة 22 (التوجه نحو اللاأبالية والاستهتار) : {التكرار النسبي لهذه القيمة (0.17) في القياس القبلي و (0.09) في اختبار المشاهد و (0.10) في القياس البعدي}.

تأثير المشاهدات ظهر سلبياً في البعدي، ولكن لا تتحقق للفرق دلالة إحصائية، عدا عن أن التكرارات النسبية كلها تعتبر متدنية والاستنتاج برصد هذه القيمة في القائمة قد لا يكون له ما يبرره كما أن المشاهد لم تتضمن مواقف تمثلت فيها اللاأبالية والاستهتار في أشخاصها.

القيمة 23 (إجازة السرقة المبررة بالحاجة) : {التكرار النسبي لهذه القيمة (0.19) في القياس القبلي و (0.28) في اختبار المشاهد و (0.09) في القياس البعدي}.

يبدو أن تأثير المشاهد كان موقفياً لكن الفرق لا تتحقق له الدلالة فيما يتعلق بالفرق بين التكرار في المشاهد والتكرار في القياس القبلي، لكن الفرق كبير بين تكرار القيمة في اختبار المشاهد وتكرارها في القياس البعدي مما يرجح أن المشاهد فرضت تأثيراً موقفياً خاصاً - مثلاً - سرقة تحت تأثير الجوع.

القيمة 24 (إجازة السرقة المبررة بعدم الكشف): {التكرار النسبي لهذه القيمة (0.06) في القياس القبلي و (00) في اختبار المشاهد و (0.06) في القياس البعدي}.

ليس لمثل هذه التكرارات دلالة إحصائية ولو أن بعض المواقف في المشاهد تضمنتها صراحة، لكن ربما كان التبرير للسرقة على أساس الحاجة أكثر وضوحاً وإقناعاً من تبريرها على أساس عدم الكشف وهذا مجرد تكهّن قد يكون له ما يبرره وبخاصة إذا كانت التكرارات التي تمت ملاحظتها تعتبر صفرية.

القيمة 25 (الرغبة في المساعدة وحب التفوق والفوز معاً) : {تكرارها النسبي (0.29) في القياس القبلي و (0.20) في اختبار المشاهد و (0.22) في القياس البعدي}.

يلاحظ تقارب كبير في جميع نتائج القياس، كما أن الفروق بينها ليست ذات دلالة، لكن مستوى التكرارات (بين 20-29) وإن كان منخفضاً نسبياً لكن له دلالته، وما يميز هذه القيمة (المركبة) اقتران عدة قيم كالمساعدة والتفوق والفوز معاً، ويبدو أن مواقف معينة في الاختبارات أبرزت هذه القيمة، لكن نذكر أن القيم الثلاث المؤلفة منها جاءت مستقلة نوعاً ما في مواقف أخرى.

القيمة 26 (التعاطف مع الأصدقاء ومساعدتهم) : {التكرار النسبي للقيمة (0.14) في القياس القبلي و (0.73) في اختبار المشاهد و (0.09) في القياس البعدي}.

من الواضح أن تأثير المشاهد جاء موقفياً، إذ يمكن أن اختبار المشاهد تضمن مواقف أبرزت هذه القيمة بنسبة تكرار بلغت (0.73) إلا أن هذا التأثير كان آنياً وموقفياً مؤقتاً ومرتبطاً بالمشاهدات وبذلك لم يتعد تأثيره هذا الاختبار ولم يؤثر على نتائج الاختبار البعدي الذي سجل تكرارات منخفضة لهذه القيمة بنسبة (0.09) وهذا قريب نوعاً من نتائج الاختبار القبلي السابقة.

القيمة 27 (حب التملك والاستحواذ) : {التكرار النسبي للقيمة (0.28) في القياس القبلي و (0.02) في اختبار المشاهد و (0.16) في القياس البعدي}.

يلاحظ كيف أن التكرار النسبي انخفض كثيراً في اختبار المشاهد وانخفض بدرجة واضحة في القياس البعدي عما كان عليه في القبلي ومن الواضح هنا أن تأثير المشاهد جاء سلبياً، فالمواقف التي تضمنتها المشاهد لم

تكن تحض على التملك والاستحواذ وإن كانت هذه النزعة تمثل سمة غائبة لدى الأطفال في المرحلة العمرية التي ينتمي إليها أطفال العينة.

القيمة 28 (تقبل الإهانة في سبيل العيش)

{التكرارات النسبية لهذه القيمة (0.0) في القياس القبلي و (0.23) في اختبار المشاهد و (0.01) في القياس البعدي}.

من الواضح أن تأثير المشاهد جاء موقفياً ومؤقتاً، ويبدو أن هذا التأثير كان مرتبطاً بالمشاهد، إذ أنه لم يلعب أي دور في نتائج الاختبار البعدي التي حافظت تقريباً على الدرجة نفسها من الانخفاض التي كانت عليه سابقاً في الاختبار القبلي، وجدير بالذكر أن عناصر الثقافة المحلية ترفض مثل هذه القيمة إلا تحت وطأة الظروف القسرية.

القيمة 29 (الشعور بالمسؤولية تجاه الغير) : {التكرارات النسبية لهذه القيمة (0.18) في القياس القبلي و (0.38) في اختبار المشاهد و (0.36) في القياس البعدي}.

من الواضح أن تأثير المشاهد كان إيجابياً فقد ارتفعت نسبة التكرار في اختبار المشاهد بفرق واضح، ويبدو أن المواقف في اختبار المشاهد أبرزت هذه القيمة بهذا الوضوح، وقد امتد تأثير المشاهد ليؤثر في نتائج الاختبار البعدي إيجابياً، ويرفع تكرار هذه القيمة فيه إلى درجة الضعف تقريباً في تكراراتها عما كانت عليه في الاختبار القبلي.

القيمة 30 (التعاطف مع الحيوان) : {التكرارات النسبية لهذه القيمة (00) في القياس القبلي و (0.53) في اختبار المشاهد و (00) في القياس البعدي}.

يلاحظ هنا أن تأثير المشاهد كان موقفياً وآنياً ومرتبطاً بالمشاهد فقد كانت هذه القيمة معدومة نسبياً في الاختبار القبلي/البعدي، وكأن الأسئلة لم تشر إلى مواقف تم فيها إبراز لهذه القيمة، إذ سجلت تكرارات صفرية (00) و

(00) في الاختبارين القبلي البعدي ولكن هذه القيمة كانت واضحة وظاهرة في اختبار المشاهد إذ سجلت تكرارات بلغت (0.53) فالمواقف المتضمنة في المشاهد أبرزت هذه القيمة بوضوح، ولكن هذا التأثير للمشاهد كان مؤقتاً وموقفياً ومرتبطاً بالمشاهد، إذ أن القيمة في الاختبار البعدي عادت إلى نفس الدرجة الصفرية من التكرارات التي كانت عليها في الاختبار القبلي ويبدو أن الأسئلة في الاختبار البعدي والقبلي لم تحمل مواقف تبرز هذه القيمة.

القيمة 31 (عدم قبول الظلم) : {التكرارات النسبية لهذه القيمة بلغت (0.16) في القياس القبلي و (0.85) في اختبار المشاهد و (0.07) في القياس البعدي}.

وبالرغم من الارتفاع الكبير في التكرار النسبي في اختبار المشاهد إلا أن القياس في البعدي لم يتأثر به ويمكن تفسير ذلك على أساس أن الاختبار القبلي - البعدي لم يتضمن مواقف استثارة لهذه القيمة، بينما كانت هذه المواقف واضحة في اختبار المشاهد، وفي المشاهد ذاتها.

القيمة 32 (الامتناع عما هو مرفوض اجتماعياً) : {التكرار النسبي للقيمة (0.28) في القياس القبلي ، و (0.27) في اختبار المشاهد و (0.33) في القياس البعدي}.

لم تؤثر المشاهد سلباً أو إيجاباً وتقاربت النتائج في المراحل الثلاث، كما هو متوقع باعتبار أن مؤثرات التنشئة الاجتماعية والثقافية التي ينتمي إليها أفراد العينة تؤكد هذه القيمة أي الامتناع عما هو مرفوض اجتماعياً، ولا تتنافى المواقف التي تضمنتها المشاهد مع هذه القيمة.

القيمة 33 (حب المخاطرة) : {التكرار النسبي للقيمة (0.19) في القياس القبلي و (0.19) في اختبار المشاهد و (0.11) في القياس البعدي}.

ظهر تأثير المشاهد سلبياً في البعدي، ولكن الفرق ليس له دلالة إحصائية، علاوة على أن التكرارات التي ظهرت في القياسين القبلي والبعدي

منخفضة نسبياً، ومن المتوقع أن تقترن قيمة حب المخاطرة بقيمة حب التفوق والفوز التي فرضت تكراراً نسبياً بلغ (0.79) في القياس القبلي و (0.45) في اختبار المشاهد و (0.47) في القياس البعدي.

القيمة 34 (السرقة غير مبررة) : {التكرار النسبي للقيمة (0.46) في القياس القبلي و (0.46) في اختبار المشاهد و (0.36) في القياس البعدي}

تأثير المشاهد ظهر سلبياً في البعدي، فقد كانت هذه القيمة ظاهرة نوعاً في الاختبار القبلي، وبقيت هذه القيمة بنفس الدرجة من التكرار في اختبار المشاهد، ويبدو أن المشاهد حملت مواقف أبرزت هذه القيمة بوضوح، وعلى ما يبدو فإن وجود قيم أخرى منافسة في المشاهد من نوع الإنسانية وفعل الخير للطفولة (0.42) على سبيل المثال قد امتد تأثيرها على نتائج الاختبار البعدي، فادت إلى انخفاض هذه القيمة عما كانت عليه سابقاً في الاختبار القبلي.

القيمة 35 (السرقة غير مقبولة دينياً) : {التكرار النسبي للقيمة (0.22) في القياس القبلي و (0.50) في اختبار المشاهد و (0.27) في القياس البعدي}.

من الواضح أن تأثير المشاهد موقفي، وقد تضمنت المشاهد مواقف أبرزت هذه القيمة بشكل ضمني وليس بشكل صريح وواضح، ولكن القيمة ظهرت خلال استجابات أفراد العينة لأسئلة اختبار المشاهد عندما كانوا يفسرون استجاباتهم ومواقفهم على أساس ديني.

القيمة 36 (المسالمة والاستكانة بسبب الضعف) : {التكرارات النسبي للقيمة (0.17) في القياس القبلي و (0.06) في اختبار المشاهد و (0.05) في القياس البعدي}.

ظهر تأثير المشاهد سلبياً في البعدي فقد ظهرت هذه القيمة بتكرار نسبي بلغ (0.17) في القياس القبلي الذي حملت بعض أسئلته مواقف استثارت هذه القيمة بهذه الدرجة غير أن تكرار هذه القيمة انخفض في اختبار المشاهد بشكل واضح (0.06) وربما كان ذلك لوجود قيم أخرى منافسة من نوع عدم

قبـول القسـوة والإذلال (0.63) وتأثرت نتـائج القيـاس البعـدي بنتـائج المشـاهد مـما أدى إلى انخفاضها بتكرار قريب منها (00).

القيمة 37 (التحلـي بالحيلة والحنكة) : {التكـرار النسـبي لهذه القيمـة (0.25) في القيـاس القبلـي و (0.14) في اختبار المشاهد و (0.25) في القياس البعدي}.

كان تأثير المشاهد موقفياً سلبياً، إذ تساوى تكرار هذه القيمة في القياسين القبلي والبعدي (0.25) ولكن التكرار انخفـض في اختبار المشاهد وربما يعزى هذا إلى وجـود قيم أخرى منافسـة مثل الفوز لمن يستحق بمهارته (0.32)، وليس على أساس التحلي بالحيلة والحنكة.

القيمة 38 (التحلي بالشجاعة والكرامة والاعتزاز) : {التكرار النسـبي لهذه القيمـة (0.15) في القيـاس القبلي (0.31) في اختبار المشاهد، و (0.18) في القياس البعدي}.

كان تأثير المشاهد على هذه القيمة موقفياً مؤقتاً، إذ يمكن استرجاع بعض مواقف المشاهد التي كانت تستدعي من أبطالها التحلي بالشجاعة والكرامة والاعتزاز وكان تصرف هؤلاء الأبطال بما يتسق مع هذه القيم، لكن من الواضح أن ارتفاع التكرار النسبي كان متأثراً بالمواقف.

القيمة 39 (المحافظة على الحياة وتجنب الأذى) : {التكرار النسبي للقيمة (0.18) في القياس القبلي و (0.29) في اختبار المشاهد و (0.24) في القياس البعدي}.

كان تكرارها في القياس القبلي متدنياً نسبياً، لأن الاختبار القبلي كما يبدو لم يطرح مواقف تستثير الاستجابة لها، وزخرت المشاهد بمواقف تتطلب المحافظـة عـلى الحيـاة وتجنـب الأذى فارتفع تكرار القيمة واستمر تأثيرها إلى نتائج القياس البعدي.

القيمة 40 (الطاعة والاحترام لصاحب السلطة الكبير) : {التكرار النسبي للقيمة (0.11) في القياس القبلي و (0.26) في اختبار المشاهد و (0.14) في القياس البعدي}.

كان تأثير المشاهد موقفياً وكأن الاختبار القبلي لم يطرح مواقف تستثير الاستجابة لهذه القيمة بدرجة واضحة ولكنها برزت في اختبار المشاهد الذي حمل مواقف أبرزت هذه القيمة، ويبدو أن تأثير المشاهد كان محدوداً ومرتبطاً آنياً ومؤقتاً بالموقف ولم يمتد إلى أبعد من ذلك إذ بقيت تكرارات الاختبار البعدي بمستوى متقارب مع القياس القبلي.

القيمة 41 (الحرص على أخلاقية الفوز) : {التكرار النسبي للقيمة (0.02) في القياس القبلي (0.55) في اختبار المشاهد (0.14) في القياس البعدي}.

ظهر تأثير المشاهد إيجابياً في القياس البعدي، تكاد هذه القيمة تكون معدومة في القياس القبلي إذ إن الأسئلة فيه لم تبرز مواقف تستحث هذه القيمة وتبرزها بوضوح، وارتفع تكرار القيمة إلى درجة ملحوظة في اختبار المشاهد الذي تضمن مواقف أساسية تبرز هذه القيمة وتستحث ظهورها، وامتد أثر المشاهد إلى القياس البعدي ليرتفع فيه تكرار هذه القيمة إلى درجة أعلى مما كانت عليه في القياس القبلي.

القيمة 42 (تقدير القوة والسيطرة) : {التكرارات النسبية للقيمة (0.13) في القياس القبلي و (0.04) في اختبار المشاهد و (0.13) في القياس البعدي}.

لم تتأثر هذه القيمة بالمشاهد سلباً أو إيجاباً كما أن تكراراتها في القياسات الثلاثة متدنية جداً وتقترب من قيم غير ذات دلالة، وربما كانت هناك مواقف تستثير هذه القيمة في المشاهد وبخاصة عندما كان أبطالها يواجهون مواقف تستدعي الاستعانة بالقوة، لكن استجابات الأطفال لأسئلة الاختبارات لم تتضمن بشكل عام ما يعزز هذه القيمة.

القيمة 43 (الاتجاه نحو التواضع والبساطة) : {التكرارات النسبية لهذه القيمة (0.15) في القياس القبلي و (0.01) في اختبار المشاهد و (0.21) في القياس البعدي}

لم تتأثر هذه القيمة بالمشاهد سلباً أو إيجاباً، فقد كانت تكراراتها في الاختبار القبلي متدنية نسبياً وكأن الأسئلة فيه لم تستدع استجابات بهذا القدر المحدود، غير أنها انعدمت كلياً تقريباً في اختبار المشاهد الذي لم تستثر مواقفه هذه القيمة، ربما كان ذلك لوجود قيم أخرى منافسة من نوع الشهرة والنجومية (0.24) غير ان المشاهد هذه لم تؤثر سلباً ولا إيجاباً على نتائج الاختبار البعدي الذي سجلت نتائجه تكرارات تعتبر قريبة من نتائج الاختبار القبلي.

القيمة 44 (عدم قبول القسوة والإذلال والمهانة) : {التكرارات النسبية لهذه القيمة (0.11) في القياس القبلي و (0.63) في اختبار المشاهد و (0.09) في القياس البعدي}.

كان تأثير المشاهد موقفياً ومرتبطاً بالمشاهد، فقد كان تكرار هذه القيمة محدوداً في الاختبار القبلي وكأن الأسئلة لم تستثر هذه القيمة إلا بدرجة محدودة وارتفعت بدرجة واضحة في اختبار المشاهد الذي أبرزت مواقفه هذه القيمة بوضوح ولكن يبدو أن تأثير المشاهد كان موقفياً ومؤقتاً، ولم يمتد هذا التأثير إلى نتائج الاختبار البعدي الذي بقيت القيمة فيه بنفس الوزن الذي كانت عليه سابقاً، وبقي تأثير المشاهد موقفياً مرتبطاً بالمواقف التي أثارتها في اختبار المشاهد فقط.

القيمة 45 (الإنسانية وفعل الخير للطفولة) : {التكرارات النسبية للقيمة (0.10) في القياس القبلي و (0.42) في اختبار المشاهد و (0.15) في القياس البعدي}.

كان تأثير المشاهد موقفياً، فقد كان تكرار هذه القيمة متدنياً في الاختبار القبلي مما يستدل منه أن استجابة المفحوصين لم تكن كافية لتعبر

عن أهميتها، غير أن هذه القيمة ارتفعت إلى درجة واضحة في اختبار المشاهد الذي أبرز مواقف كانت الاستجابة لها واضحة وبفرق كبير عما كانت عليه في القياس القبلي والبعدي والذي كانت نتائجه قريبة إلى درجة كبيرة من درجة الاختبار القبلي، وكأن تأثير المشاهد هنا لم يمتد إلى الاختبار البعدي، وبقي موقفياً ومؤقتاً مرتبطا بالمشاهد.

القيمة 46 (التقدير العالي للعدالة والحق) : {التكرارات النسبية للقيمة (0.07) في القياس القبلي و (0.31) في اختبار المشاهد و (0.25) في القياس البعدي}.

ظهر تأثير المشاهد إيجابياً في البعدي، فقد سجلت هذه القيمة تكرارات متدنية جداً في القياس القبلي الذي لم يتضمن مواقف تستثير الاستجابة لهذه القيمة إلا بهذا القدر، لكنها ارتفعت في اختبار المشاهد فقد تضمنت المشاهد مواقف أبرزت هذه القيمة بشكل واضح، ويبدو أن هذا التأثير للمشاهد امتد إلى نتائج الاختبار البعدي فأدى إلى ارتفاع تكرار هذه القيمة إلى أكثر مما كان عليه تكرارها في القياس القبلي.

القيمة 47 (فعل الخير مقبول ولو فيه مخالفة) : {التكرارات النسبية للقيمة (0.01) في القياس القبلي و (0.22) في اختبار المشاهد و (0.01) في القياس البعدي}

ظهر تأثير المشاهد موقفياً، إذ تكاد تكون هذه القيمة معدومة في القياس القبلي والبعدي، ولكنها ارتفعت إلى درجة ملحوظة في اختبار المشاهد الذي أبرزت مواقفه هذه القيمة بدرجة يستدل منها على تأثير المشاهد غير أن هذا التأثير لم يمتد إلى القياس البعدي، وبقي هذا التأثير آنياً وموقفياً ومؤقتاً مرتبطاً بوجود المشاهد وينتهي بانتهائها، وبقيت نتائج الاختبارين القبلي والبعدي بنفس الدرجة شبه المعدومة.

القيمة 48 (التوجه لإشباع الحاجات الأولية) : {التكرار النسبي لهذه القيمة (0.01) في القياس القبلي و (0.27) في اختبار المشاهد و (0.01) في القياس البعدي}

ظهر تأثير المشاهد موقفياً، إذ لم تتضمن استجابات الأطفال ما يستدل منه على وجود القيمة فقد كان تكرارها في القياسين القبلي والبعدي متدنياً جداً يكاد يكون معدوماً، ولكن تكرارها ارتفع إلى درجة واضحة نوعاً في اختبار المشاهد مما يستدل منه على أن للمشاهد تأثير في تنشيط هذه القيمة التي تدعو إلى إشباع الحاجات الأولية (الجوع مثلاً) غير أن تأثير المشاهد كان موقفياً ومؤقتاً ولم يمتد إلى القياس البعدي.

القيمة 49 (اعتبار الكذب محرم وغير مقبول دينياً) : {التكرار النسبي للقيمة (0.02) في القياس القبلي و (0.26) في اختبار المشاهد، و (0.01) في القياس البعدي}

هنا أيضاً كان تأثير المشاهد موقفياً، فقد كانت هذه القيمة معدومة تقريباً في القياس القبلي وكذلك في القياس البعدي وكأن الأسئلة المتضمنة في الاختبار لم تستثر مواقف تحث الاستجابة لهذه القيمة بدرجة ظاهرة نوعاً أما اختبار المشاهد فقد حمل مواقف استدعت الاستجابة لهذه القيمة بتكرار ملحوظ، غير أن تأثير المشاهد كان موقفياً ومؤقتاً مرتبطاً بوجود المشاهد، ولم يمتد تأثيره إلى القياس البعدي.

القيمة 50 (تقدير الإبداع والابتكار والعقلية النيرة) : {التكرار النسبي لهذه القيمة (0.24) في القياس القبلي و (0.13) في اختبار المشاهد و (0.35) في القياس البعدي}.

ظهر التأثير إيجابياً في البعدي ولم يظهر في المشاهد، ولكن بفروق صغيرة نوعاً ما بينها وبين القياس البعدي ولا تكاد تحقق الحد الأدنى لمستوى الدلالة، غير أن هذه القيمة عادت وارتفعت في الاختبار البعدي

وكأن تأثير المشاهد الذي لم يبرز هذه القيمة في اختبار المشاهد، أبرزها في الاختبار البعدي ليدفعها إلى درجة أوضح مما كانت عليه في القياس القبلي.

القيمة 51 (التوجه نحو الشهرة والنجومية) : {التكرار النسبي لهذه القيمة (0.46) في القياس القبلي و (0.24) في اختيار المشاهد و (0.34) في القياس البعدي}.

هنا ظهر تأثير المشاهد سلبياً في القياس البعدي، وكانت هذه القيمة ظاهرة في الاختبار القبلي بتكرار مرتفع نسبياً فالأسئلة فيه تضمنت سؤالاً واضحاً عن هذه القيمة (من البطل)، غير أن تكراراتها انخفضت في اختبار المشاهد مما يحمل تفسيراً أن قيماً أخرى من نوع التفوق والفوز والمنافسة الشريفة طغت على استجابات الأطفال للأسئلة التي وردت في اختبار المشاهد وأدت إلى انخفاض هذه القيمة، وامتد هذا التأثير إلى القياس البعدي ليخفض أيضاً من بروز هذه القيمة في استجابة الأطفال لها وبروز قيم أخرى مرادفة وقريبة من نوع التفوق والفوز على سبيل المثال.

القيمة 52 (عمل الخير والتضحية من أجل كسب رضا الله فقط) : {التكرار النسبي للقيمة (0.75) في القياس القبلي و (0.35) في اختبار المشاهد و (0.45) في القياس البعدي}.

من الواضح هنا أن تأثير المشاهد كان سلبياً، إذ كان تكرار هذه القيمة مرتفعاً بشكل واضح في القياس القبلي وهذا متوقع باعتبار أن هذه القيمة تعتبر من القيم الأساسية في تراث المجتمع ومعتقداته ويتم تلقينها للأطفال في الأسرة والمدرسة والمجتمع بشكل عام، وإذا انخفض تكرارها في اختبار المشاهد فالسبب الواضح أن المشاهد لم تتضمن مواقف تستثير هذه القيمة، وبالتالي خلت استجابات الأطفال منها. ولذلك لا تنتفي هذه القيمة

بانتفاء المواقف، لكن المتغير في قيمة التكرارات مؤشر واضح على تأثير المشاهد التلفزيونية على منظومة القيم عند الأطفال.

القيمة 53 (التشفي بالمنافس الشرير) : {التكرار النسبي للقيمة (0.02) في القياس القبلي و (0.22) في اختبار المواقف و (00) في القياس البعدي}.

كان تأثير المشاهد موقفياً، لا استجابة لهذه القيمة في القياس القبلي، وارتفع تكرارها بدرجة واضحة نوعاً في اختبار المشاهد الذي أبرز مواقف استثارت هذه القيمة، غير أن هذا التأثير يبدو مؤقتاً ومرتبطاً بالمشاهد، والدليل على هذا أن نتائج هذه القيمة عادت إلى الانخفاض في الاختبار البعدي.

القيمة 54 (الإحساس بمعاناة الآخرين ومشاكلهم).: {التكرار النسبي لهذه القيمة (0.10) في القياس القبلي و (0.08) في اختبار المشاهد و (0.22) في القياس البعدي}.

ظهر التأثير إيجابياً في البعدي ولم يظهر في المشاهد، وسجلت هذه القيمة تكرارات محدودة في الاختبار القبلي ويبدو أن الأسئلة فيه لم تتضمن مواقف تبرز هذه القيمة بوضوح وكذلك سجلت تكرارات هذه القيمة نتائج قريبة في اختبار المشاهد، غير أن ذلك ربما يكون عائداً إلى وجود قيم أخرى قريبة ومشابهة أبرزتها مواقف الاختبار من نوع الشعور بالمسؤولية تجاه الغير على سبيل المثال.

القيمة 55 (رفض المنافسة غير الشريفة) : {التكرار النسبي للقيمة (0.01) في القياس القبلي و (0.02) في اختبار المشاهد و (00) في القياس البعدي}.

لم تظهر هذه القيمة في القبلي ولا في البعدي ولا في المشاهد، لا استجابة لهذه القيمة في القياس القبلي وكأن الأسئلة في هذا الاختبار لم تستثر مواقف تبرز هذه القيمة وتوضحها. ويكاد يكون تكرارها معدوماً في اختبار

المشاهد، ومع أن المواقف استثارت هذه القيمة في المشاهد، إلا أن وجـود قيـم أخـرى مشابهة وقريبة ربما تكون السبب في انخفاض تكراراتها، من نوع الفوز بأخلاقية وشرف على سبيل المثال (0.55) وكذلك كانت تكرارات هذه القيمة شبه معدومة أيضاً في الاختبار البعـدي التي اقتربت نتائجه من نتائج الاختبار القبلي والمشاهد بدرجة كبيرة.

القيمة 56 (الرغبة في إنجاح العمل) : {التكرار النسبي للقيمة (0.03) في القيـاس القبلـي و (0.17) في اختبار المشاهد و (0.05) في القياس البعدي}.

ظهر أثر المشاهد موقفياً ومؤقتاً ولكن بدرجة محدودة إذ سجلت هذه القيمة تكرارات محدودة وشبه معدومة في القياس القبلي وارتفعت قليلاً في اختبار المشاهد، غير أن هـذا التـأثير للمشاهد ومع كونه محدوداً إلا أنه كان موقفياً ومؤقتاً ولم يمتد إلى نتائج الاختبار البعدي.

القيمة 57 (تحميل المسؤولية للأهل ليتصرفوا) : {التكرار النسبي للقيمة (0.36) في القياس القبلي و (0.05) في اختبار المشاهد و (0.30) في القياس البعدي}.

لم تتأثر نتائج البعدي بالمشاهد سلباً أو إيجاباً، هذه القيمة كانت واضحة نوعاً في القياس القبلي، ولكن تكرارها انخفض في اختبار المشاهد إلى درجة تكاد تكون معدومة وربما كان ذلك راجعاً إلى أن اختبار المشاهد لم يتضمن في محتوياته مواقف تبرز هـذه القيمـة بوضوح، ولكن المشاهد لم تؤثر سلباً أو إيجاباً على نتائج الاختبار البعدي.

القيمة 58 (مساعدة الآخرين بغية الحصول على مساعدتهم) : {التكرارات النسبية للقيمة (0.16) في القياس القبلي و (0.06) في اختبار المشاهد و (0.08) في القياس البعدي}.

تأثير المشاهد ظهر سلبياً بدرجة محدودة جداً وغير ذات دلالة، وسـجلت هـذه القيمـة تكرارات محدودة نوعاً، في القياس القبلي الذي استثار هذه

القيمة بدرجة محدودة، ولكنها سجلت درجات منخفضة وتكاد تكون معدومة في اختبار المشاهد، وربما كان ذلك راجعاً إلى وجود قيم أخرى منافسة استثارتها المواقف من نوع العدالة والحق (0.31) والتعاطف والمساعدة مع الأصدقاء (0.73) على سبيل المثال، وهذا التأثير امتد في انخفاضه إلى نتائج الاختبار البعدي الذي وصلت تكرارات القيمة فيه إلى (0.08) مقتربة بذلك كثيراً من نتائج اختبار المشاهد، مع ملاحظة أن هذا التأثير السلبي للمشاهد كان محدوداً جداً.

القيمة 59 (اعتماد السماح وعدم العقاب للطفولة) : {التكرارات النسبية للقيمة (0.12) في القياس القبلي و (0.49) في اختبار المشاهد و (0.18) في القياس البعدي}.

ظهر تأثير المشاهد موقفياً ومؤقتاً، وكانت تكرارات هذه القيمة محدودة في القياس القبلي، لكن هذه القيمة ارتفعت ارتفاعاً ملحوظاً في اختبار المشاهد الذي تضمنت مواقفه إبرازاً ظاهراً لهذه القيمة، لكن هذا التأثير بقي مؤقتاً وموقفياً ومرتبطاً بالمشاهد، ولم يمتد إلى الاختبار البعدي.

القيمة 60 (عدم قبول الكذب) : {التكرارات النسبية للقيمة (0.06) في القياس القبلي و (0.76) في اختبار المشاهد و (0.05) في القياس البعدي}.

كان تأثير المشاهد موقفياً ومؤقتاً، ولكن بدرجة لافتة للانتباه، فهذه القيمة كانت ضعيفة وتكاد تكون معدومة في القياس القبلي والبعدي، أما في اختبار المشاهد فقد ظهرت هذه القيمة بتكرارات مرتفعة، ويبدو أن اختبار المشاهد استثار مواقف واضحة أبرزت هذه القيمة واستحثت الاستجابة لها، ولكن هذا التأثير كان مؤقتاً وموقفياً ومرتبطاً بالمشاهد، ولم يتعدّ بنتائجه المواقف، وبذلك لم يؤثر في نتائج الاختبار البعدي الذي بقي قريباً جداً في نتائجه من الاختبار القبلي.

القيمة 61 (الرغبة في اللهو والاستمتاع) : {التكرارات النسبية للقيمة (0.19) في القياس القبلي، و (0.05) في اختبار المشاهد و (0.05) في القياس البعدي}.

تأثير المشاهد ظهر سلبياً في البعدي ولكن بدرجة محدودة، كان تكرار هذه القيمة محدوداً في القياس القبلي ويبدو أن الأسئلة فيه استثارت هذه القيمة والاستجابة لها بطريقة محدودة نوعا إلا أن اختبار المشاهد لم يبرز مواقف تستثير هذه القيمة بوضوح إذ سجلت تكرارات هذه القيمة فيه درجة شبه معدومة، ويبدو أن اختبار المشاهد أثر على نتائج الاختبار البعدي فانخفض مع التكرار إلى (0.05) مقترباً بذلك من نتائج اختبار المشاهد ومبتعداً عن نتائج الاختبار القبلي.

القيمة 62 (اعتبار العقاب كمقوم وموجه للسلوك) : {التكرار النسبي للقيمة (0.12) في القياس القبلي و (0.31) في اختبار المشاهد و (0.12) في القياس البعدي}.

ظهر تأثير المشاهد موقفياً ومؤقتاً وكانت تكرارات هذه القيمة في القياس القبلي محدودة، غير أن اختبار المشاهد أبرز مواقف حملت استثارة لهذه القيمة فبرزت وظهرت بوضوح غير أن تأثير المشاهد كان موقفياً ومؤقتاً ومرتبطاً بآنية المشاهد وبالتالي لم يتعد تأثيره مدى الاختبار، ولم يؤثر في نتائج الاختبار البعدي الذي بقيت نتائجه مطابقة تماماً لنتائج الاختبار القبلي.

القيمة 63 (احترام ملكية وحقوق الآخرين والمحافظة عليها) : {التكرار النسبي للقيمة (0.015) في القياس القبلي و (0.62) في اختبار المشاهد و (0.36) في القياس البعدي}.

ظهر تأثير المشاهد إيجابياً على البعدي، فقد كانت تكرارات هذه القيمة محدودة في القياس القبلي، ولكنها ارتفعت بدرجة ملحوظة في اختبار المشاهد الذي أبرز مواقف أظهرت هذه القيمة بوضوح ويبدو أن تأثير اختبار

المشاهد كان إيجابياً في تأثيره على نتائج الاختبار البعدي الذي ارتفعت تكرارات هذه القيمة فيه عما كانت عليه.

القيمة 64 (الصبر على تحمل الأذى) : {التكرار النسبي للقيمة (0.02) في القياس القبلي و (0.38) في اختبار المشاهد و (0.01) في القياس البعدي}.

ظهر تأثير المشاهد مؤقتاً وموقفياً، وتكاد تكرارات هذه القيمة أن تكون معدومة في القياسين القبلي والبعدي، وكأن الأسئلة لم تستثر مواقف تبرز هذه القيمة، ولكن اختبارات المشاهد استثارت مواقف أبرزت هذه القيمة بوضوح، ولكن هذا التأثير للمشاهد كان موقفياً ومؤقتاً ومرتبطاً بالمشهد حيث أنه لم يمتد إلى نتائج الاختبار البعدي الذي بقيت تكرارات القيمة فيه كما كانت عليه سابقاً في الاختبار القبلي.

القيمة 65 (احترام التعاهد والاتفاق) : {التكرار النسبي للقيمة (0.06) في القياس القبلي و (0.30) في اختبار المشاهد و (00) في القياس البعدي}.

ظهر تأثير المشاهد موقفياً، وكانت تكرارات هذه القيمة معدومة في القياس القبلي، إلا أنها ارتفعت بدرجة ملحوظة في اختبار المشاهد، ويبدو أن المشاهد تضمنت مواقف أبرزت هذه القيمة بوضوح، إلا أن تأثير المشاهد كان موقفياً ومؤقتاً، إذ أن تأثيراته لم تمتد إلى الاختبار البعدي الذي بقيت فيه تكرارات هذه القيمة معدومة، وبذلك لم تتأثر نتائج الاختبار البعدي بالمشاهد وبقيت في وزنها قريبة جداً في محدودية نتائج الاختبار القبلي السابقة.

القيمة 66 (التحلي بالروح الرياضية) : {التكرار النسبي للقيمة (0.04) في القياس القبلي و (0.16) في اختبار المشاهد و (0.14) في القياس البعدي}.

ظهر تأثير المشاهد إيجابياً على البعدي ولكن بدرجة محدودة جداً، وقد كان تكرارها محدوداً في القياس القبلي، إلا أن هذه القيمة ارتفعت إلى درجة أعلى قليلاً في اختبار المشاهد الذي حمل مواقف أبرزت هذه القيمة وقد

كان لاختبار المشاهد تأثير إيجابي ولكن محدود أيضاً في رفع نتائج القياس البعدي.

القيمة 67 (معاقبة الأشرار لتقويم سلوكهم) : {التكرار النسبي للقيمة (0.02) في القياس القبلي و (0.32) في اختبار المشاهد و (0.02) في القياس البعدي}.

كان تأثير المشاهد موقفياً، وكانت تكرارات هذه القيمة معدومة في القياس القبلي، وارتفعت التكرارات بشكل واضح في اختبار المشاهد يبدو أن اختبار المشاهد استثار مواقف أبرزت هذه القيمة بوضوح لكن على ما يبدو فإن هذا التأثير كان موقفياً ومؤقتاً إذ إن نتائج الاختبار البعدي بقيت على درجة محدودة في إبراز هذه القيمة.

القيمة 68 (الوفاء والإخلاص للصديق) : {التكرار النسبي للقيمة (0.38) في القياس القبلي و (0.30) في اختبار المشاهد و (0.31) في القياس البعدي}.

ظهر تأثير المشاهد سلبياً في القياس البعدي لكن الفرق ليس له دلالة، مما يشير إلى أن هذه القيمة لها أهميتها في المشاهد وخارج المشاهد وخصوصاً في المرحلة العمرية لأطفال العينة التي يكون فيها تأثير الرفاق واضحاً.

القيمة 69 (رد الجميل ومقابلة الحسنة بالحسنة) : {التكرار النسبي للقيمة (0.19) في القياس القبلي و (0.04) في اختبار المشاهد و (0.14) في القياس البعدي}.

لم تتأثر نتائج القياس البعدي بالمشاهد سلباً أو إيجاباً وكانت تكرارات هذه القيمة محدودة في القياس القبلي، غير أنها انخفضت في اختبار المشاهد وربما كان ذلك لوجود قيم أخرى منافسة كمساعدة الأصدقاء على سبيل المثال ولكن يبدو أن المشاهد لم تؤثر في نتائج القياس البعدي لا سلباً ولا إيجاباً.

القيمة 70 (اعتماد الخبرة الحسية / لمحتوى المشاهد) : {التكرار النسبي للقيمة (0.00) في القياس القبلي و (0.30) في اختبار المشاهد و (0.02) في القياس البعدي}.

التأثير موقفي ومؤقت، تكرارات هذه القيمة كانت معدومة في الاختبار القبلي، وذلك لتعارض هذا الاختبار مع أداء هذه القيمة، لعدم وجود المثير الحسي لاستثارة هذه القيمة. غير أنها كانت ملحوظة في اختبار المشاهد الذي استثار بمواقفه هذه القيمة ولكن هذا التأثير كان موقفياً ومؤقتاً نظراً لطبيعة المواقف في اختبار المشاهد والتي تعتمد على المشاهدة وطبيعة الأسئلة في الاختبار القبلي البعدي والتي تعتمد على القراءة والفهم دون المشاهدة الحسية المباشرة.

القيمة 71 (احترام الذات والاعتزاز بالنفس والأنفة) : {التكرار النسبي للقيمة (0.05) في القياس القبلي و (0.14) في اختبار المشاهد و (0.08) في القياس البعدي}.

كان تأثير المشاهد موقفياً، ولكن بفروق محدودة ليست ذات دلالة، وكأن الأسئلة في الاختبار القبلي لم تستثر مواقف تبرز فيها هذه القيمة بشكل واضح وارتفعت التكرارات إلى درجة أعلى في اختبار المشاهد الذي أبرزت هذه القيمة بدرجة محدودة وأعلى قليلاً من الاختبار القبلي ولكن تأثير المشاهد المحدود ظل مؤقتاً وموقفياً ولم يؤثر في نتائج الاختبار البعدي.

القيمة 72 (احترام وتقدير العمل والجهد) : {التكرار النسبي للقيمة (0.22) في القياس القبلي و (0.10) في اختبار المشاهد و (0.19) في القياس البعدي}.

تأثير المشاهد موقفي، كانت تكرارات هذه القيمة محدودة في الاختبار القبلي، ولكنها سجلت نتيجة أضعف ومحدودة أكثر في اختبار المشاهد الذي لم تبرز فيه هذه القيمة بوضوح، وكأن اختبار المشاهد لم يستثر

بمواقفه هذه القيمة إلا بهذه الدرجة المحدودة، بسبب وجود قيم أخرى منافسة من نوع الرغبة في التفوق والفوز.

القيمة 73 (الفوز لمن يستحق بمهارته) : {التكرار النسبي للقيمة (0.05) في القياس القبلي و (0.32) في اختبار المشاهد و (0.14) في القياس البعدي}.

كان تأثير المشاهد إيجابياً إلى حد ما، وقد يعتبر موقفياً فقد كانت تكرارات هذه القيمة محدودة جداً في الاختبار القبلي، ولكن هذه القيمة ارتفعت إلى درجة ملحوظة في اختبار المشاهد، إلا أن المشاهد أثرت في نتائج الاختبار البعدي ولكن بدرجة محدودة نسبياً.

القيمة 74 (احترام الأصول العريقة) : {التكرار النسبي للقيمة (00) في القياس القبلي و (0.10) في اختبار المشاهد و (00) في القياس البعدي}.

كان تأثير المشاهد موقفياً ومؤقتاً ولكن بدرجة محدودة جداً وتكاد تكون غير ذات دلالة ويمكن القول أن هذه القيمة ليست في مستوى النضج العقلي للطفل وليست من الأمور التي يمكن للأطفال أن يعطوها اهتماماً في مرحلة العمر التي ينتمون إليها، إذ تظل انتماءاتهم أكثر صلة بواقعهم الملموس في الأسرة والرفاق.

القيمة 75 (الرعاية مقابل المال) : {التكرار النسبي للقيمة (00) في القياس القبلي و (0.41) في اختبار المشاهد و (00) في القياس البعدي}.

كان تأثير المشاهد موقفياً بشكل واضح، تكرارات هذه القيمة معدومة كلياً في الاختبارين القبلي والبعدي وكأن الأسئلة في الاختبارين لم تتضمن أية مواقف فيها إشارة لهذه القيمة أبدا، ولكنها سجلت درجة مرتفعة من التكرار في اختبار المشاهد الذي أبرز مواقف استثارت هذه القيمة بهذه الدرجة، ولكن يبدو أن هذا التأثير كان موقفياً ومرتبطاً بالمشاهد التي أثارت هذه القيمة، ولم يتعداها إلى الاختبار البعدي.

القيمة 76 (تقبل العمل بالسخرة مقابل الحصول على الغذاء) : {التكرار النسبي للقيمة (00) في القياس القبلي و (0.03) في اختبار المشاهد و (00) في القياس البعدي}.

لم تظهر هذه القيمة لا في القبلي ولا في البعدي ولا في المشاهد، إذ سجلت درجة صفرية من التكرار، وقد يكون السبب في ذلك خلو الأسئلة مـن مواقف تستثير هـذه القيمة، ولكنها سجلت درجة محدودة في اختبار المشاهد الذي ربما يكون قد أبرز موقفاً واحداً يستثير هـذه القيمة بضعف. وأبرز قيماً منافسة كالرحمة بالآخرين ومساعدتهم (0.30) وهـذه القيمـة كأنها استحوذت على المواقف ولم تبرز القيمة المذكورة أعلاه إلا بدرجة ضعيفة.

القيمة 77 (التعاون والمشاركة مع الغير) : {التكرار النسبي للقيمة (0.20) في القياس القبلي و (0.14) في اختبار المشاهد و (0.10) في القياس البعدي}.

تأثير المشاهد ظهر سلبياً في البعدي بدرجة محدودة جداً وغير ذات دلالة، كانت هـذه القيمة منخفضة نوعاً مـا في الاختبار القبلي، وكذلك كانت محدودة نوعاً مـا في اختبار المشاهد الذي لم يتضمن مواقف تبرز هذه القيمة إلا بهذا القدر المحدود، وربمـا كان السبب في ذلك وجود قيم أخرى من نوع الشعور بالمسؤولية تجاه الغير على سبيل المثال، وقد تعدى هذا التأثير للمشاهد اختبار المشاهد ليمتد ويؤثر في نتائج الاختبار البعدي سلباً ويؤدي إلى خفض تكرارات هذه القيمة عليه.

القيمة 78 (اعتبار الحرمان من الأمومة ظلم) : {التكرار النسبي للقيمـة (0.07) في القيـاس القبلي و (0.29) في اختبار المشاهد و (0.02) في القياس البعدي}.

كان تأثير المشاهد مؤقتاً وموقفياً، كانت هذه القيمة محدودة جداً في الاختبار القبلي، إذ لم تبرز الأسئلة مواقف تستحث هذه القيمة، لكن هذه القيمة ارتفعت إلى درجة ملحوظة نوعاً في اختبار المشاهد الذي استثار مواقف تبرز هذه القيمة بهذا الوضوح، غير أن تأثير المشاهد كان آنياً وموقفياً مؤقتاً مرتبطاً بالمشهد، ولم يمتد تأثيره إلى الاختبار البعدي الذي بقيت نتائجه

محدودة جداً وبدرجة قريبة من نتائج الاختبار القبلي.

القيمة 79 (التوجه نحو الرحمة بالآخرين) : {التكرار النسبي للقيمة (0.14) في القياس القبلي و (0.30) في اختبار المشاهد و (0.20) في القياس البعدي}.

تأثير المشاهد إيجابياً على البعدي ولكن بدرجة محدودة، كانت هذه القيمة محدودة نوعاً في الاختبار القبلي، غير أنها كانت واضحة في اختبار المشاهد الذي استثار مواقف أظهرت هذه القيمة وأبرزتها إيجابياً في نتائج الاختبار البعدي.

القيمة 80 (أهمية وجود الثروة والمال) : {التكرار النسبي للقيمة (0.05) في القياس القبلي و (0.03) في اختبار المشاهد و (0.12) في القياس البعدي}.

ظهر تأثير المشاهد في القياس البعدي بدرجة محدودة جداً وغير ذات دلالة فقد كانت تكرارات هذه القيمة ضعيفة وشبه معدومة في الاختبار القبلي وكأن الأسئلة لم تستثر مواقف واستجابات تبرزها، وفي اختبار المشاهد كانت هذه القيمة محدودة جداً ربما لوجود قيم أخرى منافسة كمساعدة الآخرين وإنقاذ حياتهم على سبيل المثال (0.90) ومع أن تأثير المشاهد لم يكن واضحاً في اختبار المشاهد إلا أنه ظهر ولو بدرجة محدودة جداً في الاختبار البعدي فرفع نتائجه إلى الأعلى قليلاً عما كانت عليه في الاختبار القبلي.

القيمة 81 (عدم الثقة بالأشرار) : {التكرار النسبي للقيمة (0.05) في القياس القبلي و (0.09) في اختبار المشاهد و (0.10) في القياس البعدي}.

مجمل هذه التكرارات في القياسات الثلاثة لا دلالة لها، ولعل ظهور التكرارات بهذا المستوى المتدني يشير إلى استجابات نادرة لا تعتبر ذات دلالة.

القيمة 82 (التأكيد على أهمية الكرم والعطاء / الإغداق) : {التكرار النسبي للقيمة (0.04) في القياس القبلي و (0.23) في اختبار المشاهد و (0.10) في القياس البعدي}.

كان تأثير المشاهد إيجابياً في البعدي ولكن بدرجة محدودة جداً فقد كانت تكرارات هذه القيمة متدنية نوعاً في الاختبار القبلي، ولكنها ارتفعت إلى درجة واضحة نوعاً ما في اختبار المشاهد الذي أبرز مواقف استثارت هذه القيمة وقد تعدى تأثير المشاهد إلى الاختبار البعدي فأدى إلى ارتفاع هذه القيمة ارتفاعاً طفيفاً.

القيمة 83 (حق الفقير بشيء مما يملكه الغني) : {التكرار النسبي للقيمة (00) في القياس القبلي و (0.11) في اختبار المشاهد و (0.08) في القياس البعدي}.

مجمل هذه التكرارات في القياسات الثلاثة متدنية ولا دلالة لها، ولعل ظهورها بهذا المستوى المتدني يرجع إلى وجود استجابات نادرة أو أن هناك قيماً أخرى تحمل المعنى نفسه تكرست فيها استجابات العينة.

القيمة 84 (القناعة وعدم الطمع) : {التكرار النسبي للقيمة (0.07) في القياس القبلي و (0.05) في اختبار المشاهد و (0.07) في القياس البعدي}.

أيضاً وكما هو الأمر بالنسبة للقيمة السابقة رقم (83) كان مجمل التكرارات في القياسات الثلاثة تعبر عن استجابات نادرة ولا دلالة لها.

القيمة 85 (المدافعة عن النفس وحقها في الحياة الكريمة) : {التكرار النسبي للقيمة (00) في القياس القبلي و (0.08) في اختبار المشاهد و (0.01) في القياس البعدي}.

أيضاً كانت تكرارات هذه القيمة في القياسات الثلاثة ضعيفة ومتدنية ولا تعبر عن أكثر من مجرد استجابات نادرة لا دلالة لها.

القيمة 86 (التأكيد على حق الطفولة في الحياة الكريمة) : {التكرار النسبي للقيمة (00) في القياس القبلي و (0.13) في اختبار المشاهد و (0.03) في القياس البعدي}.

تأثير المشاهد موقفي بدرجة محدودة جداً، ويكاد لا يتجاوز الحد الأدنى للدلالة وإن مجرد وجود تكرار صفري في القياسين القبلي والبعدي لا ينفي هذه القيمة ولكن أسئلة الاختبار القبلي والبعدي لم تسأل عنها، وربما استثارتها أسئلة المشاهد بهذه الدرجة المحدودة.

القيمة 87 (الإيمان بالقدرية) : {التكرار النسبي للقيمة (0.04) في القياس القبلي و (0.04) في اختبار المشاهد و (0.02) في القياس البعدي}.

لم تظهر هذه القيمة لا في القبلي ولا في المشاهد ولا في البعدي وينطبق عليها التفسير الذي تقدم عن قيم من نوع القيم ذات الأرقام 84، 85 وغيرها وربما اعتمدت على إجابات نادرة جداً من طفلين أو ثلاثة من أطفال العينة ولا تعبر عن التوجه العام في العينة.

القيمة 88 (تقدير أهمية إنقاذ حياة الطفولة بأي ثمن) : {التكرار النسبي للقيمة (0.14) في القياس القبلي و (00) في اختبار المشاهد و (0.31) في القياس البعدي}.

ظهر تأثير المشاهد إيجابياً في البعدي ولم يظهر في اختبار المشاهد فهذه القيمة كانت منخفضة نوعاً في القياس القبلي غير أن تكرارات هذه القيمة كانت معدومة تماماً في اختبار المشاهد، الذي لم تبرز مواقفه ما يحث هذه القيمة على الظهور، وربما كان ذلك لوجود قيم أخرى مشابهة وقريبة من نوع الطفولة تسامح ولا تعاقب (0.49) والإنسانية وفعل الخير للطفولة (0.42)، ولكنها ارتفعت ارتفاعاً ملحوظاً في الاختبار البعدي وكأن المشاهد التي لم تؤثر كثيراً في اختبار المشاهد أثرت في الاختبار البعدي فرفعت النتائج إلى الأعلى مختلفة بذلك عما كانت عليه في الاختبار القبلي.

القيمة 89 (تذوق المواقف الفنية والجمالية) : {التكرار النسبي للقيمة (0.20) في القياس القبلي و (0.05) في اختبار المشاهد و (0.09) في القياس البعدي}.

كان تأثير المشاهد سلبياً في الاختبار البعدي ولكن بدرجة محدودة جداً فقد ظهرت تكرارات هذه القيمة بدرجة محدودة نوعاً في القياس القبلي، غير أن هذه القيمة كانت منخفضة وتكاد تكون معدومة في اختبار المشاهد، ويبدو أن اختبار المشاهد لم يتضمن مواقف تبرز هذه القيمة، وكان تأثير المشاهد قد امتد بدرجة محدودة إلى الاختبار البعدي فتدنى تكرار القيمة عليه قليلاً عما كان عليه في الاختبار القبلي.

القيمة 90 (السعي للتفوق الجسمي والقوة العضلية) : {التكرار النسبي للقيمة (0.54) في القياس القبلي و (0.01) في اختبار المشاهد و (0.39) في القياس البعدي}.

لم تبرز هذه القيمة في اختبار المشاهد، ويبدو أن المشاهد أثرت سلباً على تكرارها في القياس البعدي فقد سجلت تكرارات مرتفعة نسبياً في الاختبار القبلي وكأن الأسئلة فيه ودرجة الاستجابات لها أثارت هذه القيمة بهذه الدرجة، غير أنها سجلت تكرارات شبه معدومة في اختبار المشاهد الذي لم يبرز مواقف تستحث هذه القيمة ربما لوجود قيم أخرى منافسة مثل عدم قبول الظلم (0.85) والعدالة والحق (0.31) على سبيل المثال، ورغم أن المشاهد لم تؤثر كثيراً على هذه القيمة في اختبار المشاهد، إلا أنها أثرت سلباً وبفرق ملحوظ في الاختبار البعدي عما كانت عليه في الاختبار القبلي.

القيمة 91 (الخوف من الله) : {التكرار النسبي للقيمة (0.30) في القياس القبلي و (00) في اختبار المشاهد و (0.22) في القياس البعدي}.

ظهر تأثير المشاهد سلبياً في القياس البعدي بدرجة محدودة جداً ولم يظهر في اختبار المشاهد، كانت تكرارات هذه القيمة ملحوظة في الاختبار

القبلي غير أن نتائج اختبار المشاهد كانت معدومة إذ لم يبرز اختبار المشاهد مواقف تستثير الاستجابة لها ربما لوجود قيم أخرى مشابهة مثل السرقة غير مقبولة دينياً (0.50) وعمل الخير والتضحية من أجل كسب رضا الله فقط (0.35)، ولكن المشاهد هذه أثرت في الاختبار البعدي فأدت إلى انخفاض تكرارات هذه القيمة عليه بدرجة محدودة جداً وغير ذات دلالة.

القيمة 92 (الحرص على مساعدة الفقير) : {التكرار النسبي للقيمة (0.28) في القياس القبلي و (00) في اختبار المشاهد و (0.34) في القياس البعدي}.

لم تؤثر المشاهد في اختبار المشاهد ويمكن القول أنها لم تؤثر سلباً أو إيجاباً في القياس البعدي، إذ أن التغير بين القبلي والبعدي صغير جداً لا يصل إلى مستوى الدلالة، فمثل هذه القيمة تؤلف جزءاً من منظومة القيم / أو الاتجاهات القيمية لدى الطفل في هذا العمر كما يستقيها من أسرته ومن المدرسة، ويبدو أن الاستجابة لها في اختبار المشاهد اتجهت أكثر إلى قيم من نوع الطفولة تسامح ولا تعاقب على سبيل المثال.

القيمة 93 (حب الوطن والدفاع عنه) : {التكرار النسبي للقيمة (0.49) في القياس القبلي و (0.01) في اختبار المشاهد و (0.38) في القياس البعدي}.

أثرت المشاهد سلباً في البعدي ولكن بدرجة محدودة جداً ولم تؤثر في اختبار المشاهد فقد كانت تكرارات هذه القيمة واضحة في الاختبار القبلي، ولكنها كانت شبه معدومة في اختبار المشاهد الذي لم يبرز مواقف لتستثير هذه القيمة، غير أن المشاهد التي لم تؤثر في اختبار المشاهد بوضوح أثرت في نتائج الاختبار البعدي سلبياً وأدت إلى انخفاض القيمة قليلاً في البعدي عما كانت عليه سابقاً في الاختبار القبلي.

القيمة 94 (اعتماد القوة العقلية والذكاء) : {التكرار النسبي للقيمة (0.25) في القياس القبلي و (0.01) في اختبار المشاهد و (0.30) في القياس البعدي}.

لم تؤثر المشاهد سلباً أو إيجاباً على نتائج القياس البعدي فقد كانت هذه القيمة ظاهرة نوعاً في القياس القبلي وكأن الأسئلة المتضمنة استثارت مواقف أبرزتها بهذه الدرجة من الوضوح النسبي، لكنها انخفضت إلى درجة تكاد تكون معدومة في اختبار المشاهد الذي لم يتضمن مواقف تبرز هذه القيمة.

القيمة 95 (الابتعاد عن العنف والقسوة) : {التكرار النسبي للقيمة (0.17) في القياس القبلي و (00) في اختبار المشاهد و (0.15) في القياس البعدي}.

لم تتأثر نتائج البعدي بالمشاهد سلباً أو إيجاباً فقد كانت تكرارات هذه القيمة محدودة في القياس القبلي، غير أنها انخفضت إلى درجة تكاد تكون معدومة في اختبار المشاهد الذي لم تبرز هذه القيمة فيه ربما كان ذلك لوجود قيم أخرى مشابهة وقريبة من نوع عدم قبول الظلم (0.85) والعدالة والحق (0.31) والرحمة بالآخرين (0.30)، وأخذت هذه القيمة الدرجة نفسها من التكرار تقريباً في القياس البعدي غير متأثرة لا سلباً ولا إيجاباً باختبار المشاهد.

القيمة 96 (إسعاد الآخرين) : {التكرار النسبي للقيمة (0.04) في القياس القبلي و (00) في اختبار المشاهد و (0.13) في القياس البعدي}.

سجلت هذه القيمة تكرارات محدودة جداً في الاختبار القبلي وكانت معدومة تماماً في اختبار المشاهد الذي لم يبرز مواقف تستثير هذه القيمة بوضوح، ولكن يبدو أن مواقف المشاهد قد اختزنت ضمنياً هذه القيمة مما أدى إلى ارتفاعها بدرجة بسيطة ومحدودة على نتائج الاختبار البعدي.

القيمة 97 (مساعدة الآخرين) : «التكرار النسبي للقيمة (0.60) في القياس القبلي و (0.02) في اختبار المشاهد و (0.41) في القياس البعدي».

ظهر تأثير المشاهد سلبياً في الاختبار البعدي، فقد سجلت هذه القيمة تكرارات واضحة في الاختبار القبلي، ولكنها انخفضت في اختبار المشاهد الذي لم يبرز مواقف تستثير هذه القيمة ربما لوجود قيم أخرى قريبة ومشابهة من نوع التعاطف والمساعدة مع الأصدقاء (0.73) على سبيل المثال، وقد أثرت نتائج اختبار المشاهد في نتائج الاختبار البعدي فخفضتها بدرجة واضحة عما كانت عليه في الاختبار القبلي.

القيمة 98 (الامتثال للسلطة والقانون الاجتماعي) : «التكرار النسبي للقيمة (0.16) في القياس القبلي و (00) في اختبار المشاهد و (0.26) في القياس البعدي».

كان تأثير المشاهد إيجابياً في البعدي، وإن كان لم يظهر في اختبار المشاهد نفسه فقد كانت تكرارات هذه القيمة واضحة نوعاً في الاختبار القبلي غير أنها كانت معدومة تماماً في اختبار المشاهد، ربما لوجود قيم أخرى قريبة كالرغبة في الفوز الشريف والتقيد بالأنظمة ومع أن هذه المشاهد لم تؤثر في اختبار المشاهد إلا أنها أثرت نوعا ما في الاختبار البعدي ولو بدرجة محدودة جداً عما كانت عليه في الاختبار القبلي.

القيمة 99 (عدم اعتماد القوة الجسدية والعضلية) : «التكرار النسبي للقيمة (0.17) في القياس القبلي و (00) في اختبار المشاهد و (0.18) في القياس البعدي».

لم تتأثر نتائج البعدي بالمشاهد سلباً أو إيجاباً، فقد كانت تكرارات هذه القيمة محدودة نوعاً ما في الاختبار القبلي، ولكنها كانت معدومة تماماً في اختبار المشاهد الذي لم تبرز مواقفه هذه القيمة ربما لوجود قيم أخرى قريبة ومشابهة من نوع الفوز لمن يستحق بمهارته (0.32) والعدالة والحق (0.31) على سبيل المثال، ولكن يبدو أن نتائج الاختبار البعدي لم تتأثر باختبار

المشاهد لا سلباً ولا إيجاباً إذ سجلت القيمة فيه تكرارات قريبة من تكرار القياس القبلي.

ومن أجل الإجابة عن الفرضيات المتفرعة عن الفرضية الرئيسة والمتضمنة تفصيل أكثر عن نوع التأثير للمشاهد التلفزيونية على المعتقدات (الاجتماعية والأخلاقية) والأفكار عند الأطفال موضوع الدراسة، فسنتناول هذا التأثير بشيء من التفصيل والتحديد لمعرفة فيما إذا كان هذا التأثير إيجابياً أم سلبياً أم موقفياً أم غير ذلك وفيما إذا كانت عوامل من نوع العمر، ومستوى الدخل، ومستوى تعليم الأب، ومستوى تعليم الأم والجنس وفيما إذا كانت لهذه المتغيرات التي تناولتها الدراسة أثر في تقبل هذه القيم وتأثر الطفل بها، والصفحات اللاحقة تبين بشيء من التفصيل الإجابة عن هذه الفرضيات الفرعية جميعها.

يمكن تصنيف نتائج مقارنة استجابات العينة الكلية في الاختبارات الثلاثة من حيث نوع التأثير الملاحظ على النحو التالي:

1- تأثير المشاهدات ظهر إيجابياً في الاختبار البعدي

في جميع الفقرات التالية وعددها (14) ارتفع تكرار القيمة في اختبار المشاهد والاختبار البعدي عما هو في القبلي، مما يشير إلى تأثير محتمل إيجابي للمشاهدات أدى إلى رفع التكرار للقيمة، إلا أن الفروق بين تكرار القيمة في اختبار المشاهد والاختبار البعدي وبين تكرارها في القياس القبلي كانت ذات دلالة إحصائية (في مستوى $\alpha \geq 0.05$) في تسع فقرات فقط المميزة بالإشارة ٭ وتجيب هذه النتائج عن التساؤل المطروح في الفرضية الفرعية الأولى من أن تأثير المشاهد ظهر إيجابياً في نتائج الاختبار البعدي والمتضمن ظهور قيم ترجحها مواقف المشاهد وليست في منظومة القيم المعبر عنها في القياس القبلي، لم تبرز أهميتها بتكرار مرتفع في القياس القبلي،

فيرتفع تكرارها بعد المشاهدة في اختبار المشاهد ويرتفع تكرارها في القياس البعـدي. والجـدول التالي يبين تكرارات هذه القيمة كما هو مشار إليه.

عدد القيم	رقم القيمة	نوعها/تسميتها	التكرار النسبي في القياس		
			قبلي	مشاهد	بعدي
1	3	التسامح مع الغير	07	14	15
2	8	الأثرة	07	22	*30
3	10	الحياة والحفاظ عليها هو الأهم	14	90	*42
4	29	الشعور بالمسؤولية تجاه الغير	18	38	*36
5	39	المحافظة على الحياة وتجنب الأذى	18	29	*24
6	41	الفوز بأخلاقية وشرف	02	55	*14
7	46	العدالة والحق	07	31	*25
8	63	احترام ملكية وحقوق الآخرين والمحافظة عليها	15	62	*36
9	66	التحلي بالروح الرياضية	04	16	*14
10	73	الفوز لمن يستحق بمهارة	05	36	*14
11	79	الرحمة بالآخرين	14	30	20
12	81	عدم الثقة بالأشرار	05	09	10
13	82	الكرم والعطاء/الإغداق	04	23	10
14	83	حق الفقير بشيء مما يملكه الغني	-	11	08

في القيم 3، 79، 81، 82، 83 تأثير المشاهد ظهر إيجابياً في نتائج الاختبار البعدي بدرجة محدودة.

2- تأثير المشاهد ظهر سلبياً في نتائج الاختبار البعدي

في جميع الفقرات التالية وعددها (19) فقرة انخفض تكرار القيمة في اختبار المشاهد ثم في الاختبار البعدي عما كان عليه في الاختبار القبلي مما يشير إلى تأثير سلبي للمشاهد. أي تصبح القيمة أقل أهمية في منظومة القيم عند المفحوص لكن التأثير كان ذا دلالة إحصائية (حسب نتائج اختبار ز لدلالة النسبة) في 14 فقرة فقط من بين 19 فقرة والمميزة بالإشارة (*) وتجيب هذه النتائج على الفرضية الفرعية الثانية أن تأثير المشاهد ظهر سلبياً في نتائج الاختبار البعدي تظهر قيم تقلل المشاهد من أهميتها كونها ترجح قيماً أخرى منافسة لها، فينخفض تكرارها في اختبار المشاهد، وتنخفض تكراراتها تبعاً لذلك في القياس البعدي. والجدول التالي يبين تكرارات هذه القيمة كما هو مشار إليه.

التكرار النسبي في القياس			نوعها/تسميتها	رقم القيمة	عدد القيم
بعدي	مشاهد	قبلي			
47*	45	79	التفوق والفوز	1	1
07*	19	19	الأنانية وحب الذات	7	2
17*	04	30	الانتماء للمجتمع	9	3
23*	25	33	الأمانة	12	4
04*	05	19	الكذب المبرر	14	5
10	09	17	اللاإبالية والاستهتار	22	6
22	20	29	المساعدة وحب التفوق والفوز معا	25	7
16*	02	28	حب التملك والاستحواذ	27	8
11	19	19	حب المخاطرة	33	9
36*	46	46	السرقة غير المبررة	34	10
05*	06	17	المسالمة والاستكانة بسبب الضعف	36	11

عدد القيم	رقم القيمة	نوعها/تسميتها	التكرار النسبي في القياس		
			قبلي	مشاهد	بعدي
12	51	الشهرة والنجومية	46	24	*34
13	52	عمل الخير والتضحية من أجل كسب رضا اللـه فقط	75	35	*45
14	58	مساعدة الأخرين بغية الحصول على مساعدتهم	16	06	08
15	61	الرغبة في اللهو والاستمتاع	19	05	*05
16	68	الوفاء والإخلاص للصديق	38	30	31
17	77	التعاون والمشاركة مع الغير	20	14	*10
18	89	أهمية القيمة الفنية والجمالية	20	05	*09
19	97	مساعدة الآخرين وإعطائهم	60	02	*41

في القيم 16، 14، 9، 7، 6 تأثير المشاهد ظهر سلبياً في نتائج الاختبار البعدي بدرجة محدودة جداً.

في جميع الفقرات التالية وعددها (13) انخفض تكرار القيمة في اختبار المشاهد إلى ما يقارب الصفر في بعضها، لكن التكرار في الاختبار البعدي ارتفع في بعض الفقرات وانخفض في فقرات أخرى وكأن تأثير المشاهد كان كامناً / أو ضمنياً، فظهر إيجابياً في بعض الفقرات وسلبياً في فقرات أخرى، إلا أن الفروق بين التكرارين البعدي والقبلي كانت ذات دلالة إحصائية في 11 فقرة فقط مميزة بالإشارة (*). والجدول التالي يبين تكرارات هذه القيمة حسب ما هو مشار إليه.

عدد القيم	رقم القيمة	نوعها/تسميتها	التكرار النسبي في القياس		
			قبلي	مشاهد	بعدي
1	2	التضحية بالنفس للرفاق	28	03	*58
2	16	الحكمة وحسن التخلص من المآزق والمواقف المحرجة	16	19	*40
3	19	التضحية للقريب الحميم	14	-	*41
4	21	المحافظة على البيئة والسلامة العامة	22	01	*35
5	50	الإبداع والابتكار والعقلية النيرة	24	13	*35
6	54	الإحساس بمعاناة الآخرين ومشاكلهم	10	08	*22
7	80	أهمية تواجد الثروة والمال	05	03	12
8	88	إنقاذ حياة الطفولة بأي ثمن	14	-	*31
9	90	التفوق الجسمي والقوة العضلية	54	01	*39
10	91	الخوف من الله	30	-	22
11	96	إسعاد الآخرين	04	-	*13
12	98	الامتثال للسلطة والقانون الاجتماعي	16	-	*26
13	93	حب الوطن والدفاع عنه	49	01	*38

في القيم 10، 7 ظهر التأثير في نتائج الاختبار البعدي ولم يظهر في نتائج اختبار المشاهد.

3- تأثير المشاهد كان موقفياً وآنياً ولم يؤثر على نتائج الاختبار البعدي

تكرار القيمة في القياسين القبلي والبعدي متقارب جداً (في معظمها التكرار متدن، وبعضها مرتفع نسبياً) تكرار المشاهد مرتفع (في معظم الفقرات) عما هو في القياسين القبلي أو البعدي. ولما كان القياس البعدي

قريباً جداً من القبلي، فلا بدو أنه متأثر بالمشاهد، بالرغم من ارتفاع التكرار في اختبار المشاهد، ولذلك اعتبر تأثير المشاهد موقفياً، أي أن رصد قيمة معينة تضمنتها المشاهد اقتصر على الموقف الذي يبرز هذه القيمة. ظهر مثل هذا التأثير الموقفي في جميع الفقرات التالية وعددها (34)، لكن الفروق ذات الدلالة (بين تكرار قياس المشاهد والتكرار القبلي أو البعدي) اقتصر على 30 فقرة مميزة بالإشارة * وتجيب هذه النتائج على الفرضية الفرعية الثالثة من أن تأثير المشاهد موقفي وآني فطبيعة الموقف هنا ترجح قيماً معينة لا تتجاوز الموقف ويرتفع التكرار في اختبار المشاهد، ويكون منخفضاً نسبياً في القياس البعدي. ويبين الجدول التالي تكرارات هذه القيمة حسب ما هو مشار إليه.

عدد القيم	رقم القيمة	نوعها/تسميتها	التكرار النسبي في القياس		
			قبلي	مشاهد	بعدي
1	4	المنفعة المتوقعة	16	23	*09
2	6	المساواة بين الناس	02	21	*02
3	11	الصدق بغض النظر عن النتائج	22	30	19
4	13	المحافظة على الأصدقاء وتجنب الأذى	03	24	*01
5	15	السلامة وتجنب الأذى والخطر	43	70	*12
6	23	سرقة مبررة بالحاجة	19	28	*09
7	26	التعاطف والمساعدة مع الأصدقاء	14	73	*09
8	28	تقبل الإهانة في سبيل العيش	23-	01	*
9	30	التعاطف مع الحيوان	-	53	*-
10	31	عدم قبول الظلم	16	85	*07
11	35	السرقة غير مقبولة دينياً	22	50	*27
12	38	التحلي بالشجاعة والكرامة والاعتزاز	15	31	*18
13	40	الطاعة والاحترام لصاحب السلطة والكبير	11	26	*14

عدد القيم	رقم القيمة	نوعها/تسميتها	التكرار النسبي في القياس		
			قبلي	مشاهد	بعدي
14	44	عدم قبول القسوة والإذلال والمهانة	11	63	*09
15	45	الإنسانية وفعل الخير للطفولة	10	42	*15
16	47	عمل الخير مقبول ولو فيه مخالفة	01	22	*01
17	48	إشباع الحاجات الأولية	01	27	*01
18	49	الكذب محرم وغير مقبول دينيا	02	26	*01
19	53	التشفي بالمنافس الشرير	02	22	*-
20	56	الرغبة في إنجاح العمل	03	17	*05
21	59	الطفولة تسامح ولا تعاقب	12	49	*18
22	60	عدم قبول الكذب	06	76	*05
23	62	العقاب كمقوم وموجه للسلوك	12	31	*12
24	64	الصبر على تحمل الأذى	02	38	*02
25	65	احترام التعاهد والاتفاق	06	30	*-
26	67	معاقبة الأشرار لتقويم سلوكهم	02	32	*02
27	70	الاعتماد على ما تراه الحواس وتشاهده	-	30	*02
28	71	احترام الذات والاعتزاز بالنفس والأنفة	05	14	*08
29	72	احترام وتقدير العمل والجهد	22	10	*19
30	74	احترام الأصول العريقة	-	10	*-
31	75	الرعاية مقابل المال	-	41	*-
32	78	الظلم هو الحرمان من الأمومة	07	29	*02
33	85	الدفاع عن النفس وحقها في الحياة الكريمة	-	08	01
34	86	الطفولة وحقها في الحياة الكريمة	-	13	*03

في الفقرات 33، 28، 6، 3 تأثير المشاهد الموقفي والآني على نتائج اختبار المشاهد كان بدرجة محدودة.

4- لم تتأثر نتائج الاختبار البعدي بالمشاهد سلبا أو إيجابا:

تكرارات القيمة في هذه الفئة في القياسين القبلي والبعدي متقاربة بدرجة كبيرة، لكن تكراراتها في اختبار المشاهد متدنية جداً ويتمثل ذلك في الفقرات المؤشر عليها بالعلامة (*) وعددها (11) فقرة. أو أنها قريبة من تكرار القياس القبلي ولا تتجاوزه وتتمثل هذه في الفقرتين الأولى والخامسة للقيمتين (5) و (32) وتجيب هذه النتائج مع الفرضية الرابعة لا تأثير للمشاهد على قيم لم تطرح فيها، فالمشاهد لم تطرح مواقف تستثير قيماً معينة وردت في القياس القبلي / البعدي فيقترب تكرار هذه القيمة من الصفر في اختبار المشاهد ويكون القياسان القبلي والبعدي متقاربين. وفيما يلي جدول بتكرارات القيم المشار إليها أعلاه.

عدد القيم	رقم القيمة	نوعها/تسميتها	التكرار النسبي في القياس		
1	5	الانتماء الأسري وطاعة الوالدين	28	21	29
2	17	المكافأة المادية	34	01	*27
3	18	المكافأة المعنوية	32	02	*39
4	20	ود الأصدقاء وطاعة الوالدين	19	-	*23
5	32	الامتناع عما هو مرفوض اجتماعيا	28	27	33
6	42	القوة والسيطرة	13	04	*13
7	43	التواضع والبساطة	15	01	*21
8	57	تحميل المسؤولية للأهل ليتصرفوا	36	05	*30
9	69	رد الجميل ومقابلة الحسنة بالحسنة	19	04	*14
10	92	مساعدة الفقير	28	-	*34
11	94	اعتماد القوة العقلية والذكاء	25	01	*30
12	95	الابتعاد عن العنف والقسوة	17	-	*15
13	99	عدم اعتماد القوة الجسدية والعضلية	17	-	*18

وهناك قيم لم تظهر بدلالة إحصائية لا في القبلي ولا في البعدي ولا في المشاهد

تكرار كل من هذه القيم في أي من القياسين القبلي أو البعدي أو اختبار المشاهد لم يكن ذا دلالة بمعنى أن التكرار لا يختلف عن قيمة صفرية بدلالة إحصائية (في مستوى $\propto \geq 0.5$).

وفيما يلي جدولا بتكرارات هذه القيم:

عدد القيم	رقم القيمة	نوعها/تسميتها	التكرار النسبي في القياس		
			قبلي	مشاهد	بعدي
1	24	سرقة مبررة بعدم الكشف	06	-	06
2	55	المنافسة غير الشريفة	01	02	-
3	76	السخرة مقابل الحصول على الغذاء	-	03	-
4	84	القناعة وعدم الطمع	07	05	07
5	87	الإيمان بالقدرية	04	04	04

5- نتائج الفروق في منظومة القيم حسب متغيرات الدراسة:

أما بالنسبة لتأثير المشاهد التلفزيونية في منظومة القيم حسب متغيرات تناولتها الدراسة من نوع العمر والجنس، ومستوى الدخل، ومستوى تعليم الأب، ومستوى تعليم الأم فيتم تناولها بشيء من التفصيل في الصفحات اللاحقة وتجيب هذه النتائج عن الفرضية الفرعية الخامسة والقائلة بأن تأثير المشاهد التلفزيونية على منظومة القيم الاجتماعية والأخلاقية عند الاطفال يختلف حسب متغيرات الدراسة الخمسة التي ذكرناها (العمر، ...)، ونبدأ بالفروق حسب العمر، فقد تضمن تحليل البيانات استخراج التكرارات

النسبية لكل مستوى عمري صنف إليه أفراد العينة، فقد صنف العمر في خطة الدراسة الأصلية إلى مستويات خمسة هي التالية:

الفئة العمرية الأولى	: من سن 8 سنوات إلى 8 سنوات و 11 شهراً
الفئة العمرية الثانية	: من سن 9 سنوات إلى 9 سنوات و 11 شهراً
الفئة العمرية الثالثة	: من سن 10 سنوات إلى 10 سنوات و 11 شهراً
الفئة العمرية الرابعة	: من سن 11 سنة إلى 11 سنة و 11 شهراً
الفئة العمرية الخامسة	: من سن 12 سنة إلى 12 سنة و 11 شهراً

وقد تكونت كل فئة عمرية من 20 طالبا نصفهم من الذكور والنصف الآخر من الإناث، وقد قدر ان تكون هذه الفئات من مستويات الصفوف الثالث حتى السابع، من صفوف مرحلة التعليم الأساسي الممتدة بين الصف الأول والعاشر حسب نظام التعليم السائد في الأردن.

وعند مقارنة تأثير المشاهد بين فئات العمر (الصغرى والكبرى) سواء ظهر التأثير موقفيا (اقتصر ـ على ـ المشاهد) أو إيجابياً (ارتفع في القياس البعدي) أو سلبياً (انخفض في القياس البعدي) فيمكن ملاحظة ما يلي:

- كان هناك عدد كبير من القيم لم يظهر فيها تأثير تفاضلي (يعبر عن فرق) بين فئات العمر المختلفة، وفي بعض الحالات كانت التكرارات متدنية لدرجة اعتبرت غير ذات دلالة (قيمتها النسبية أقل من 0.09 في جميع القياسات) وقد بلغ عدد هذه الفقرات (54) مبينة فيما يلي:

1	القيمة 2	التضحية بالنفس للرفاق
2	القيمة 4	المنفعة المتوقعة
3	القيمة 5	الانتماء الأسري وطاعة الوالدين
4	القيمة 6	المساواة بين الناس جميعا
5	القيمة 9	الانتماء للمجتمع

50	القيمة 91	الخوف من اللـه
51	القيمة 93	حب الوطن والدفاع عنه
52	القيمة 95	الابتعاد عن العنف والقسوة
53	القيمة 96	إسعاد الآخرين
54	القيمة 98	الامتثال للسلطة والقانون الاجتماعي

أما الفقرات التي ظهرت فروق في الاستجابة لها بين الفئات العمرية فهي:

1	القيمة 3	الغيرية / التسامح
2	القيمة 16	الحكمة وحسن التخلص من المآزق والمواقف المحرجة
3	القيمة 25	المساعدة وحب التفوق والفوز معا
4	القيمة 29	الشعور بالمسؤولية تجاه الغير
5	القيمة 39	المحافظة على الحياة وتجنب الأذى
6	القيمة 41	الفوز بأخلاقية وشرف
7	القيمة 50	الإبداع والابتكار والعقلية النيرة
8	القيمة 54	الإحساس بمعاناة الآخرين ومشاكلهم
9	القيمة 56	الرغبة في إنجاح العمل
10	القيمة 71	احترام الذات والاعتزاز بالنفس والأنفة
11	القيمة 73	الفوز لمن يستحق بمهارته

في هذه الفقرات كانت قيم الغيرية وحس العدالة الأكثر تكراراً لدى فئـات العمـر الأكـبر، وكأن هذه الفئات تنطلق من ذاتها نحو أحكام عامة تنطبق على الجميع وأن العقلانية هنا تقود إلى قواعد عامة ودستور عام يحكم الناس جميعهم.

- وكان هناك فقرات ظهر فيها تأثير إيجابي أكثر وضوحا في الفئات الأصغر عمرا وبلغ عددها (4) وهي القيم التالية:

1	القيمة 8	الإيثار وتفضيل الآخر
2	القيمة 32	الامتناع عما هو مرفوض اجتماعيا
3	القيمة 63	احترام ملكية وحقوق الآخرين والمحافظة عليها
4	القيمة 79	الرحمة بالآخرين

وكأن هذه الفقرات أو القيم تمثل جانب تأثير الكبار على الصغار. ومع أنهم ما زالوا تحت تأثير سلطة الكبار إلا أن المشاعر الغيرية بدأت تظهر عندهم بشكل بسيط ومحدود.

- وكان هناك فقرات ظهر فيها تأثير سلبي أكثر وضوحا في الفئات الأكبر عمرا وبلغ عددها (6) وهي الفقرات التالية:

1	القيمة 1	التفوق والفوز
2	القيمة 12	الأمانة
3	القيمة 32	الامتناع عمّا هو مرفوض اجتماعياً
4	القيمة 52	عمل الخير والتضحية من أجل كسب رضا الله
5	القيمة 61	الرغبة في اللهو والاستمتاع
6	القيمة 68	الوفاء والإخلاص للصديق

تغلب على هذه الفقرات قيم الأمانة والتضحية وعمل الخير وتجنب ما هو مرفوض اجتماعياً.

- وكانت هناك فقرات ظهر فيها تأثير سلبي أكثر وضوحا في الفئات الأصغر عمرا وبلغ عددها (5) وهي:

1	القيمة 37	التحلي بالحيلة والحنكة	
2	القيمة 51	الشهرة والنجومية	
3	القيمة 57	تحميل المسؤولية للأهل ليتصرفوا	
4	القيمة 73	الفوز لمن يستحق بمهارته	
5	القيمة 97	مساعدة الآخرين وإعطاؤهم	

تؤكد القيم في هذه الفقرات على ظهور نوع من حس العدالة ولكون التأثير سلبياً فهي تنفي قيم الكفاية الشخصية.

أما القيمة 7 (الأنانية وحب الذات) فقد ظهر فيها تأثير سلبي أكثر وضوحاً في الأعمار الوسطى.

- وكان هناك فقرات ظهر فيها تأثير موقفي أكثر وضوحا في الفئات الأكبر عمرا وبلغ عددها (7) وهي الفقرات التالية:

1	القيمة 13	المحافظة على الأصدقاء وتجنب الأذى	
2	القيمة 35	السرقة غير مقبولة دينيا	
3	القيمة 45	الإنسانية وفعل الخير للطفولة	
4	القيمة 59	الطفولة تسامح ولا تعاقب	
5	القيمة 65	احترام التعاهد والاتفاق	
6	القيمة 75	الرعاية مقابل المال	
7	القيمة 83	حق الفقير بشيء مما يملكه الغني	

وكان تأثير الفقرات (القيم) هنا موقفيا ومقصورا على المشاهد، فالمواقف هنا لا تشكل مواقف عامة، وكأنها تمثل مواقف خاصة لا تعمم.

- وكان هناك فقرات ظهر فيها تأثير موقفي أكثر وضوحا في الفئات الأصغر عمرا وبلغ عددها (11) وهي الفقرات التالية:

1	القيمة 15	السلامة وتجنب الأذى والخطر
2	القيمة 26	التعاطف والمساعدة مع الأصدقاء
3	القيمة 40	الطاعة والاعتبار لصاحب السلطة والكبير
4	القيمة 41	الفوز بأخلاقية وشرف
5	القيمة 56	الرغبة في إنجاح العمل
6	القيمة 60	عدم قبول الكذب
7	القيمة 68	الوفاء والإخلاص للصديق
8	القيمة 70	الاعتماد على ما شوهد في المشاهد (ما تراه الحواس)
9	القيمة 78	الظلم هو الحرمان من وجود الأمومة
10	القيمة 81	عدم الثقة بالأشرار
11	القيمة 82	الكرم والعطاء والطيبة (الإغداق)

القيم هنا أوحت بها المواقف الخاصة في المشاهد، فمستوى التفكير المنطقي عند الطفل غير كاف لاعتبار المشاهد أو المواقف فيها كقواعد أخلاقية عامة، فهذه الفئة العمرية ليس عندها درجة كافية من النضج لأن يصبح الموقف مبدأ عاماً أو قاعدة أخلاقية عامة.

- وهناك فقرات كانت أهميتها (بدلالة تكراراتها في القياسين القبلي والبعدي) أكبر في الأعمار الكبرى وعددها (1) وهي الفقرات التالية:

| 1 | القيمة 94 | اعتماد القوة العقلية والذكاء |

- وهنالك فقرات كانت أهميتها النسبية (بدلالة تكراراتها في القياسين القبلي والبعدي) أكبر في الأعمار الصغرى وعددها (4) وهي الفقرات التالية:

1	القيمة 90	التفوق الجسمي والقوة العضلية
2	القيمة 92	مساعدة الفقير
3	القيمة 97	مساعدة الآخرين وإعطاؤهم
4	القيمة 99	عدم اعتماد القوة الجسدية والعضلية

لعل الفئات الأصغر عمرا هنا أكثر تعاطفا مع الآخرين من الفئات الأكبر عمرا.

وبالنسبة إلى الفروق حسب مستوى الدخل فقد تضمن تحليل البيانات استخراج التكرارات النسبية لكل مستوى دخل صنف إليه أفراد العينة، فقد صنف الدخل في خطة الدراسة الأصلية إلى ثلاثة مستويات:

1- أقل من (300) دينار شهرياً.

2- ما بين (300-600) دينار شهرياً.

3- أكثر من (600) دينار شهرياً.

وقد تبين بعد جمع بيانات عن دخول أسر أفراد العينة أنه لم يكن هناك أي من أفراد العينة يمكن تصنيفهم في المستوى الأول، وبذلك تم الاكتفاء بمستويين الثاني والثالث وقد توصلنا من البيانات المستخلصة لدينا إلى استنتاج عام بأنه ليس هناك فروق واضحة بين الفئتين (3، 2) في المستوى الاقتصادي من حيث مدى تأثر كل منهما بالمشاهد (مع ملاحظة أن الفروق بين تكرارات هاتين الفئتين في مستوى الدخل ليس لها دلالة إحصائية عندما تقل عن 0.09).

وفيما يلي قائمة بأسماء القيم وأرقامها والتي كانت تكراراتها النسبية أكبر بفرق ذي دلالة في الفئة (2) مما هي عليه في الفئة (3) في الاختبار القبلي وعددها (13) قيمة.

1	القيمة 4	المنفعة المتوقعة
2	القيمة 12	الأمانة
3	القيمة 18	المكافأة المعنوية
4	القيمة 36	المسالمة والاستكانة بسبب الضعف
5	القيمة 43	التواضع والبساطة
6	القيمة 52	عمل الخير والتضحية من أجل كسب رضا الله فقط
7	القيمة 54	الإحساس بمعاناة الآخرين ومشاكلهم
8	القيمة 58	المساعدة للآخرين بغية الحصول على مساعدتهم
9	القيمة 77	التعاون والمشاركة مع الغير
10	القيمة 79	الرحمة بالآخرين
11	القيمة 89	أهمية القيمة الفنية والجمالية
12	القيمة 93	حب الوطن والدفاع عنه
13	القيمة 98	الامتثال للسلطة والقانون الاجتماعي

ويلاحظ أن هذه القيم في مجملها تتناول علاقة الفرد بالآخرين، من حيث عمل الخير للآخرين، والتعاون معهم والتضحية من أجلهم.

وفيما يلي قائمة بأسماء القيم وأرقامها والتي كانت تكراراتها النسبية أكبر بفرق ذي دلالة في الفئة (3) مما هي عليه في الفئة (2) في الاختبار القبلي وعددها (10) قيم.

1	القيمة 15	السلامة وتجنب الأذى والخطر

2	القيمة 16	الحكمة وحسن التخلص من المآزق والمواقف المحرجة
3	القيمة 17	المكافأة المادية
4	القيمة 19	التضحية للقريب الحميم
5	القيمة 23	سرقة مبررة بالحاجة
6	القيمة 35	المساعدة وحب التفوق والفوز معا
7	القيمة 68	الوفاء والإخلاص للصديق
8	القيمة 69	رد الجميل ومقابلة الحسنة بالحسنة
9	القيمة 91	الخوف من الله
10	القيمة 96	إسعاد الآخرين

ويلاحظ أن بعض هذه القيم تتناول بعداً شخصياً يتعلق بالسلامة الشخصية والمكافأة المادية، وتحقيق أهداف شخصية وبعضها يتضمن عدداً من القيم المتعلقة بعلاقات حميمة مع الأقارب والأصدقاء.

وبالنسبة إلى الفروق حسب مستوى تعليم الأب في الاستجابة للاختبارات الثلاثة القبلي والبعدي والمشاهد، فقد كان التكرار النسبي متقارباً جداً في الفئات الثلاث في عدد من القيم (23 قيمة)، واختلف التكرار النسبي في عدد من القيم التي كان تأثير المشاهد فيها إيجابياً بشكل واضح ففي الفئة الأولى (المصنفة حسب مستوى التعليم لحملة الثانوية العامة) كانت القيم الأكثر تأثراً بالمشاهد تأثراً إيجابياً (8) قيم وهي:

1	القيمة 7	الأنانية وحب الذات
2	القيمة 11	الصدق بغض النظر عن النتائج
3	القيمة 13	المحافظة على الأصدقاء وتجنب الأذى
4	القيمة 16	الحكمة وحسن التخلص من المآزق والمواقف المحرجة

5	القيمة 51	الشهرة والنجومية
6	القيمة 62	العقاب كمقوم وموجه للسلوك
7	القيمة 79	الرحمة بالآخرين
8	القيمة 83	حق الفقير بشيء مما يملكه الغني

ويلاحظ أن هذه القيم وبشكل عام أكثر ارتباطاً بدوافع تأكيد الـذات (ممثلـة بالقيمـة 7 الأنانية وحب الذات، والقيمة 51 الشهرة والنجومية والقيمة 16 الحكمة وحسـن التخلص مـن المآزق والمواقف المحرجة). وبالعدالة الاجتماعية (ممثلة بالقيمة 11 الصدق بغض النظر عـن النتائج، والقيمة 13 المحافظة على الأصدقاء وتجنب الأذى، والقيمة 62 العقاب كمقوم وموجـه للسلوك، والقيمة 79 الرحمة بالآخرين، والقيمة 83 حق الفقير بشيء مما يملكه الغني).

أما الفئة الثانية (وهي المصنفة في مستوى تعليمها لحملة البكالوريوس) فقد كانت القيم الأكثر تأثرا بالمشاهد تأثرا إيجابياً فيها (14) قيمة وهي:

1	القيمة 6	المساواة بين الناس جميعا
2	القيمة 8	الإيثار وتفضيل الآخر
3	القيمة 23	سرقة مبررة بالحاجة
4	القيمة 28	تقبل الإهانة في سبيل العيش
5	القيمة 39	المحافظة على الحياة وتجنب الأذى
6	القيمة 40	الطاعة والاحترام لصاحب السلطة والكبير
7	القيمة 56	الرغبة في إنجاح العمل
8	القيمة 66	التحلي بالروح الرياضية
9	القيمة 67	معاقبة الأشرار لتقويم سلوكهم

10	القيمة 73	الفوز لمن يستحق بمهارته	
11	القيمة 81	عدم الثقة بالأشرار	
12	القيمة 82	الكرم والعطاء والطيبة (الإغداق)	
13	القيمة 83	حق الفقير بشيء مما يملكه الغني	
14	القيمة 86	حق الطفولة بالحياة الكريمة	

ويلاحظ أن هذه القيم بشكل عام أكثر ارتباطا بدوافع مرتبطة بالمحافظة على الحياة (مثل القيمة 28 تقبل الإهانة في سبيل العيش، والقيمة 39 المحافظة على الحياة وتجنب الأذى، والقيمة 40 الطاعة والاحترام لصاحب السلطة والكبير). والعدالة الاجتماعية (القيمة 6 المساواة بين الناس، القيمة 83 حق الفقير بشيء مما يملكه الغني) وقيم غيرية أخرى (من مثل القيمة 8 الإيثار وتفضيل الآخر، القيمة 66 التحلي بالروح الرياضية). ونلاحظ في هذه الفئة أن العدالة الاجتماعية قوية إلى حد ما هنا، وتبرز فيها القيم المتصلة بهذا المفهوم، وربما كان السبب المبرر لذلك هو الارتقاء في المستوى الثقافي لهذه الفئة عن سابقتها.

أما الفئة الثالثة (وهي المصنفة لحملة الماجستير والدكتوراه والأطباء والمهندسين) فقد كانت القيم الأكثر تأثراً بالمشاهد فيها (13) قيمة وهي:

1	القيمة 4	المنفعة المتوقعة
2	القيمة 6	المساواة بين الناس جميعا
3	القيمة 8	الإيثار وتفضيل الآخر
4	القيمة 13	المحافظة على الأصدقاء وتجنب الأذى
5	القيمة 32	الامتناع عما هو مرفوض اجتماعيا
6	القيمة 39	المحافظة على الحياة وتجنب الأذى

7	القيمة 40	الطاعة والاحترام للكبير ولصاحب السلطة	
8	القيمة 62	العقاب كمقوم وموجه للسلوك	
9	القيمة 67	معاقبة الأشرار لتقويم سلوكهم	
10	القيمة 71	احترام الذات والاعتزاز بالنفس والأنفة	
11	القيمة 73	الفوز لمن يستحق بمهارته	
12	القيمة 79	الرحمة بالآخرين	
13	القيمة 82	الكرم والعطاء والطيبة (الإغداق)	

في مجموعة هذه القيم، تبرز قيم من نوع التمسك بالحقوق الشخصية (مثل القيمة 13، المحافظة على الأصدقاء، والقيمة 39 المحافظة على الحياة وتجنب الأذى). والعدالة الاجتماعية (من مثل القيمة 6 المساواة بين الناس، القيمة 32 الامتناع عما هو مرفوض، والقيمة 62 العقاب كمقوم وموجه للسلوك، والقيمة 67 معاقبة الأشرار لتقويم سلوكهم) والغيرية (من مثل القيمة 8 الإيثار، والقيمة 79 الرحمة بالآخرين، 82 الكرم والعطاء).

ونلاحظ هنا أن الفروق بين هذه القيم متداخلة إلى حد ما، لكن يوجد هناك نوع من التأثير التفاضلي النسبي فالعدالة الاجتماعية موجودة لدى هذه الفئة لكن يوجد إلى جانبها أيضاً القيم التي لها متطلبات شخصية.

أما القيم التي كان التكرار النسبي فيها متقارباً جداً في الفئات الثلاث، (حملة الثانوية العامة والبكالوريوس والماجستير والدكتوراه) فبلغ عددها (23) قيمة وهي:

1	القيمة 10	الحياة والمحافظة عليها هي الأهم	
2	القيمة 15	السلامة وتجنب الأذى والخطر	
3	القيمة 26	التعاطف والمساعدة مع الأصدقاء	

بملاحظة هذه القيم التي كان التكرار النسبي فيها متقارباً جداً بين الفئات الثلاث، تبرز هنا مفاهيم عامة تتفق عليها هذه الفئات، وهنا يبرز تأثير العرف والقيم الممتدة في التقاليد والمتفق عليها أو المتعارف عليها ومنها احترام التعاهد والاتفاق (من مثل القيمة 31 عدم قبول الظلم، 35 السرقة غير مقبولة دينياً، القيمة 49 الكذب محرم دينيا، والقيمة 63 احترام حقوق الآخرين) وكأن هذه القيم تعبر عن معايير المجتمع السائدة في الأعراف والتقاليد وكأنها تشير في مجموعها أيضاً إلى احترام التعاهد والاتفاق.

أما بالنسبة إلى الفروق حسب مستوى تعليم الأم. في الاستجابة للاختبارات الثلاثة القبلي والبعدي والمشاهد، فقد حذفت نتائج الفئة الثالثة (المصنفة بأكثر من بكالوريوس) لأنها اقتصرت على 3 حالات فقط وتبقى المقارنة بين الفئتين 2، 1 حيث نلاحظ فروق في تأثير المشاهد في عدد قليل من الفقرات، يتراوح بين (10-13) وهي فروق ليست بارزة تماماً والأمثلة عليها: فقرات ظهر فيها تأثير المشاهد أكثر إيجابية في الفئة 2 (المصنفة لحملة البكالوريوس) ويبلغ عددها (5) قيم وهي:

1	القيمة 11	الصدق بغض النظر عن النتائج
2	القيمة 16	الحكمة وحسن التخلص من المآزق والمواقف المحرجة
3	القيمة 18	المكافأة المعنوية
4	القيمة 21	المحافظة على البيئة والسلامة العامة
5	القيمة 82	الكرم والعطاء والطيبة (الإغداق)

وفقرات أكثر إيجابية في الفئة 1 (المصنفة لحملة الثانوية العامة) ويبلغ عددها (5) قيم وهي:

1	القيمة 32	الامتناع عما هو مرفوض اجتماعياً
2	القيمة 34	السرقة غير المبررة

3	القيمة 40	الطاعة والاعتبار لصاحب السلطة والكبير
4	القيمة 51	الشهرة والنجومية
5	القيمة 79	الرحمة بالآخرين

وبذلك نرى أنه لم يظهر تأثير له دلالة لمستوى تعليم الأم في إجابات أفراد العينة.

أما بالنسبة إلى الفروق بين الجنسين في الاختبار القبلي، والبعدي والمشاهد فإن الفرق 0.09 أو أقل ليس له دلالة إحصائية في مستوى $\propto \leq 0.05$ (ملاحظة: 0.09 منسوبة إلى جميع أفراد العينة ذكوراً وإناثاً ومجموعهم 100 لكن عند النسبة إلى عدد الذكور 50 والإناث 50 تصبح النسبة أي الفرق بين الفئتين (0.18) حتى يعتبر الفرق له دلالة إحصائية).

وبملاحظة الفروق في نسب الاستجابة بين الذكور والإناث، نجد أن هذه الفروق صغيرة في معظم الفقرات ولا تصل إلى مستوى الدلالة الإحصائية (الفرق أكثر من 0.018) ولوحظت بعض الفروق ذات الدلالة بين الجنسين لصالح الذكور أي بتأثير إيجابي أو إيجابي موقفي للمشاهد في الفقرات التالية والبالغ عددها (2) قيمة وهي:

| 1 | القيمة 39 | المحافظة على الحياة وتجنب الأذى |
| 2 | القيمة 44 | عدم قبول القسوة والإذلال والمهانة |

وتأثير سلبي للمشاهد لنفس العينة (الذكور) في الفقرات التالية والبالغ عددها (3) فقرات أو قيم وهي:

1	القيمة 1	التفوق والفوز
2	القيمة 12	الأمانة
3	القيمة 52	عمل الخير والتضحية من أجل كسب رضا الله فقط

ولوحظ تأثير إيجابي أو إيجابي موقفي للمشاهد عند الإناث في الفقرات التالية والبالغ عددها (2) قيمتان وهي:

1	القيمة 10	الحياة والمحافظة عليها هي الأهم
2	القيمة 15	السلامة وتجنب الأذى والخطر

وعليه يمكن القول بأن الفروق بين الجنسين في غالبية الفقرات ليست ذات دلالة.

الفصل الثالث

مناقشة النتائج وقياس دلالاتها الاجتماعية والأخلاقية
حسب فرضيات الدراسة

مقدمة:

في هذا الفصل ستتم مناقشة النتائج التي تم التوصل إليها، وبمعنى آخر ستكون هناك محاولة للربط بين نتائج الاستقصاء التنفيذي الميداني بالأسئلة والفرضيات التي طرحت في هذه الدراسة والمستخلصة من الإطار النظري العام الذي يفترض أن هناك تأثيراً لما يشاهده الأطفال في التلفزيون على سلوكهم، وإذا كانت المشاهدة تنطوي على اتجاهات قيمية فمن المتوقع أن يظهر هذا التأثير (للمشاهدة التلفزيونية) على منظومة القيم عند الأطفال وهو ما تعبر عنه النتائج التي تم التوصل إليها، ومن أجل تحقيق هذا الهدف حاولت هذه الدراسة استقصاء ما إذا كان لمشاهد تلفزيونية مختارة تتمثل في سلوك شخوصها الروائية قيم واتجاهات معينة، أثر مباشر أو غير مباشر في منظومة القيم الأخلاقية عند مجموعة من الأطفال تعرضوا لهذه البرامج، والتعرف إلى مدى تأثر هؤلاء الأطفال بما يشاهدون معبرا عنه بدرجة تقبلهم أو موافقتهم أو تحبيذهم لأي سلوك أو أي شخص يقوم بالسلوك تتمثل فيه قيم أو اتجاهات يمكن تصنيفها في المجال الأخلاقي، وإلى أية درجة أو مدى يمتد إليه هذا التأثر ما بعد وقوع المشاهدة بفترة، يقدر فيها أن العوامل الذاتية أو الشخصية لم تكن فاعلة بالدرجة التي يمكن أن تمحو كليا الأثر المحتمل للمشاهدة. وقد طرحت أسئلة عدة للإجابة عن ذلك. ففيما يتعلق بالإجابة عن السؤال الرئيس المطروح والمتعلق بالفرضية الرئيسة والفرضيات الفرعية المنبثقة عنها

بأثر مشاهدة البرامج التلفزيونية على منظومة القيم عند الأطفال سواء أكان هذا الأثـر إيجابيـاً أو سلبياً، دائماً نسبياً أو موقفياً، أو لم يكن لهذه المشاهد أثر على قـيم لم تطـرح فيهـا، وفـيما إذا كان لعوامل متغيرة من نوع العمر، ومستوى الدخل، مستوى تعليم الأب، ومسـتوى تعلـيم الأم والجنس، وهي المتغيرات التي طرحتها هذه الدراسة، علاقة بهـذا الأثـر عـلى المنظومـة القيميـة للأطفال، وأمكن باستخدام التحليل العاملي تلخيص مجموعة القيم التي تم حصرها في المواقـف الاختبارية أو مواقف المشاهد في عدد قليل من التجمعات أو المجالات التي يمكن أن تترابط مع بعضها بعضا في اتجاهات قيمية عامة في العينـة الكليـة المؤلفـة مـن جميـع الأطفـال في جميـع الأعمار. وقد لوحظ تشابه كبير بين هذه التجمعات في مراحل القياس الثلاثة (القـبلي والمشـاهد والبعدي) ولكنها اختلفت في الترتيب إذ أن نتائج التحليـل العـاملي رتبـت العوامـل المستخلصـة ترتيبا تنازلياً حسب نسبة التباين التي يفسرها كل عامل، وبالتالي فإن العامل الذي يأخذ المرتبـة الأولى يفسر النسبة الكبرى من التباين وبذلك يأخـذ الأهميـة الكـبرى مـن العوامـل التـي تليـه، وبعبارة أخرى يمكن القول أن تـأثير المشـاهد أحـدث تغيـيراً في ترتيـب الأهميـة النسـبية لهـذه العوامل الممثلة لمجالات قيم عامة.

فبعض هذه العوامل أخذ موقعاً متقدماً في القياس القـبلي وانتقـل إلى مواقـع متـأخرة في اختبار المشاهد والقياس البعدي وحدث العكس في عوامـل أخـرى كانـت في مواقـع متـأخرة في القياس القبلي وانتقلت إلى مواقع متقدمة في اختبار المشـاهد. وللتمثيـل عـلى التغـير في ترتيـب العوامل استشهد بالفقرات الأكثر تشبعا في كل عامل*، والتي كان لها أثر كبير في تحديد طبيعة

* عندما يشار إلى العوامل التي اختلف ترتيبها في القياسات الثلاث لابد مـن ملاحظـة أن مكوناتهـا مـن القـيم اختلفت أيضاً اختلافاً جزئياً، ويظل من الممكن الاستدلال على كل منها بالقيم الأكثر تشبعا والتي كان لهـا أكبر الأثر في تحديد طبيعة العامل.

العامل من حيث ترتيب العامل ونسبة ما يفسره من التباين في مراحل القياس الثلاثة القبلي والمشاهد والبعدي.

ومن الأمثلة التي كان فيها العامل في موقع متقدم في القياس القبلي وانتقل إلى مواقع متأخرة في اختبار المشاهد والقياس البعدي ما يلي:

- القيمة 73 (الفوز لمن يستحق) فقد ساهمت في تحديد العامل رقم 3 (العدالة) بتشبع بلغ (0.78) وبنسبة تباين للعامل بلغت (3.1%) في الاختبار القبلي. وساهمت أيضًا في تحديد العامل رقم 19 (الإنصاف والأمانة) بتشبع بلغ (0.88) وبنسبة تباين للعامل بلغت (2.6%) في اختبار المشاهد وتراجعت في الاختبار البعدي إلى العامل رقم 6 (الامتثال للقوانين والنظام الاجتماعي) وبتشبع بلغ (0.39) بنسبة تباين للعامل بلغت (2.7%) فالعدالة قيمة عامة يفرضها المجتمع والتنشئة الأسرية ومن هنا أتى موقعها المتقدم في الاختبار القبلي. أما في المشاهد فلم تبرز هذه القيمة بوضوح ومن هنا تأخر ترتيبها إلى العامل 19، وربما كان ذلك بسبب بروز قيم أخرى في المشاهد من نوع السرقة المبررة التي قام بها الطفل الجائع بيللي. فالأطفال هنا كأنهم غير محاسبين بسبب الجوع الذي برر السرقة. وأيضاً تأخرت هذه القيمة في الاختبار البعدي بسبب تأثير المشاهد فاحتلت بذلك ترتيبا متأخراً في العامل (6).

- وكذلك القيمة رقم 35 (السرقة غير مقبولة دينيا) فقد حددت بتشبع بلغ (0.80) في العامل رقم 6 (معايير دينية) وبنسبة تفسر حوالي (3%) من التباين للعامل في الاختبار القبلي. وأصبحت من محددات العامل رقم 17 (الامتثال للأحكام الدينية) بتشبع بلغ (0.60) وبنسبة تباين للعامل بلغت حوالي (2.6%) في اختبار المشاهد. وأيضاً ظهرت هذه القيمة في العامل رقم 19 (تبرير قيمة غير مقبولة اجتماعيا) بتشبع سلبي بلغ (0.83) وبنسبة تباين للعامل بلغت (2.4%) في الاختبار البعدي. فالمعايير الدينية كانت في

موقع متقدم في الاختبار القبلي ربما كان ذلك لأنها موجودة في النظام الاجتماعي والأسري بشكل عام وهذا يفترض أن السرقة غير مقبولة دينيا وتتفق هذه النتائج مع ما أكد عليه بلاكهام (Blackham 1983) من أن المعتقدات الدينية تؤثر في الأحكام الأخلاقية لدى الأفراد. أما المشاهدات فقد تضمنت قيمة السرقة المبررة بسبب الجوع. مما أدى إلى تأخر ترتيب هذه القيمة إذ تأخر ترتيبها إلى العامل 17 في اختبار المشاهد، وكذلك امتد تأثير المشاهد إلى الاختبار البعدي، مما أدى إلى تأخر ترتيب هذه القيمة في الاختبار البعدي.

- والقيمة رقم 26 (التعاطف والمساعدة للأصدقاء) فقد كانت من المحددات المساهمة بتشبع بلغ (0.81) في تحديد العامل رقم 4 (قيم إنسانية غيرية) وبنسبة تباين مفسرة (3%) من التباين في الاختبار القبلي. وقد ساهمت هذه القيمة أيضاً في تحديد العامل رقم 24 (إيثار الآخرين والغيرية) بتشبع بلغ (0.32) وبنسبة تباين للعامل بلغ مقدارها (2.4%) في اختبار المشاهد. وأيضاً حددت العامل رقم 8 (التعاطف مع الآخرين) بتشبع بلغ (0.77) وبنسبة تباين للعامل مقدارها (2.6%) في الاختبار البعدي.

وكأن هذه القيمة احتلت موقعا متقدما في الاختبار القبلي لأن المجتمع والتنشئة الأسرية تفرض وجود هذه القيمة. غير أن المشاهد تبرز هذه القيمة بدرجة ضعيفة فهي لا تلغي وجودها، ولكنها تبرز عليها قيما أخرى بدرجة قوية كإبراز قيمة التفوق والفوز عند بيير وصديقته على سبيل المثال مما يؤدي إلى تراجع ترتيب هذه القيمة في المشاهد إلى العامل رقم 24 وأثرت المشاهد أيضاً على الاختبار البعدي وجعلت هذه القيمة تتأخر في ترتيبها عليه أيضاً.

ومن الأمثلة التي كان فيها العامل في موقع متأخر في القياس القبلي وانتقل إلى مواقع متقدمة نسبياً في اختبار المشاهد والاختبار البعدي ما يلي:

- القيمة 44 (عدم قبول القسوة والإذلال والمهانة) فقد كانت محددة للعامل رقم 9 (رفض الظلم) من حيث الترتيب وبتشبع بلغ (0.82) وفي موقع متأخر نسبياً وبنسبة تباين للعامل بلغت (2.8%) في الاختبار القبلي. ومن محددات العامل رقم 4 (الإنصاف ورفع الظلم) وبتشبع بلغ (0.55) وفي موقع متقدم وبنسبة تباين بلغت (3%) للعامل في اختبار المشاهد وكذلك ساهمت هذه القيمة في تحديد العامل رقم 3 (العقاب مقوم للسلوك) وبتشبع بلغ (0.55) وفي موقع متقدم أيضاً وبنسبة تباين للعامل بلغت (3%) في الاختبار البعدي.

وقد احتل رفض الظلم موقعاً متأخراً نوعاً في الاختبار القبلي في العامل 9. ويبد أنه كان لهذه القيمة أهمية متوازية مع قيم أخرى كثيرة في حياة الطفل، لكن لكون المشاهد تضمنت مواقف متعددة فيها رفض للظلم (منها رفض ظلم كوزيت من قبل العائلة التي تعيش معها على سبيل المثال) فكأن هذه المشاهد زادت من أهمية هذه القيمة وأدت إلى نقلها إلى مواقع متقدمة في العامل 4 في اختبار المشاهد والعامل 3 في الاختبار البعدي وهي مواقع متقدمة نوعاً.

- القيمة 59 (الطفولة تسامح ولا تعاقب) فقد ساهمت بدرجة واضحة في تحديد العامل رقم 24 (التشدد في التعامل مع الأطفال) في موقع متأخر وبتشبع سلبي بلغ (0.87) وبنسبة تباين للعامل مقدارها (2.5%) في الاختبار القبلي وفي تحديد العامل رقم 5 (التسامح ونبذ العقاب خاصة مع الطفولة) في موقع متقدم نسبياً وبتشبع بلغ (0.81) وبنسبة تباين للعامل بلغت (3%) في اختبار المشاهد وفي تحديد العامل رقم 2 (مخالفة مبررة لمعايير المجتمع) وفي موقع متقدم وبتشبع بلغ (0.67) وبنسبة تباين بلغ مقدارها (3%) في الاختبار البعدي.

وقد احتلت هذه القيمة تكراراً متأخراً في الاختبـار القـبلي، وكـأن وجـود قـيم أخـرى لهـا أهمية أكثر في حياة الطفولة أدى إلى تأخر هذه القيمة، ولكن المشـاهد عرضـت مواقـف فيها أطفال يقومون بأخطاء في مواقف معينة تبرر الخطأ (كالسرقة التـي قـام بهـا بـيللي ليسد جوعه على سبيل المثال وكيف وضعت كوزيت الصابون على الدرج لتعيق من قتـل الغريب) وكأن هذه المواقف ولدت قناعة بأن الخطأ له ما يـبرره ويترتـب عليـه التسـامح مع الأطفال مما أدى إلى انتقال هـذه القيمـة إلى موقـع متقـدم نوعـاً (العامـل رقـم 5 في اختبار المشاهد) ومتقدم. (العامل رقم 2 في الاختبار البعدي).

- أما القيمة 23 (الامتثال للمعايير السائدة في المجتمـع) فقـد سـاهمت وبدرجـة تشـبع سـالبة بلغت (0.77) في تحديد العامل رقم 17 (الامتثال للمعايير السائدة) وبموقع متأخر وبنسـبة تباين للعامل بلغت (2.7%) في الاختبار القبلي. وقد ساهمت أيضاً وبدرجـة تشـبع سـالبة بلغت (0.85) في تحديد العامل رقم 14 (الامتثال لمعايير جماعية عامـة) وفي موقـع متقـدم وبنسبة تباين للعامل بلغت (2.7%) في اختبار المشاهد. وساهمت أيضاً في تحديد العامـل رقم 2 (مخالفة مـبررة لمعـايير المجتمـع) بدرجـة تشـبع بلغـت (0.69) وفي موقـع متقـدم وبنسبة تباين للعامل بلغت (3%) في الاختبار البعدي.

وكأن الفكرة النمطية عند الأطفال هي الامتثال لمعايير المجتمع وهذا الامتثال عـادة لـيس له أساس عقلاني منطقي عند الأطفال. وهذا ما جعل هذه القيمة تحتـل هـذه المرتبـة في الاختبار القبلي. ولكن المشاهد هنا وضعت هـذه القيمـة موضع الشـك. فمـن الممكـن مخالفة معايير المجتمع إذا كان هناك مـا يـبرر المخالفـة. فكـان الامتثـال الأعمـى لمعـايير المجتمع انتقل إلى نوع من التفكير العقلاني وتوليد القناعة من خلال المشاهدة وهـذا مـا أدى إلى ارتفاع ترتيب هـذه القيمـة إلى رقـم 14 في اختبـار المشـاهد، ورقـم 2 في الاختبـار البعدي.

- وساهمت القيمة 51 (الشهرة والنجومية) في تحديد العامل رقم 15 (الغيرية) بتشبع قدرة (0.35) وقد جاءت في موقع متأخر نسبياً وبنسبة تباين للعامل بلغت 2.7% في الاختبار القبلي. وكذلك ساهمت بتشبع قدره (0.52) في تحديد العامل رقم 10 (تحقيق الذات والمحافظة عليها) وبموقع متقدم نوعا بنسبة تباين للعامل بلغت 2.8% في اختيار المشاهد.

وكذلك ساهمت بتشبع قدرة (0.38) في تحديد العامل رقم 12 (إشباع حاجات شخصية) وبموقع متقدم نسبياً وبنسبة تباين للعامل بلغت 2.5% في الاختبار البعدي.

جاءت هذه القيمة في موقع متأخر نوعا في الاختبار القبلي وكأنه كان هناك أهمية موازية لقيم أخرى كثيرة هامة في حياة الطفل. غير أن المشاهد التلفزيونية هنا فرضت قيما متضمنة فيها مثل النجومية وهذه موجودة في إحراز التفوق على سبيل المثال عند بيير وزميلته في سباق التزلج. وكأن هذه القيمة التي كانت عابرة في حياة الطفل في الاختبار القبلي انتقلت بفعل المشاهد وتأثيرها لتمثل موقفا أهم في حياة الطفل في العامل 10 في اختبار المشاهد والعامل 12 في الاختبار البعدي.

وهنالك أمثلة أخرى أخذ فيها العامل موقفا معينا في القياس القبلي بدلالة تشبعه في قيمة معينة، وانتقل إلى مواقع أخرى في اختبارات المشاهد والقياس البعدي. وقد تكون متقدمة أو متأخرة عن موقعها في القياس القبلي لكون التشبع بالقيمة السائدة موجبا أو سالباً ومن أمثلة ذلك ما يلي:

- القيمة 38 (التحلي بالشجاعة والكرامة والاعتزاز) فقد ساهمت بدرجة تشبع بلغت (0.76) في تحديد العامل رقم 8 (الشعور بالكرامة) وبنسبة تباين للعامل بلغت (2.8) في الاختبار القبلي. وأيضاً ساهمت في تحديد العامل رقم 4 (الإنصاف ورفض الظلم) بتشبع بلغ (0.46) وبنسبة تباين للعامل 3% في اختبار المشاهد، وساهمت بدرجة تشبع سلبي بلغت (0.82)

في تحديد العامل رقم 26 (التملك والاستحواذ) وبنسبة تباين للعامل بلغت 2.2% في الاختبار البعدي.

بشكل عام يبث الأهل في الطفل الشعور بالكرامة والاعتزاز وقد ظهرت هذه القيمة وبرزت في موقع متقدم نوعا في العامل 8 في الاختبار القبلي. أما في اختبار المشاهد فأتت هذه القيمة في العامل (4) رفض الظلم. وهذا يتسق من حيث المفهوم مع الشعور بالكرامة التي فرضها الموقف الذي أبرزته المشاهد. (كرفض كوزيت في المشهد الثالث للموقف الذي تعرض له الغريب عندما حاول أهل الفندق استغلاله وأخذ ماله) أما في الاختبار البعدي فإن الشعور بالكرامة ورفض الظلم هي قيم تتنافى مع التملك والاستحواذ ومن هنا جاء التشبع في الاختبار البعدي سالبا لهذه القيمة. وهذا يجعلها متسقة من حيث المضمون مع تشبع العاملين في الاختبار القبلي واختبار المشاهد.

- والقيمة 22 (اللاإبالية والاستهتار) فقد ساهمت بدرجة تشبع سلبي (0.38) في تحديد العامل رقم 10 (المحافظة على الذات والناس الأقرب صلة) وتباين للعامل بلغ مقداره (2.8%) في الاختبار القبلي. وفي تحديد العامل رقم 13 (أهمية الذات والحفاظ عليها) بتشبع سلبي أيضاً بلغ مقداره (0.84) وبنسبة تباين للعامل بلغ مقدارها (2.7%) في اختبار المشاهد.

وأيضاً ساهمت في تحديد العامل رقم 3 (العقاب كمقوم للسلوك) بتشبع بلغ (0.41) وبنسبة تباين مقدارها (3%) في الاختبار البعدي.

ظهرت هذه القيمة في العامل رقم (10) وكان تشبعها سلبيا في الاختبار القبلي، وهذا يتسق مع التشبع الإيجابي في العامل رقم (13) في اختبار المشاهد. فسلوك بيير وليزا في المشهد الثاني لم يكن فيه تركيز على المحافظة على الذات بقدر ما كان الاندماج في موقف المنافسة وهذا جعل المحافظة على الذات موجودة ولكنها في الظل، ومن هنا جاء

التشبع سالباً، أما ورود هذه القيمة في العامل رقم 3 (العقاب) فهذا يتسق في المضمون مع التشبع السلبي للحفاظ على الذات، فكأن العقاب هنا أوجده المشهد الذي يبرز فيه هيربرت خاسراً نتيجة سلوكه غير المقبول.

- والقيمة 7 (الأنانية وحب الذات) فقد ساهمت في تحديد العامل رقم 16 (الاستقلالية والاعتماد على النفس) وبدرجة تشبع بلغت (0.40) وبنسبة تباين للعامل مقدارها (2.7%) في الاختبار القبلي وساهمت أيضاً وبتشبع بلغ (0.62) في تحديد العامل رقم 2 (الاعتزاز بالذات والتفوق) وبنسبة تباين للعامل بلغ مقدارها (3.2%) في اختبار المشاهد. أما في الاختبار البعدي فقد ساهمت وبتشبع سلبي بلغ (0.80) في تحديد العامل رقم 28 (إنكار الذات) وبلغت نسبة تباين العامل (2.2%) في هذا الاختبار.

جاءت هذه القيمة مشبعة في عامل الاستقلالية في الاختبار القبلي. وهذا يتفق مع مضمون العامل في اختبار المشاهد، فإنكار الذات والاستقلالية واضحة في المشاهد في سلوك بيير على وجه التحديد. فالاعتزاز بالذات كان هو الصفة الغالبة كما فرضها موقف التنافس والرغبة في إحراز الفوز، وهذه تتنافى مع إنكار الذات ومن هنا جاء التشبع سلبياً بهذا العامل في الاختبار البعدي. فإنقاذ الآخرين نوع من المساعدة الواجبة والاعتزاز بالذات هو الأكثر تأثيراً في هذا السلوك.

وقد لوحظ أيضاً كيف أن بعض العوامل اختلفت في تكوينها من الفقرات (القيم) التي تشبع بها العامل فعلى سبيل المثال ظهر العامل رقم 1 (الانتماء للأسرة والمجتمع) في القياس القبلي بالمكونات التالية:

- القيمة 78   الظلم هو الحرمان من الأمومة

- القيمة 36   المسالمة والاستكانة بسبب الضعف

- القيمة 09   الانتماء للمجتمع

- القيمة 12 الأمانة

- القيمة 58 مساعدة الآخرين بغية الحصول على مساعدتهم

- القيمة 25 المساعدة وحب التفوق والفوز معا. (سالبة)

- القيمة 29 الشعور بالمسؤولية تجاه الغير (سالبة)

ولم يظهر له نظير سواء في اختبار المشاهد أو البعدي فالانتماء الأسري لم يكن واضحا في أي من المشاهد التلفزيونية. وهذا العامل من العوامل التي ظهرت في القياس القبلي، ولم تظهر في القياسين الآخرين. فالمشاهد التفلزيونية لم تحمل صورة واضحة للانتماء الأسري.

وكذلك ظهر العامل رقم 25 (المسالمة وحماية الذات) في اختبار المشاهد وتكون من:

- القيمة 36 المسالمة والاستكانة بسبب الضعف

- القيمة 45 الإنسانية وفعل الخير للطفولة

ولم يظهر له نظير لا في الاختبار القبلي ولا في الاختبار البعدي ويبدو أن المشاهد أبرزت مواقف قوية وواضحة استثارت هذا العامل وأبرزته فمثلا سكوت كوزيت على ظلم العائلة التي تقيم عندها وعدم قدرتها على مجابهة هذه العائلة ولد عندها هذا السلوك الذي أبرز هذه القيمة، ولم يوجد نظير لهذا في الاختبار القبلي أو البعدي.

أما فيما يتعلق بتأثير المشاهدات التلفزيونية في منظومة القيم كما ظهرت في نتائج الاختبار البعدي والمتعلقة بالفرضيات الفرعية الأربعة المشتقة عن الفرضية الرئيسة في هذه الدراسة وهي:

- تأثير المشاهد إيجابي في نتائج الاختبار البعدي.

- تأثير المشاهد سلبي في نتائج الاختبار البعدي.

- تأثير المشاهد آني وموقفي.

- لا تأثير للمشاهد في قيم لم تظهر فيها.

فقد بينت هذه النتائج أيضاً أن تأثير المشاهد كان إيجابياً في بعض القيم وعددها (14 قيمة)، وسلبياً في بعض القيم وعددها (19 قيمة)، وكامنا مختزنا في اختبار المشاهد وظاهرا فقط في نتائج الاختبار البعدي في عدد آخر من القيم يبلغ (13 قيمة)، وآنياً يزول بزوال المشهد أو الموقف في قيم بلغ عددها (34 قيمة)، إضافة إلى أن عدداً آخر من القيم يبلغ (13 قيمة)، وأخيراً كان هناك (5 قيم) لم تظهر وكانت معدومة في الاختبارات الثلاثة أو ظهرت بدلالة إحصائية بمستوى يقترب من القيمة الصفرية، وتمثلت هذه المجموعة بشقيها في عدد من القيم بلغت خمس قيم فقط.

- ويمكن تفسير ما جاء أعلاه من النتائج على النحو التالي:

وفي مناقشة لنتائج الفرضية الفرعية الأولى / تأثير المشاهد الإيجابي في نتائج الاختبار البعدي، في هذه الحالة التي كان تأثير المشاهد فيها إيجابياً في نتائج الاختبار البعدي فقد تمثلت بعدد من القيم (14 قيمة) من نوع

عدد القيم	رقم القيمة	نوعها/تسميتها	التكرار النسبي في القياس		
			قبلي	مشاهد	بعدي
1	10	الحياة والمحافظة عليها هي الأهم	14	90	42
2	29	الشعور بالمسؤولية تجاه الغير	18	38	36
3	63	احترام ملكية وحقوق الآخرين	15	62	36

ويمكن أن يعزى هذا الأثر الإيجابي الذي ظهر واضحاً في الاختبار البعدي إلى أن المشاهد التلفزيونية قد أبرزت هذه القيم بشكل واضح ومؤثر.

وفي مناقشة لنتائج الفرضية الفرعية الثانية بتأثير المشاهد السلبي على نتائج الاختبار البعدي، ففي الحالة التي كان تأثير المشاهد فيها سلبياً على نتائج الاختبار البعدي وعددها (19 قيمة) فقد تمثلت بقيم من نوع:

عدد القيم	رقم القيمة	نوعها/تسميتها	التكرار النسبي في القياس		
			قبلي	مشاهد	بعدي
1	1	التفوق والفوز	79	45	47
2	12	الأمانة	33	25	23
3	14	الكذب المبرر	19	05	04
4	51	الشهرة والنجومية	46	24	34

ويمكن أن يُعزى هذا الأثر السلبي إلى أن المشاهد التلفزيونية لم تبرز هذه القيم (المذكورة أعلاه) بشكل فعال أو أبرزت قيماً مناقضة لها بقوة، مما أدى إلى انخفاض بروزها في نتائج الاختبار البعدي عما كانت عليه سابقاً في الاختبار القبلي. ففي القيمة رقم 1 (التفوق والفوز) على سبيل المثال كانت المشاهد قد أبرزت قيماً أخرى منافسة لهذه القيمة من نوع حب التفوق والمساعدة معا، كذلك قيمة المحافظة على الحياة ويبدو أن بروز هذه القيم أدى إلى انخفاض تكرارات هذه القيمة (التفوق والفوز) في المشاهد عما كانت عليه في الاختبار القبلي وامتد هذا الأثر السلبي للمشاهد ليؤثر في نتائج الاختبار البعدي، ويخفض بروز هذه القيمة في نتائجه.

وفي الحالة التي كان تأثير المشاهد للقيمة فيها مختزناً وكامناً في اختبار المشاهد وبرز وظهر واضحاً في الاختبار البعدي فهناك (13 قيمة) تمثل هذا النوع الذي ظهر تأثير المشاهد فيها واضحاً ومؤثراً في الاختبار البعدي ليلعب دوراً في قيم ممثلة لهذه الفقرات مثل:

التكرار النسبي في القياس			نوعها/تسميتها	رقم القيمة	عدد القيم
بعدي	مشاهد	قبلي			
35	13	24	الإبداع والابتكار والعقلية النيرة	50	1
12	03	05	أهمية وجود الثروة والمال	80	2
39	01	54	التفوق الجسمي والقوة العضلية	90	3
22	-	30	الخوف من الله	91	4
26	-	16	الامتثال للسلطة والقانون الاجتماعي	98	5

ويمكن تفسير ذلك على أن المشاهد قد استثارت هذه القيم بشكل ضمني لم تظهر نتائجه إلا في الاختبار البعدي ويمكن أن يُعزى ذلك أيضاً إلى أن المشاهد لم تسأل عن هذه القيم بشكل واضح وخير مثال على ذلك قيمة 80 (أهمية وجود الثروة والمال) أو أن هذه القيم ذات طبيعة راسخة بحكم التنشئة الأسرية والدينية والاجتماعية، وكأن التأثير الكامن أو التأثير بعيد المدى هو الذي لعب دوره في إبراز هذه القيمة في الاختبار البعدي، وخير مثال على ذلك قيم من نوع القيمة 91 (الخوف من الله) والقيمة رقم 98 (الامتثال للسلطة والقانون الاجتماعي) وكأن هذه القيم مفروضة وكما ذكرنا بحكم التنشئة الاجتماعية، وهذا يتوافق مع بعض الدراسات التي تعطي نماذج عن مظاهر السلوك الأخلاقي في مرحلة عمرية محددة وهي هنا وفي هذه الدراسة مرحلة الطفولة المتوسطة.

وفي مناقشة لنتائج الفرضية الفرعية الثالثة بأن تأثير المشاهد آني وموقفي، وفي هذه الحالة التي كان تأثير المشاهد فيها آنياً وموقفياً فقد تمثلت في مجموعة من القيم بلغ عددها (34 قيمة) كانت جميعها متأثرة تأثراً مرتبطاً بوجود المشاهد، وقد تمثلت بقيم من نوع:

	التكرار النسبي في القياس		نوعها/تسميتها	رقم القيمة	عدد القيم
بعدي	مشاهد	قبلي			
01	24	03	المحافظة على الأصدقاء وتجنب الأذى	13	1
09	28	19	سرقة مبررة بالحاجة	23	2
01	23	-	تقبل الإهانة في سبيل العيش	28	3
07	85	16	عدم قبول الظلم	31	4
01	22	01	عمل الخير مقبول ولو فيه مخالفة	47	5
-	22	02	التشفي بالمنافس الشرير	53	6

ويمكن أن يعزي الأثر الموقفي إلى أن القيم البارزة فرضتها المشاهد المعروضة أمام الأطفال فرضا مؤقتا وموقفيا ويفترض أنها لا تمثل قيماً عامة لها صفة الديمومة كالقيمة 28 (تقبل الإهانة في سبيل العيش) أو القيمة 23 (السرقة المبررة) على سبيل المثال لا الحصر، وقد تكون بعض هذه القيم ممثلة للقيم العامة إذا كانت طبيعة الموقف تفرض وجودها كالقيمة 31 (عدم قبول الظلم) و (عدم قبول القسوة والإذلال) على سبيل المثال والممثلة بالقيمة 44.

وفي مناقشة لنتائج الفرضية الفرعية الرابعة، لا تأثير للمشاهد على قيم لم تطرح فيها، وفي هذه الحالة التي لم تتأثر فيها نتائج الاختبار البعدي بالمشاهد لا سلبا ولا إيجابا، والبالغ عددها (13 قيمة) فهي ممثلة بالقيم والفقرات التالية:

عدد القيم	رقم القيمة	نوعها/تسميتها	التكرار النسبي في القياس		
			قبلي	مشاهد	بعدي
1	5	الانتماء الأسري وطاعة الوالدين	28	21	29
2	32	الامتناع عما هو مرفوض اجتماعيا	28	27	33
3	57	تحميل المسؤولية للأهل ليتصرفوا	36	05	30

وفي هذه الحالة يمكن القول أن المشاهد لم تتضمن مواقف ذات صلة بمثل هذه القيمة مثل ما هو الحال في القيمة رقم 57 (تحميل المسؤولية للاهل ليتصرفوا) أو أن هذه القيم ذات طبيعة راسخة بحكم التنشئة الأسرية والاجتماعية كما هو الحال في القيمة رقم 5 (الانتماء الأسري وطاعة الوالدين).

وهناك قيم لم تظهر في أي من الاختبارات الثلاثة (القبلي والمشاهد والبعدي) وعددها (5 قيم) أو أن ظهورها لم يكن ذا دلالة وتكرارها قريب من القيمة الصفرية فهي قيم من نوع:

عدد القيم	رقم القيمة	نوعها/تسميتها	التكرار النسبي في القياس		
			قبلي	مشاهد	بعدي
1	24	سرقة مبررة بعدم الكشف	06	-	06
2	76	السخرة مقابل الحصول على الغذاء	-	03	-

فهي قيم لم تبرزها المشاهد وكذلك لم تشر إليها المواقف السلوكية في الاختبار القبلي البعدي وبذلك فهي لم تظهر بوضوح حتى أنها تكاد تكون معدومة وبهذا فليس لها أية دلالة يعتمد عليها.

وسواء أكان تأثير المشاهد التلفزيونية على ترتيب القيم من حيث انتقال عدد منها من مواقع متقدمة في القياس القبلي إلى مواقع متأخرة في اختبار المشاهد والقياس البعدي أو حدث العكس في عوامل أخرى كانت في مواقع متأخرة في القياس القبلي وانتقلت إلى مواقع متقدمة في اختبار المشاهد والقياس البعدي فإن للمشاهد التلفزيونية والنماذج التي تحتويها أثراً في هذا الانتقال ولها أيضاً أثر في تحديد طبيعة العامل من حيث ترتيبه ونسبة ما يفسره من التباين في مراحل القياس الثلاثة (القبلي والمشاهد والبعدي) وقد أشرنا إلى أمثلة متعددة عن ذلك في صفحات سابقة، وفي هذا إجابة لفرضية دراستنا الرئيسة من أن المشاهد التلفزيونية التي يراها الطفل ممثلة بالنماذج المتلفزة أثر على المنظومة القيمية عنده بما فيها من معتقدات أخلاقية وأفكار قيمية، لتصبح هذه المعتقدات والأفكار جزءاً من منظومته الشخصية، وسواء أكان هذا التأثير للمشاهد التلفزيونية على منظومة القيم كما ظهرت في القياس البعدي، من حيث أن هذا التأثير كان إيجابياً في بعض القيم، وسلبياً في بعضها الآخر، وكامناً مختزناً في اختبار المشاهد وظاهراً في نتائج القياس البعدي في عدد آخر من القيم، وآنياً موقفياً يزول بزوال المشهد أو الموقف فإن في هذا إجابة للفرضيات الفرعية الثلاثة المنبثقة عن الفرضية الرئيسة في هذه الدراسة من أن تأثير المشاهد المتلفزة إما أن يكون إيجابياً على المنظومة القيمية عند الطفل بما فيها من معتقدات اجتماعية أخلاقية وأفكار قيمية، أو أن يكون سلبياً أو آنياً مرتبطاً بالموقف الذي يؤديه النموذج وينتهي بزوال المشهد أو الموقف. إضافة إلى أن هناك عدداً يسيراً من المشاهد لم يؤثر سلباً أو إيجاباً، وبقيت نتائج القياسين القبلي والبعدي متقاربة في عدد محدود جداً من القيم وفي هذا إجابة للفرضية الفرعية الرابعة المطروحة في هذه الدراسة من أنه لا تأثير للمشاهد على قيم لم تطرح فيها، إلا أن هذه النتائج في مجملها تشير إلى أثر المشاهد التلفزيونية والنماذج التي تحملها المواقف فيها تشير إلى أن لهذه الشخوص والأبطال أثراً في المنظومة القيمية عند الأطفال عينة الدراسة بما فيها من معتقدات وأفكار اجتماعية وأخلاقية قيمية وتتسق هذه

النتائج مع نتائج الدراسات السابقة والتي ذكرنا عدداً منها في صفحات هذه الدراسة ومنها على سبيل المثال لا الحصر:

- دراسة باندورا وروس وروس (Bandura and Ross and Ross, 1963) والتي أظهرت أن النماذج المقدمة عن طريق الأفلام الكرتونية لها فاعلية وتأثير في ظهور استجابات شبيهة بسلوك النماذج.

- دراسة باندورا وماكدونالد (Bandura and McDonald, 1963) والتي أظهرت أن النمذجة إجراء فاعل في تعديل الأحكام الخلقية.

- دراسة يارو ورفاقه (Yarrow and Others, 1973) والتي أظهرت أن النماذج الحية لها أثر في سلوك الأطفال الأخلاقي.

- دراسة د. سعد عبد الرحمن (1974) الذي خلص منها إلى أن الأطفال يتأثرون بالقيم وأنماط السلوك التي تصدر عن أبطال البرامج الروائية التي يعرضها التلفزيون.

- دراسة جولد سميث (Gold Smith, 1978) والذي أبرزت دراسته الدور الذي يلعبه التلفزيون في نمو الأطفال من الناحية الاجتماعية.

- دراسة سنجر وسنجر (Singer and Singer, 1981) وأظهرت هذه الدراسة العلاقة بين مشاهدة الأطفال للتلفزيون والسلوك العدواني الفعلي لديهم.

- دراسة عاطف العبد (1986) والتي أظهرت عدداً من النتائج منها أن البرامج التلفزيونية تسعى إلى غرس عدد من القيم الاجتماعية والأخلاقية وتوجه الأطفال إلى أنماط سلوكية محددة كالصدق والإخلاص والنجاح والتضحية والصبر... الخ.

- دراسة تريفينو ويونغ بلود (Trevino and Youngblood, 1990)

والتي أكدت في مجملها أن عملية النمذجة هي عملية مؤثرة في التربية الخلقية وفي تعلم الحكم والسلوك الخلقيين على حد سواء، وهذا يشير إلى أن النماذج المنقولة بواسطة وسائل الاتصال، تساهم مساهمة كبيرة في عملية

التنشئة الاجتماعية والأخلاقية عند الأطفال. خاصة وأن الأطفال موضع الدراسة في مرحلة عمرية هامة (8-13) في تكوين شخصية الطفل فخبرات الطفولة بما فيها مشاهدات تلفزيونية تحمل نماذجها قيماً معينة تؤثر في تكوين شخصية الطفل وتصبح جزءاً من قيمه ومعتقداته وقد يمتد هذا التأثير ليؤثر في شخصيته في مرحلة الرشد.

أما فيما يتعلق بنتائج الفرضية الخامسة والمتعلقة بمتغيرات الدراسة وتأثير المشاهد التلفزيونية على منظومة القيم حسب هذه المتغيرات التي تناولتها من نوع العمر والجنس والبيئة الثقافية (معرّفة بمستوى تعليم الأبوين) والبيئة الاقتصادية (معرفة بمستوى دخل الأسرة) وما إذا كان لهذه العوامل تأثير على السلوك القيمي للأطفال موضوع الدراسة، فيمكن تلخيص نتائجه على النحو التالي:

بالنسبة لمتغير العمر، فقد بينت النتائج أنه كان هناك عدد كبير من القيم لم يظهر فيها تأثير تفاضلي بين فئات العمر المختلفة، وبلغ عدد هذه الفقرات (54 فقرة) سبق ذكرها في فصل النتائج، ويغلب عليها أن تكون ضمن المجموعة القيمية التي تميز فئات العمر بين (8-13) وهي فئات العمر لعينة الدراسة. ويمكن اعتبارها أيضاً من ضمن القيم التي تميز مرحلة الطفولة المتوسطة للأطفال في المجتمع الأردني الذي تنتمي إليه عينة الدراسة ويمكن أخذ عدد من الأمثلة:

- القيمة 5   الانتماء الأسري وطاعة الوالدين

- القيمة 11   الصدق بغض النظر عن النتائج

- القيمة 47   حب الخير مقبول ولو فيه مخالفة

- القيمة 67   معاقبة الأشرار لتقويم سلوكهم

- القيمة 72   احترام وتقدير العمل والجهد

- القيمة 84   القناعة وعدم الطمع

- القيمة 91 الخوف من الـلـه

- القيمة 93 حب الوطن والدفاع عنه

- القيمة 98 الامتثال للسلطة والقانون الاجتماعي

مثل هذه القيم ينشأ الأطفال عليها منذ نعومة أظفارهم. من المتوقع أن لا يكـون هنـاك فروق بين الأطفال تعزى إلى الفروق في العمر في مثل هذه القيم.

كما بينت النتائج ظهور تأثير إيجابي أكثر وضوحا في الفئات الأكبر عمراً لعدد من الفقرات بلغ عددها (11 فقرة) من مثل:

- القيمة 3 (الغيرية والتسامح)

- القيمة 25 (المساعدة وحب التفوق والفوز معا)

- القيمة 41 (الفوز بأخلاقية وشرف)

ونلاحظ أن قيم الغيرية والعدالة هي الأكثر بروزاً في هذه القيم، وهذا يتلاءم مع المرحلـة العمرية للأطفال في الفئات الأكبر عمراً من العينة، ويتسـق مـع مـا أشـار إليـه كـولبيرغ مـن أن العقلانية في هذه المرحلة العمرية تعود إلى قواعـد عامـة ودسـتور عـام يحكـم جميـع النـاس، ويتفق هذا أيضاً مع ما أشار إليه توريـل (Turiel, 1978) مـن أن للحكـم الخلقـي صيغة تطوريـة، فكلما تقدم الفرد بالعمر كلما قل وجوده في المراحل الدنيا حسب تصنيف كولبيرغ.

كما بينت النتائج قيماً كان تأثيرها السلبي أكثر وضوحاً في الفئات الأكبر عمـراً وعـددها (6 فقرات) تمثلت في قيم من نوع:

- القيمة 1 (التفوق والفوز)

- القيمة 61 (الرغبة في اللهو والاستمتاع)

ويلاحظ أن الرغبة في التفوق والفوز والرغبة في اللهو والاستمتاع هي الأكثر بروزاً في هـذه القيم وأن تأثير المشاهد عليها عند هذه الفئة العمرية

الأكبر سناً كان سلبياً فأدى إلى انخفاضها وبروز قيم أخرى منافسة تتلاءم مع الغيرية والانطلاق من الذات، وهذا ما يميز الفئة العمرية الأكبر سناً من العينة ويتسق مع ما أشار إليه كولبيرغ وتحدثنا عنه سابقاً من مميزات هذه المرحلة العمرية على مقياس كولبيرغ الأخلاقي.

أما الفقرات التي ظهر فيها تأثير موقفي أكثر وضوحاً في الفئات الأكبر عمراً فقد بلغت 7 فقرات من مثل:

- القيمة 45   (الإنسانية وفعل الخير مع الطفولة)

- القيمة 59   (الطفولة تسامح ولا تعاقب)

- القيمة 83   (حق الفقير بشيء مما يملكه الغني)

تمثلت في هذه الفقرات قيم إنسانية وتعاطف مع الطفولة أبرزتها المشاهد بما تحمله من مواقف، وكأنها أظهرت على هذه الفئة العمرية الأكبر سناً نوعاً من غض النظر عن القيم العامة وسمحت بنوع من المخالفات الاجتماعية التي يتطلبها الموقف مع الطفولة والفقراء. وهذا يتسق مع ما أشار إليه كولبيرغ من أن الفرد في تطور مستمر خلقياً مع العمر وأنه ينتقل من التمركز حول الذات إلى الزيادة في الموضوعية ومن الاهتمامات الشخصية إلى الاهتمام بالمسؤولية الجماعية (كما ذكرنا في صفحات سابقة).

كما بينت النتائج ظهور فقرات كان تأثيرها الإيجابي أكثر وضوحا في الفئات الأصغر عمرا وبلغ عددها (4 فقرات) من مثل:

- القيمة 32   (الامتناع عما هو مرفوض اجتماعيا)

- القيمة 63   (احترام ملكية وحقوق الآخرين)

ويلاحظ أن القيم الخاصة بجانب تأثير السلطة أو المجتمع كانت واضحة في التأثير الإيجابي لهذه الفئة العمرية الأصغر سناً، وهذا يتلاءم مع ما قلناه سابقاً عن جانب تأثير الكبار على الصغار في هذه المرحلة العمرية كما أشار

إليه المعرفيون (بياجيه وكولبيرغ) ومع أنهم ما زالوا تحت تأثير سلطة الكبار إلا أن المشاعر الغيرية بدأت تظهر عندهم بشكل بسيط ومحدد وهذا يتسق كما أسلفنا مع ما يقوله بياجيه وكولبيرغ من امتثال الأطفال الأصغر سناً لمصادر السلطة والقوانين والقواعد الأخلاقية وكذلك من امتثال الأطفال لأوامر ونواهي الكبار.

وكذلك بينت النتائج فقرات ظهر فيها تأثير سلبي أكثر وضوحاً في الفئات الأصغر عمراً من أفراد عينة الدراسة وكان عددها (5 فقرات) من مثل:

- القيمة 37   (التحلي بالحيلة والحنكة)
- القيمة 51   (الشهرة والنجومية)
- القيمة 57   (تحميل المسؤولية للأهل ليتصرفوا)

ويلاحظ أن هذه الفقرات تمثل فيها نوع من قيم الكفاية الشخصية وتحمل المسؤولية والشهرة والنجومية، وأن تأثير المشاهد على هذه الفئة العمرية الأصغر سناً قد أثر سلباً وأدى إلى انخفاض هذه القيم وبروز قيم أخرى منافسة تتلاءم مع قيم الامتثال للسلطة ونواهي الكبار عن هذه الفئة من أفراد العينة، وهذا يتسق كما قلنا سابقاً مع ما يشير إليه المعرفيون (بياجيه 1983، وكولبيرغ 1984) عن الصفات المميزة لهذا العمر من الأطفال.

أما الفقرات التي ظهر فيها تأثير موقفي فرضته المشاهد التلفزيونية وكان أكثر وضوحا في الفئات الأصغر عمراً فقد بلغ (11 فقرة) من مثل:

- القيمة 15   (السلامة وتجنب الأذى والخطر)
- القيمة 26   (التعاطف والمساعدة مع الأصدقاء)
- القيمة 68   (الوفاء والإخلاص للصديق)
- القيمة 78   (الظلم هو الحرمان من وجود الأمومة)

تمثلت في هذه الفقرات قيم من نوع السلامة العامة وتجنب الأذى والتعاطف مع الأصدقاء، وكأن لهذه القيم طبيعة خاصة كالرحمة والحاجة إلى حنان الأمومة أوجدتها المواقف الخاصة في المشاهد، فمستوى التفكير المنطقي عند الطفل غير كاف لاعتبار المشاهد أو المواقف التي مثلتها كقاعدة أخلاقية عامة، فهذه الفئة العمرية الأصغر سناً لا يتوفر لديها درجة من النضج كافية لأن يصبح الموقف مبدأً عاماً أو قاعدة أخلاقية عامة. وهذا يتسق مع ما ذكرناه عن الصفات المميزة لهذه الفئة العمرية والمرحلة التي تشغلها على مقياس كولبيرغ للمراحل الأخلاقية الست.

وكانت هناك فقرات عند الفئات الأصغر عمراً وكأنها تستنكر القوة العضلية والجسدية وممارستها ضد الفئات الصغيرة، بينما كانت هذه القوة الجسدية هي مطمح الطفولة ورغبتها في أن يوجد لديها مثل هذه القوة. وهذا ما تبرزه الفقرات من نوع:

- القيمة 90   (التفوق الجسمي والقوة العضلية)

- القيمة 99   (عدم اعتماد القوة الجسمية والعضلية)

قد يبدو هذا متناقضاً ولكن يمكن تفسيره حسب ما قلنا أعلاه من كونه غير محبب عندما تستعمل هذه القوة ضد الطفولة. وغاية أو مقصد عندما تكون هذه رغبة الطفولة في أن توجد هذه القوة لديها.

وتدل هذه النتائج بمجملها على أن الحكم الخلقي يتأثر بالنمو المعرفي والذي يرتبط بالعمر، ويتفق هذا مع نتائج دراسة لينج فور وجورج (Leang Ford and george, 1973) والتي أظهرت وجود علاقة مباشرة بين التفكير المنطقي ومستويات الحكم الخلقي. ومع دراسة تملنسون وكيسي (Tomlinson-Keasey and keasey) التي أظهرت أن المستوى المعرفي للفرد هو الذي يرتبط بمستوى الأحكام الخلقية. ومع دراسة توريل (Turiel, 1978) الذي توصل إلى أن الحكم الخلقي له صفة تطورية، ومع دراسة لورانس ووكر

وبويـد ريتشـاردز (Lawrence Walker and Boyd Richards, 1978) والتـي أشـارت إلى أن النمـو المعـرفي متغير هام للنمو الخلقي. ومع ما أشارت إليه نافييز ورفاقها (Narvaez, 1998) من أن فهم الموقـف الأخلاقي والذي هو متغير نمائي له أثر في الحكم الخلقي.

أما بالنسبة للفروق حسب مستوى الدخل، وفي مقارنة فئتين في المستويين الثاني والثالث * يعرف كل مستوى للـدخل بالمـدى الـذي يـتراوح ضـمنه الـدخل السـنوي / أو الشـهري مقـدرا بالدينار. وذلك حتى يستطيع القاريء أن يربط بين مستوى الدخل (معرفاً) وبين القيم المرتبطـة بذلك المستوى (استبعد المستوى الأول لعدم وجود أفراد من هذه الفئـة بـين الأطفـال موضـوع الدراسة) فقد بينت النتائج أن مدى تأثر هاتين الفئتين بالمشاهد سواء أكان هذا التـأثير سـلباً أو إيجاباً، وبينت أن هذا التأثر كان متماثلاً أو متقارباً في الفئتين في معظم الفقرات، ولكـن تلاحـظ فروقاً بين هاتين الفئتين في القياس القبلي يناظرها نفس الفروق تقريبا في القياس البعـدي، فقـد كانت هناك مجموعة من القيم تكراراتها في القياس القبلي وفي الفئة الثانية أكبر بفرق ذي دلالة مما هي عليه في الفئة الثالثة، وكان عدد هذه الفقرات (13 فقرة) تتناول في مجملها علاقة الفـرد بالآخرين ممثلة بالقيم:

- القيمة 52 (عمل الخير والتضحية من أجل كسب رضا اللـه)
- القيمة 54 (الإحساس بمعاناة الآخرين)
- القيمة 58 (مساعدة الآخرين بغية الحصول على مساعدتهم)
- القيمة 77 (التعاون والمشاركة مع الغير)

* سبق وأن أشرنا إلى أن هناك ثلاث مستويات للدخل هي:

1- أقل من 300 دينار أردني

2- من 300-600 دينار أردني

3- 600 فما فوق دينار أردني

أو من نوع الامتثال للسلطة والقانون مثل القيم:

- القيمة 36   (المسالمة والاستكانة بسبب الضعف)

- القيمة 99   (حب الوطن والدفاع عنه)

- القيمة 98   (الامتثال للسلطة والقانون الاجتماعي)

وكانت هناك مجموعة من القيم وعددها (10 قيم) تكراراتها في القبلي في الفئة الثالثة أكبر بفرق ذي دلالة مما هي عليه بالفئة الثانية. ويلاحظ أن بعض هذه القيم يتناول دوراً شخصياً يتعلق بالسلامة الشخصية والمكافأة المادية مثل القيم:

- القيمة 15   (السلامة وتجنب الأذى والخطر)

- القيمة 16   (الحكمة وحسن التخلص من المآزق والمواقف المحرجة)

- القيمة 17   (المكافأة المادية)

ويتضمن أيضاً تناول العلاقات الحميمة مع الأقارب والأصدقاء مثل القيم

- القيمة 19   (التضحية للقريب الحميم)

- القيمة 68   (الوفاء والإخلاص للصديق)

- القيمة 96   (إسعاد الآخرين)

وكأن الفئة الثانية هنا أكثر مسالمة وإحساساً بمعاناة الآخرين من الفئة الثالثة والتي هي كما يلاحظ أكثر اهتماماً بالسلامة الشخصية والمكافأة المادية، وربما كان هذا متوقعاً من الفئة الأكثر ثراء. فالبيئة الاقتصادية (معرفة بمستوى الدخل) لها تأثير ولو لم يظهر إلا بشكل محدود على السلوك القيمي للأطفال موضوع الدراسة.

وتتفق هذه النتائج التي أكدت على أهمية البيئة الاقتصادية في الحكم الأخلاقي مع ما توصل إليه بيرسوف وميللر (Bersoff and Miller, 1993) من تأثير البيئة الثقافية والاقتصادية على الحكم والسلوك الأخلاقي.

أما بالنسبة للفروق حسب مستوى تعليم الأب فقد بينت النتائج ما يلي:

كان هناك عدد من القيم التي كان تأثير المشاهد فيها إيجابياً، وكانت الفئة الأولى (في مستوى تعليم الثانوية العامة) هي الأكثر تأثراً. وعدد الفقرات المعبرة عن هذه القيم (8 فقرات) يلاحظ فيها وبشكل عام أنها أكثر ارتباطاً بدوافع تأكيد الذات كما يلاحظ في:

- القيمة 7 (الأنانية وحب الذات)
- القيمة 11 (الصدق بغض النظر عن النتائج)
- القيمة 13 (المحافظة على الأصدقاء وتجنب الأذى)

أما الفئة الثانية والمصنفة في مستوى تعليمها (من حملة البكالوريوس فقد ظهر عندها تأثير إيجابي لمجموعة من القيم بلغ عددها (14 قيمة) يلاحظ فيها أنها أكثر ارتباطاً بدوافع المحافظة على الحياة مثل:

- القيمة 28 (تقبل الإهانة في سبيل العيش)
- القيمة 39 (المحافظة على الحياة وتجنب الأذى)

والعدالة الاجتماعية مثل:

- القيمة 6 (المساواة بين الناس جميعا)
- القيمة 83 (حق الفقير بشيء مما يملكه الغني)

والغيرية والإيثار مثل:

- القيمة 8 (الإيثار وتفضيل الآخر)
- القيمة 66 (التحلي بالروح الرياضية)

أما الفئة الثالثة (حملة الماجستير والدكتوراه والأطباء والمهندسين) فقد ظهر تأثير إيجابي لعدد من القيم (13 قيمة) يبرز فيها قيم من نوع المحافظة على الحياة مثل:

- القيمة 13   (المحافظة على الأصدقاء وتجنب الأذى)

- القيمة 39   (المحافظة على الحياة وتجنب الأذى)

والعدالة الاجتماعية مثل:

- القيمة 6   (المساواة بين الناس جميعا)

- القيمة 32   (الامتناع عما هو مرفوض اجتماعياً)

والغيرية مثل:

- القيمة 8   (الإيثار وتفضيل الآخر)

- القيمة 79   (الرحمة بالآخرين)

- القيمة 82   (الكرم والعطاء والطيب "الإغداق")

ونلاحظ أن القيم التي تؤكد على الذات أكثر وضوحاً في الفئة الأولى الأقل تعليما، أما القيم الأكثر انطلاقاً من الذات فيلاحظ أنها تزداد بشكل عام مع زيادة مستوى التعليم عند الآباء لتزداد انطلاقاً نحو الآخرين والمجتمع، وهذا يتسق مع مراحل التطور الأخلاقي عند كولبيرغ والتي تحدثنا عنها سابقاً.

أما القيم التي كانت تكراراتها النسبية متقاربة جداً في الفئات الثلاث فبلغ عددها (23 قيمة) ويبرز فيها تأثير العرف والقيم الممتدة في التقاليد الاجتماعية، أو القيم المتعارف عليها في الأديان والأعراف الاجتماعية مثل:

- القيمة 31   (عدم قبول الظلم)

- القيمة 35   (السرقة غير مقبولة دينياً)

- القيمة 49   (الكذب محرم وغير مقبول دينيا)

- القيمة 63   (احترام ملكية وحقوق الآخرين والمحافظة عليها)

وكأن هذه القيم في مجموعها تعبر عن معايير المجتمع السائدة في الأعراف والتقاليد وتشير أيضا إلى احترام التعاقد والاتفاق وهي مرحلة أشار إليها كولبيرغ كما أوضحنا في الفصل السابق.

وبالنسبة إلى الفروق حسب مستوى تعليم الأم فقد بينت النتائج أن أبناء الأمهات الأقل تعليما (المصنفة بحملة الثانوية العامة) أكثر إذعانا للسلطة ومعايير المجتمع، وكأن استجابات هؤلاء الأطفال أبدت تأثراً أكبر بالنمط القيمي وهذا ممثلا بعدد من الفقرات بلغ (5 فقرات) أو قيم من مثل:

- القيمة 32   (الامتناع عما هو مرفوض اجتماعياً)

- القيمة 34   (السرقة غير المبررة)

- القيمة 40   (الطاعة والاعتبار لصاحب السلطة والكبير)

أما أبناء الأمهات الأكثر تعليما (مستوى البكالوريوس) فيتصفون بقيم عامة بلغ عددها (5 قيم) ممثلة بالتالي:

- القيمة 11   (الصدق بغض النظر عن النتائج)

- القيمة 16   (الحكمة وحسن التخلص من المأزق والمواقف المحرجة)

- القيمة 18   (المكافأة المعنوية)

- القيمة 82   (الكرم والعطاء)

ويمكننا القول هنا أن البيئة الثقافية معرفة بمستوى تعليم الأبوين لها تأثيرها على المنظومة القيمية عند الأبناء، فالقيم التي تؤكد على الذات أكثر وضوحاً في الفئة الأقل تعليماً، أما القيم الأكثر انطلاقاً من الذات نحو الآخرين والمجتمع فتزداد بشكل عام مع الزيادة في مستوى التعليم عند الأبوين

(هذه الصورة أوضح بالنسبة لتعليم الأب عنها من تعليم الأم في هذه الدراسة) وهذا يتسق مع مراحل التطور الأخلاقي عند كولبيرغ والتي تحدثنا عنها في فصل سابق. وكذلك تتسق هذه النتائج مع دراسات سبق ذكرها في صفحات سابقة من هذه الدراسة منها دراسة بيرسوف وميللر (Bersoff and Miler, 1993) والتي أكدت على أثر البيئة الاقتصادية والثقافية على الحكم والسلوك الأخلاقي و (Speicher, 1994) والذي أظهرت دراسته وجود ارتباط بين أحكام الآباء الأخلاقية ومستواهم التعليمي وأحكام الأبناء الخلقية. و(Amsel & Renninge, 1997) والتي أكدت أنه لا يمكننا فهم التغيرات في النمو المعرفي والحكم الأخلاقي أو تقييمها دون الرجوع إلى المحتوى الاجتماعي والثقافي الذي ينشأ فيه الفرد و (Noam & Fischer, 1996) و (Wozinak and Fischer, 1993) والتي أكدت أن البيئة الثقافية من المثبتات الجيدة في الحكم الأخلاقي.

أما بالنسبة للفروق بين الجنسين فقد بينت النتائج أن الجنس لم يكن له أثر ذو دلالة في غالبية الفقرات باستثناء عدد قليل جداً منها لم يتجاوز الـ (7 فقرات) فمثلاً نجد أن الذكور يتميزون بنزعة للقيم التي لها طبيعة ذكرية كالقيم التالية:

- القيمة 39   (المحافظة على الحياة وتجنب الأذى)

- القيمة 44   (عدم قبول القسوة والإذلال والمهانة)

وهناك بعض القيم التي كان تأثير المشاهد فيها سلبيا عند الذكور، ويمكن تفسير حصول مثل هذه النتيجة على أساس أن قيماً أخرى ظهرت منافسة لها، مثال ذلك ظهر تأثير سلبي لقيمة التفوق والفوز والأمانة (القيمة 1، والقيمة 12) وربما كان سبب ذلك ظهور تأثير إيجابي منافس للقيمة 10 (الحياة والمحافظة عليها هو الأهم)

أما الإناث فنلاحظ أنهن يتميزن بالقيم التي لها طبيعة أنثوية إلى حد ما كحب الحياة والبعد عن المخاطر وهذه متمثلة بالقيم التالية:

- القيمة 10 (الحياة والمحافظة عليها هي الأهم)

- القيمة 15 (السلامة وتجنب الأذى والخطر)

ويمكن القول هنا أن هذه النتيجة بعدم وجود فروق واضحة في المنظومة القيمية عند الجنسين حسب ما ظهر في هذه الدراسة، تتفق مع دراسة تشارلز وايت ونانسي باشنل (Charles White & nancey bushnell, 1974) من أن عامل الجنس ليس ذا دلالة واضحة في نمو الأحكام الخلقية، وكذلك مع دراسة أمية بدران (1981) والتي أشارت إلى عدم وجود فروق ذات دلالة في مستوى الأداء في الحكم الأخلاقي بين الجنسين (مقاسه بواسطة مقياس كولبيرغ المعرب) ومع ما أشار إليه ووكر (Walker, 1984) من مراجعته لتسع وسبعين دراسة ميدانية أجريت في الثمانينات لتقصي الفروق في الأحكام الخلقية بين الجنسين، وطبقت على المراهقين والراشدين، وكان خلاصة ما خرج به أن غالبية هذه الدراسات أظهرت عدم وجدود فروق واضحة تعزى إلى الجنس على متغير الحكم الأخلاقي خاصة إذا كان الجنسان متكافئين في مستوى التعليم. وكذلك أشارت رباب درويش (1987) في دراستها على طلبة الجامعة الأردنية إلى عدم وجود فروق بين الجنسين في مستوى النماء الأخلاقي مقاساً بمراحل التفكير الأخلاقي الست لمقياس كولبيرغ المعرب.

بهذا نرى أن أثر المشاهد التلفزيونية في منظومة القيم الاجتماعية والأخلاقية عند الأطفال عينة الدراسة قد تأثر بمتغيرات عدة حددتها الدراسة (الفرضية الفرعية الخامسة في هذه الدراسة) فقد بينت النتائج أهمية عامل العمر والصف المدرسي في الاستجابة لهذا التأثر، كذلك بينت الدراسة أهمية العامل الاقتصادي محدداً بمستوى الدخل في الاستجابة لتأثير هذه المشاهد، إضافة إلى نوع البيئة الثقافية محددة بمستوى تعليم الأب ومستوى تعليم الأم وأهميتها في الاستجابة لتأثير المشاهد التلفزيونية وإن كان مستوى تعليم الأب

أوضح أثراً من مستوى تعليم الأم، أما المتغير الأخير هنا والمتعلق بالفروق بين الجنسين، فقد أشارت الدراسة إلى وجود فروق غير واضحة تماماً في درجة الاستجابة لتأثير المشاهد التلفزيونية على المنظومة القيمية للأطفال عينة الدراسة.

وإذا ما أمعنا النظر في هذه النتائج التي تم التوصل إليها نرى أنها تظهر التفاعل بين الدراسات النظرية للسلوك الاجتماعي والأخلاقي والعوامل المؤثرة في اكتسابه من جهة، والقدرات الموضوعية لوسائل الإعلام بعامة والتلفزيون بخاصة على التأثير على الطفل، هذه الدراسات النظرية المنطلقة من مفاهيم النمو المعرفي كما يطرحها بعض علماء النفس المعرفيين مثل بياجيه، والمنطلقات المتعلقة بمفاهيم النمو الأخلاقي كما يطرحها كولبيرغ وكيف يربط هذه المفاهيم الأخلاقية بمفاهيم النمو المعرفي، والمنطلق المتمثل في اتجاهات نظرية التعلم عن طريق المحاكاة والنمذجة كما يطرحها باندورا وكيف يتعلم الطفل أنماطاً من السلوك الاجتماعي والأخلاقي بما في ذلك المعتقدات والقيم وأشكال المعرفة المجردة عن طريق المحاكاة وتقليد النماذج المقدمة في التلفزيون على وجه التخصيص وتتفق مع ما أظهرته نتائج الاستقصاء التنفيذي الميداني بالأسئلة والفرضيات التي طرحت في هذه الدراسة والمستخلصة من الإطار النظري العام الذي يفترض أن هناك تأثيراً لما يشاهده الأطفال في التلفزيون على سلوكهم، فقد أظهرت نتائج هذه الدراسة أثر مشاهدة البرامج التلفزيونية في منظومة القيم عند الأطفال سواء أكان هذا الأثر إيجابياً أم سلبياً، دائماً نسبياً أم موقفياً والعوامل المؤثرة في ذلك من نوع العمر ومستوى الدخل والبيئة الاجتماعية المحيطة، وهذا ينسجم مع ما أشار إليه بياجيه من أثر المتغيرات البيئية المحيطة على التكوين المعرفي عند الطفل والتي تكون على شكل سلسلة من عمليات التمثل والمواءمة والتي تؤدي إلى تكيف الفرد مع بيئته وتشكيل بنى معرفية جديدة يمكن أن يكون قوامها مجموعة من أنماط السلوك وقواعده المتمثلة في الأحكام

الخلقية والتي يمكن أن توجه السلوك في المواقف المختلفة، وكذلك تنسجم نتائج هذه الدراسة مع ما أشار إليه كولبيرغ من انتقال الفرد من مرحلة التمركز حول الذات إلى الزيادة في الموضوعية، ومن التفكير في النتائج المادية الملموسة إلى التفكير في القيم المجردة، ومن الاهتمامات الشخصية إلى الاهتمام بالمسؤوليات الاجتماعية، ومن الاعتماد على معايير خارجية إلى الاعتماد على معايير ومباديء داخلية، وكذلك تنسجم نتائج هذه الدراسة مع ما أشار إليه كولبيرغ بأهمية المحور الاجتماعي في التطور الخلقي، فالصراعات التي يواجهها الفرد مع الأسرة والمدرسة والرفاق والمجتمع الكبير يتم حلها بتحولات عقلية تترجم إلى أحكام وسلوكات خلقية جديدة، وحسب دراستنا الحالية فإن المؤثرات البيئية ممثلة بوسائل الإعلام، والتلفزيون على وجه التخصيص وما يبثه من برامج كرتونية لها أثر كبير في إحداث أحكام وسلوكات خلقية جديدة عند الأطفال خاصة وأن الأطفال موضوع الدراسة في مرحلة عمرية ما بين 8-13عاما وهذه المرحلة هامة في تكوين شخصية الطفل، فخبرات الطفولة في هذه المرحلة بما فيها من مشاهدات تلفزيونية تحمل نماذجها قيماً معينة تؤثر في شخصية الطفل، وتصبح جزءاً من قيمة ومعتقداته وقد يمتد هذا التأثير ليؤثر في شخصيته في مرحلة الرشد. وكذلك تنسجم نتائج دراستنا عن أثر النماذج التلفزيونية على اكتساب السلوك الأخلاقي مع ما توصل إليه باندورا من أن النماذج التلفزيونية لها فاعلية في استثارة عدد من أنواع السلوك، فالنماذج المتلفزة المقدمة بأشكال درامية تعرض مدى واسعاً من المفارقات الخلقية تفوق ما في الواقع الاجتماعي المحيط، فالأطفال يتعلمون الأحكام الأخلاقية من خلال الملاحظة والنمذجة وهذا ما توصلنا إليه في دراستنا الحالية وقد رأينا كيف أن الأطفال يستنتجون من خلال النماذج الكرتونية المشاهدة مبدأً عاماً ويعممونه على المواقف المختلفة وأنهم قادرون على تقييم السلوك الأخلاقي الملاحظ وتقليده وأنهم كلما تقدموا في العمر ازدادوا احترافاً في توزين عناصر المواقف الأخلاقية وأخذها بعين الاعتبار.

ومع تأكيدنا على أهمية وسائل الإعلام وبخاصة التلفزيون في اكتساب السلوك الاجتماعي والأخلاقي عند الأطفال إلا أن هذا التأثير ونمط هذا الاكتساب مرتبط بالإمكانيات المتيسرة والمتاحة لدى التلفزيون وما يبثه من برامج كرتونية تراعي فيها الأسس التربوية والاجتماعية وما فيها من عناصر ثقافية تتعلق بالقيم ذات البعد الإنساني الاجتماعي والأخلاقي على حد سواء.

خلاصة القسم الثاني : التنفيذي/الميداني

عني هذا القسم بشكل رئيس بدراسة أثر متغير مستقل أساسي هـو مشاهدة بـرامج التلفزيون على متغير تابع هو منظومة القيم الاجتماعية والأخلاقية عند الأطفال في الأردن ومـن أجل تحقيق هذا الهدف استخدمت منهجية معينة والتي بنـى عـلى أساسها تصميم البحـث واستخدمت فيها تقنيات لها علاقة باختيار المشاهد التلفزيونية، وطريقة عرضها وإبراز المواقـف التي تعبر عن قيم معينة واختيرت عينات من الأطفال مصنفة حسب العمـر والجنس والبيئـة الثقافية والاقتصادية. أما أدوات الدراسة فتألفت من اختبارين: الاختبار القبلي/البعدي واختبار المشاهد الكرتونية المدبلجة. ففي مرحلة الاختبار القبلي تم التعرف عـلى منظومـة القيم عنـد الأطفال دون تحديد لمصدرها على افتراض أنها نتاج تأثير متبادل بين مجموعة العوامل الثقافيـة والأسرية والبيئية التي نشأ فيها الأطفال، ثم عرضت عليهم المشاهد الكرتونيـة المنتقـاة، وطبـق بعد المشاهدة مباشرة اختبار القيم المتضمنة في المشاهد وبعد أربعة أيام طبق عليهم اختبار القيم كاختبار بعدي وقام بالتطبيق فاحص مؤهل علمياً في ظروف أقرب مـا تكون إلى الضبط التجريبي، وكان التطبيق بطريقتين فرديـاً مـع الأعمار الصغيرة (الصف الثالث) وجمعيـاً مـع الأعمار الأكبر (الصف الرابع حتى الصف السابع). واستغرق التطبيـق مـدة زمنيـة محـددة تراوحت بين (50-60 دقيقة) لجميع الأعمار في الاختبار القبلي وبين (35-45 دقيقة) لجميع الأعمار في اختبار المشاهد وبين (55-75 دقيقة) في الاختبار البعدي ولجميع الأعمار كذلك. ثـم عولجت الاختبارات المطبقة بحيث رصد تكرار القيم في العينة الكلية وفي كـل مسـتوى عمـري/صـفي في الاختبار القبلي واختبار المشاهد والاختبار البعدي وذلك لإجراء المقارنات بينها لمعرفة التغير بـين القبلي والبعدي وأيضاً بين القبلي واختبار المشاهد، وبين اختبار المشاهد والبعدي،

وأجريت المقارنات نفسها حسب متغير العمر والجنس ومستوى تعليم الأب والأم ومستوى الدخل، ثم فرغت البيانات التي تم جمعها في الحاسوب باستخدام نظام ترميز روعيت فيه مستويات المتغيرات التي اعتمدت في الدراسة وتم تحليل البيانات إحصائياً؛ لنتوصل من هذا التحليل إلى تفسير اجتماعي أخلاقي لما تتضمنه من نتائج. وقد توصلنا من هذا التحليل الإحصائي إلى تحديد القيم المتضمنة في استجابات المفحوصين والقيم التي ليس لتكرار الاستجابة لها دلالة إحصائية، وكذلك إلى المجالات العامة للقيم كما تعبر عنها نتائج التحليل العاملي وإلى القيم الأكثر تشبعاً (ارتباطاً) بكل مجال، وأشرنا أيضاً إلى التكرارات والتكرارات النسبية في العينة الكلية للأفراد الذين استجابوا للمواقف المتعلقة بالقيم المتضمنة في المشاهد وكان في هذا تفسير للجانب الاجتماعي والأخلاقي المتعلق بالفرضية الرئيسة في الدراسة وهو عن الأثر المباشر لمشاهدة برامج الأطفال في المنظومة الاجتماعية والأخلاقية القيمية عند مجموعة من الأطفال تعرضوا لهذه البرامج ودرجة تقبلهم للقيم والاتجاهات والمعتقدات والأفكار الاجتماعية والأخلاقية المتمثلة فيها وهذه الفرضية هي المحور الرئيس في هذه الدراسة والتي انبثقت عنها فرضيات فرعية أخرى ذكرناها تفصيلاً في متن هذه الدراسة وأجبنا عنها في فصل النتائج، وشرحنا نتائجها ودلالاتها الاجتماعية والأخلاقية في فصل مناقشة النتائج وذلك من خلال الإشارة إلى التأثير العام للمشاهدات على العينة الكلية عن طريق المقارنة بين التكرار النسبي للقيم والدلالة الاجتماعية الأخلاقية القيمية لهذا التكرار في القياس القبلي واختبار المشاهد والقياس البعدي، وأشرنا إلى أن هذا التأثير قد يكون إيجابياً أو سلبياً على نتائج الاختبار البعدي أو موقفياً ظهر في اختبار المشاهد ولم يظهر في الاختبار البعدي أو أن المشاهد لا تأثير لها على قيم لم تطرح فيها وبذلك لم تؤثر سلباً أو إيجاباً على نتائج الاختبار البعدي، وهذا يجيب عن الفرضيات الفرعية الأربع التي طرحت على شكل أسئلة حاولنا في دراستنا هذه الإجابة عنها والتحقق من صحتها وكذلك أوضحنا في فصل النتائج وفصل مناقشة الدلالات الاجتماعية

الأخلاقية المنبثقة عن مناقشتنا لهذه النتائج الإجابة عن الفرضية الخامسة الفرعية والمتعلقة بأثر المشاهد التلفزيونية على منظومة القيم حسب متغيرات تناولتها الدراسة. ومن نوع العمر ومستوى الدخل، ومستوى تعليم الأب، ومستوى تعليم الأم والجنس وبينّا أثر كل منها في شرح تفصيلي على منظومة القيم الاجتماعية والأخلاقية عند الأطفال عينة الدراسة.

وتتسق هذه النتائج التي توصلنا إليها مع نتائج دراسات سابقة تم ذكرها في متن هذه الرسالة منها دراسة باندورا وروس وروس، ودراسة باندورا وماكدونالد، ودراسة عاطف العبد والتي أكدت في مجملها أن عملية النمذجة هي عملية مؤثرة في التربية الخلقية وفي تعلم الحكم والسلوك الخلقي على حد سواء. وتتسق هذه النتائج التي توصلنا إليها أيضاً مع نتائج دراسات بياجيه وكولبيرغ وصلاح داوود وغيرها والتي أكدت في مجملها أيضاً أهمية العمر والنمو المعرفي وارتباطه بالنمو الخلقي والأحكام الخلقية التي يصدرها الأفراد. وتتسق هذه النتائج أيضاً مع نتائج دراسات سبيتشر وأمسل ورينج وبيرسوف وميللر وبيك التي أشارت إلى أهمية البيئة الثقافية والاقتصادية والاجتماعية التي يعيش فيها الفرد في أحكامه الخلقية وفي سلوكه الخلقي على حد سواء، وكذلك تتسق نتائج دراستنا هذه مع نتائج دراسة ووكر ورست ورباب درويش وغيرها من عدم وجود فروق واضحة بين الجنسين في الأحكام الخلقية والسلوك الخلقي على حد سواء.

ونأمل أن نكون من دراستنا هذه قد أضفنا جديداً لأهمية التلفزيون والنماذج التي يعرضها بما يحتويه من نصوص روائية وأدوار يؤديها الممثلون من خلال مجموعة المؤثرات في الحركة والنغمة والأسلوب والموقف والتي تتآلف مع بعضها بعضاً في المشهد الواحد مبرزة إيجابيات سلوك أو قيمة اجتماعية وأخلاقية معينة وسلبيات سلوك آخر يبرز قيمة اجتماعية وأخلاقية أخرى مغايرة، نأمل أن نكون قد أضفنا جديداً إلى الدراسات السابقة في هذا المجال خاصة وأن الطفل سريع التأثر بما يعرض عليه من مشاهد، خاصة في

البرامج التلفزيونية الموجهة له والتي ينتج عنها تعلم ومحاكاة لأنماط السلوك الاجتماعي الأخلاقي القيمي المختلفة في المشاهد المعروضة عليه فالتلفزيون هو النافذة التي يرى الطفل العالم من خلالها وقد حاولنا في دراستنا هذه إبراز دوره كمؤثر هام في تكوين المنظومة الاجتماعية والأخلاقية عند الطفل الأردني موضوع دراستنا هذه.

ملخص الدراسة

يقدم التلفزيون نماذج من السلوك تفرض نفسها بقوة على الأطفال ليس فقط من خلال محتوى النصوص الروائية أو الأدوار التي يؤديها الممثلون، ولكن أيضاً من خلال مجموعة المؤثرات في الحركة والنغمة والأسلوب والموقف والتي تتآلف مع بعضها بعضاً في المشهد الواحد لتبرز إيجابيات سلوك أو قيم اجتماعية معينة أو سلبيات سلوك آخر أو قيم اجتماعية أخرى.

وتتفق ملاحظاتنا مع نتائج دراسات مفادها أن الطفل سريع التأثر بما يعرض أمامه من مشاهد وبخاصة في البرامج التلفزيونية الموجهة للأطفال، فما يشاهده الطفل على الشاشة الصغيرة ينتج عنه تعلم ومحاكاة لأنماط السلوك المشاهد. وقد كان الدور الذي يقوم به التلفزيون من حيث تأثيره في بعض جوانب النمو عند الطفل مجال دراسات كثيرة، وبالرغم من أن التأثير يتفاوت حسب محتوى البرامج، إلا أن المحصلة العامة لهذه الدراسات وجود علاقة واضحة بين مدركات الأطفال وبرامج التلفزيون. فقد بينت دراسات متعددة أن الأطفال يكتسبون من التلفزيون أنماطاً متباينة من السلوك الاجتماعي والأخلاقي، ويقر الأطفال أنفسهم بأنهم يتعلمون سلوكاً اجتماعياً من خلال مشاهدتهم للتلفزيون، كذلك بينت بعض الدراسات أن صغار المشاهدين أكثر تأثراً بما يشاهدون من الكبار، فالكبار أكثر قدرة على فهم الجوانب الدراماتيكية (المسرحية)، ولذلك نراهم يختارون ما يشاهدون أو ما يريدون أن يتأثروا به. ويكون هذا أكثر وضوحاً في البرامج الترفيهية التي لا تقتصر على نماذج من الاتجاهات والسلوك الاجتماعي وحسب، ولكن يرافقها معلومات عن مدى ملاءمتها والدوافع وراءها، والنتائج المترتبة عليها... أما الصغار فيصعب عليهم أن يفرقوا بين الخيال والواقع، أو أن يحيدوا مشاعرهم أثناء المشاهدة، وبالرغم من أن التوجه الشائع أن التلفزيون وسيلة تسلية وترفيه لكن لا يمكن أن ننفي ما يكمن

فيه من إمكانيات هائلة قادرة على تعليم الطفل أن يقلد نماذج السلوك التي تعرض أمامه، وكيف يصبح التلفزيون هذا المعلم غير النظامي النافذة التي يرى الطفل العالم من خلالها. تتمثل في شخوص الروايات التلفزيونية نماذج من القيم الاجتماعية والأخلاقية يمكن التعرف عليها وتصنيفها بطرق مختلفة، وبالرغم من أنها أساساً وليدة خيال المؤلف وتصوراته الخاصة وانتماءاته الثقافية إلا أننا في مستوى التحليل العلمي يمكن أن نتناولها بأكثر من منهجية وأكثر من منظور. فمثلاً انتهجت بعض الدراسات تقسيم هذه القيم والخصائص في مجالين: الأول متصل بالذات والثاني بالغير، والأمثلة على سمات في المجال الأول: حفظ الذات، والثروة، والشهرة، والمركز، والأمن الذاتي.... الخ، والأمثلة على السمات في المجال الثاني: العدالة، الحمية، والمثابرة، والأسرة، والوطنية، والإخلاص... الخ.

وإذا أخذنا بتصنيف كولبيرغ (Kohlberg) لمراحل النمو الخلقي نجد أنها تقترب بطريقة ما من التصنيف السابق، إذ يبدأ الطفل متمحوراً حول ذاته وينتقل بتطوره في مراحل العمر إلى الامتثال للسلطة والكبار ومجتمع الأسرة ثم المجتمع المحلي إلى أن تأخذ قيمه أبعادها الإنسانية وصيغها العقلانية. ويمكن أن يأخذ التحليل العلمي أبعاداً أكثر شمولية لجوانب الشخصية كما ظهرت في كتابات بعض المؤلفين والباحثين أمثال (كاتل، أريكسون، موري وغيرهم) لكن في الدراسة الحالية يأخذ التحليل العلمي أبعاداً أخرى تتسق بدرجة ما أو تغاير ما يمكن أن تطرحه التوجهات النظرية عند الباحثين في جوانب السلوك الاجتماعي والخلقي، فطبيعة النصوص والمشاهد التي تم اختيارها وما تضمنته من بطولات وصراعات فرضت محددات على نظام التصنيف الذي تم استخلاصه وبناؤه، وكذلك أخذ بالاعتبار عوامل أخرى إلى جانب المشاهدة التلفزيونية يفترض أن لها آثاراً على السلوك الاجتماعي والأخلاقي للطفل، أبرزها الأسرة والمدرسة ومجمل عناصر البيئة التي نشأ فيها الطفل بأبعادها الثقافية والاجتماعية.

وأمام التنوع الكبير في البرامج التي يتعرض لها الطفل الأردني سيما وأن معظم هذه البرامج ليس إنتاجاً محلياً بل هو إنتاج متعدد المصادر بدرجة كبيرة، ومتعدد

المضامين والأساليب وتتخلله عناصر ثقافية من هنا وهناك قد تختلف وتتفق من حيث ما تبثه أو تمثله من اتجاهات وقيم وأنماط سلوك عما هو في واقعنا الثقافي الخاص أمام هذا نضيف عاملاً له أهمية ولابد من تناوله من بحث أثر التلفزيون على سلوك الأطفال... ونظراً لتعدد جوانب هذا الموضوع والأبحاث المتعلقة به تظل الحاجة قائمة وربما ملحة لعدد كبير من الدراسات التي يمكن أن يكون لنتائجها أهمية خاصة في اختيار البرامج التلفزيونية التي يتعرض لها الأطفال ورقابتها وتوجيهها في الأطر الأخلاقية التي يقرها المجتمع.

وقبل أن ننتقل إلى الحديث عن الدراسة التي نحن بصددها والمنطلقة من الفرضية الرئيسة بأن برامج الأطفال المدبلجة تؤثر على منظومة القيم الاجتماعية والأخلاقية عند الأطفال مشاهدي هذه البرامج، لابد لنا من استعراض بعض الدراسات التي تأتي في مجال العلاقة بين النمو المعرفي وعلاقته بالنمو الخلقي، وكذلك بعض الدراسات التي تناولت أثر النمذجة في تعلم السلوك الخلقي، وكذلك أثر بعض المتغيرات كالجنس والعمر والبيئة الاقتصادية والاجتماعية سيما وأن هذه الدراسات تشكل واحدة من المنطلقات التي استندت إليها هذه الدراسة، وقد أشارت بعض هذه الدراسات إلى وجود علاقة بين الحكم الخلقي والسلوك الخلقي والنمو المعرفي والعمليات المعرفية والقدرة العقلية خاصة التفكير الناقد، والقدرة على التفكير في الاحتمالات إضافة إلى الذكاء والتحصيل ومستوى التعليم والعمر والبيئة الاجتماعية والثقافية، والتي تشكل وسائل الاتصال المختلفة بما فيها التلفزيون أحد روافدها الهامة، إضافة إلى أنماط الشخصية والدافعية، والعمليات الانفعالية والاتجاهات الدينية والقيم السائدة والمفاهيم والقوانين الأخلاقية وطبيعة المهنة والتربية الأخلاقية. وأشارت الدراسات أيضاً إلى أن عملية النمذجة هي عملية مؤثرة في التربية الأخلاقية وفي تعلم السلوك الخلقي والحكم الخلقي على حد سواء، فمع التطور التكنولوجي أصبحت النماذج المقدمة من خلال الصور أو الأفلام الكرتونية المنقولة بواسطة وسائل الاتصال واسعة الانتشار تمثل مصدراً من مصادر المعلومات، وأصبح التلفزيون هو أكثر هذه الوسائل شيوعاً وأهمية في تقديم

النماذج التي تساهم في عملية التنشئة الاجتماعية والأخلاقية. من هنا حاولت هذه الدراسة البحث في فاعلية هذه الوسيلة أي النمذجة التلفزيونية في اكتساب الأحكام الأخلاقية ومدى تأثيرها في السلوك الأخلاقي كما يعبر عنه الفرد في المواقف التي تثير مثل هذا السلوك، مستندة إلى منطلقات عدة أولها يتعلق بمفاهيم النمو المعرفي كما يطرحها بعض العلماء المعرفيين مثل بياجيه، وثانيها منطلقات تتعلق بمفاهيم النمو الأخلاقي كما يطرحها كولبيرغ، وكيف يربط هذه المفاهيم الأخلاقية بمفاهيم النمو المعرفي، وثالث هذه المنطلقات متمثل في اتجاه نظرية التعلم الاجتماعي المتمثلة في التعلم عن طريق المحاكاة والنمذجة كما يطرحها باندورا، وكيف يتعلم الطفل أنماطاً من السلوك بما في ذلك المعتقدات والقيم وأشكال المعرفة المجردة عن طريق المحاكاة وتقليد النماذج، إضافة إلى منطلق رابع وهي الدراسات التي ذكرناها في متن هذه الرسالة. وفي محاولة للمواءمة بين هذه المنطلقات جميعها ومعرفتنا بأهمية خبرات الطفولة وتأثيرها على تكوين شخصية الطفل والراشد معاً نشأت فكرة هذه الدراسة في محاولة للإجابة عن الفرضية الرئيسة وهي:

نماذج المشاهد التلفزيونية في برامج الأطفال والتي تحمل اتجاهات وقيماً اجتماعية وأخلاقية معينة تؤثر على منظومة القيم الاجتماعية والأخلاقية عند الأطفال مشاهدي هذه البرامج، وللإجابة أيضاً عن الفرضيات الفرعية المنبثقة عنها وهي:

1. تأثير نماذج المشاهد إيجابي على نتائج الاختبار البعدي.
2. تأثير نماذج المشاهد سلبي على نتائج الاختبار البعدي.
3. تأثير نماذج المشاهد آني وموقفي وينتهي بانتهاء المشهد.
4. لا تأثير لنماذج المشاهد على قيم لم تطرح فيها.
5. يختلف تأثير نماذج المشاهد حسب متغيرات العمر والجنس، ومستوى تعليم الأبوين، ومستوى الدخل.

ومن أجل تحقيق هذا الهدف استخدمت منهجية معينة بني على أساسها تصميم البحث، واستخدمت فيها تقنيات لها علاقة باختيار المشاهد التلفزيونية، وطريقة عرضها وإبراز المواقف التي تعبر عن قيم معينة، واختيرت عينات من الأطفال مصنفة حسب العمر والجنس والبيئة الثقافية والاقتصادية. أما أدوات الدراسة فتألفت من اختبارين: الاختبار القبلي/البعدي واختبار المشاهد الكرتونية المدبلجة، وقد تألفت هذه المشاهد من الآتي:

1. المشهد الأول : مقطع من مسلسل الأطفال الكرتوني المدبلج بعنوان "جيني ذات الشعر الأشقر"، يتألف المسلسل من (12) حلقة مدة كل منها نصف ساعة تلفزيونية، وطول المشهد المقتطع (4.35) دقيقة، وهو مأخوذ عن الحلقة الأولى للمسلسل.

2. المشهد الثاني : مقتطع من مسلسل الأطفال الكرتوني المدبلج بعنوان (أبطال التزلج)، يتألف المسلسل من (26) حلقة مدة كل منها نصف ساعة تلفزيونية، وطول المشهد المقتطع (9.47) دقيقة، وهو مأخوذ عن الحلقة الأولى للمسلسل أيضاً.

3. المشهد الثالث : مقتطع من مسلسل الأطفال الكرتوني المدبلج بعنوان "البؤساء"، رائعة فكتور هوجو، ويتألف المسلسل من (24) حلقة مدة كل منها نصف ساعة تلفزيونية، وطول المشهد المقتطع (11.39) دقيقة وهو مأخوذ عن الحلقة الأولى للمسلسل كسابقيه.

وقد تم اختيار هذه المشاهد من مسلسلات أطفال كرتونية مدبلجة إلى العربية بحيث تتوافر فيها مواصفات وشروط معينة مثل:

- أن يعبر المشهد من خلال أحداثه عن قيمة أو قيم ضمنية أو توجهات قيمية يمكن أن يتقبلها الأطفال ويتأثروا بها.

- أن تتضمن وقائع المشهد مبررات صريحة أو ضمنية ترجح قيمة معينة في السياق الذي تبرز فيه.

- أن تكون اللغة المستخدمة في المشاهد بمفرداتها وتراكيبها في مستوى الاستيعاب اللغوي لأطفال الدراسة.

- أن يؤلف المشهد وحدة موضوع تترابط فيها الأحداث وتتكامل في إطار يبرز القيمة المستهدفة وتدفع الطفل إلى متابعتها.

ففي مرحلة الاختبار القبلي تم التعرف على منظومة القيم عند الأطفال دون تحديد لمصدرها على افتراض أنها نتاج تأثير متبادل بين مجموعة العوامل الثقافية والأسرية والبيئية التي نشأ فيها الأطفال، ثم عرضت عليهم المشاهد الكرتونية المنتقاة، وطبق بعد المشاهدة مباشرة اختبار القيم المتضمنة في المشاهد، وبعد أربعة أيام طبق عليهم اختبار القيم كاختبار بعدي وقام بالتطبيق فاحص مؤهل علمياً في ظروف أقرب ما تكون إلى الضبط التجريبي، وكان التطبيق بطريقتين فردياً مع الأعمار الصغيرة (الصف الثالث) وجمعياً مع الأعمار الأكبر نوعاً (الصف الرابع حتى الصف السابع). واستغرق التطبيق مدة زمنية محددة تراوحت بين (50-60 دقيقة) لجميع الأعمار في الاختبار القبلي وبين (35-45 دقيقة) لجميع الأعمار في اختبار المشاهد وبين (55-75 دقيقة) في الاختبار البعدي ولجميع الأعمار كذلك. ثم عولجت الاختبارات المطبقة بحيث رصد تكرار القيم في العينة الكلية وفي كل مستوى عمري/صفي في الاختبار القبلي واختبار المشاهد والاختبار البعدي وذلك لإجراء المقارنات بينها لمعرفة التغير بين القبلي والبعدي وأيضاً بين القبلي واختبار المشاهد، وبين اختبار المشاهد والبعدي، وأجريت المقارنات نفسها حسب متغير العمر والجنس ومستوى تعليم الأب روعيت فيه مستويات المتغيرات التي اعتمدت في الدراسة وتم تحليل البيانات إحصائياً لنتوصل من هذا التحليل إلى تفسير اجتماعي أخلاقي لما تتضمنه من نتائج. وقد توصلنا من هذا التحليل الإحصائي إلى تحديد القيم المتضمنة في استجابات المفحوصين والقيم التي ليس لتكرار الاستجابة لها دلالة إحصائية، وكذلك إلى المجالات العامة للقيم كما تعبر عنها نتائج التحليل العاملي وإلى القيم الأكثر تشعباً (ارتباطاً) بكل مجال وقد لوحظ تشابه كبير بين هذه التجمعات في مراحل القياس الثلاثة (القبلي والمشاهد والبعدي) ولكنها اختلفت في الترتيب إذ أن

نتائج التحليل العاملي رتبت العوامل المستخلصة ترتيبا تنازلياً حسب نسبة التباين التي يفسرها كل عامل، وبالتالي فإن العامل الذي يأخذ المرتبة الأولى يفسر النسبة الأكبر من التباين وبذلك يأخذ الأهمية الأكبر من العوامل التي تليه، وبعبارة أخرى يمكن القول أن تأثير المشاهد أحدث تغييراً في ترتيب الأهمية النسبية لهذه العوامل الممثلة لمجالات قيم عامة. فبعض هذه العوامل أخذ موقعاً متقدما في القياس القبلي وانتقل إلى مواقع متأخرة في اختبار المشاهد والقياس البعدي وحدث العكس في عوامل أخرى كانت في مواقع متأخرة في القياس القبلي وانتقلت إلى مواقع متقدمة في اختبار المشاهد. ومن الأمثلة التي كان فيها العامل في موقع متقدم في القياس القبلي وانتقل إلى مواقع متأخرة في اختبار المشاهد والقياس البعدي: القيمة 73 (الفوز لمن يستحق) فقد ساهمت في تحديد العامل رقم 3 (العدالة) بتشبع بلغ (0.78) وبنسبة تباين للعامل بلغت (3.1%) في الاختبار القبلي. وساهمت أيضاً في تحديد العامل رقم 19 (الإنصاف والأمانة) بتشبع بلغ (0.88) وبنسبة تباين للعامل بلغت (2.6%) في اختبار المشاهد وتراجعت في الاختبار البعدي إلى العامل رقم 6 (الامتثال للقوانين والنظام الاجتماعي) وبتشبع بلغ (0.39) وبنسبة تباين للعامل بلغت (2.7%). فالعدالة قيمة عامة يفرضها المجتمع والتنشئة الأسرية ومن هنا أتى موقعها المتقدم في الاختبار القبلي. أما في المشاهد فلم تبرز هذه القيمة بوضوح ومن هنا تأخر ترتيبها إلى العامل 19، وربما كان ذلك بسبب بروز قيم أخرى في المشاهد من نوع السرقة المبررة التي قام بها الطفل الجائع بيللي. فالأطفال هنا كأنهم غير محاسبين بسبب الجوع الذي برر السرقة. وأيضاً تأخرت هذه القيمة في الاختبار البعدي بسبب تأثير المشاهد فاحتلت بذلك ترتيباً متأخراً في العامل رقم (6).

ومن الأمثلة التي كان فيها العامل في موقع متأخر في القياس القبلي وانتقل إلى مواقع متقدمة نسبياً في اختبار المشاهد والاختبار البعدي القيمة 44 (عدم قبول القسوة والإذلال والمهانة) فقد كانت محددة للعامل رقم 9 (رفض الظلم) من حيث الترتيب وبتشبع بلغ (0.82) وفي موقع متأخر نسبياً وبنسبة تباين للعامل بلغت (2.8%) في الاختبار القبلي. ومن محددات العامل رقم 4 (الإنصاف ورفع الظلم) وبتشبع بلغ (0.55) وفي موقع متقدم وبنسبة تباين بلغت (3%) للعامل في اختبار المشاهد. وكذلك ساهمت هذه القيمة في تحديد العامل رقم (3) (العقاب مقوم للسلوك) وبتشبع بلغ

(0.55) وفي موقع متقدم أيضاً وبنسبة تباين للعامل بلغت (3%) في الاختبار البعدي.

وقد احتل رفض الظلم موقعاً متأخراً نوعاً ما في الاختبار القبلي في العامل (9). ويبدو أنه كان لهذه القيمة أهمية متوازية مع قيم أخرى كثيرة في حياة الطفل، لكن لكون المشاهد تضمنت مواقف متعددة فيها رفضٌ للظلم (منها رفض ظلم كوزيت من قبل العائلة التي تعيش معها على سبيل المثال) فكأن هذه المشاهد زادت من أهمية هذه القيمة وأدت إلى نقلها إلى مواقع متقدمة في العامل (4) في اختبار المشاهد والعامل (3) في الاختبار البعدي وهي مواقع متقدمة نوعا. وأشرنا أيضاً إلى التكرارات والتكرارات النسبية في العينة الكلية للأفراد الذين استجابوا للمواقف المتعلقة بالقيم المتضمنة في المشاهد وكان في هذا تفسيراً للجانب الاجتماعي والأخلاقي المتعلق بالفرضية الرئيسة في الدراسة وهو عن الأثر المباشر لمشاهدة برامج الأطفال على المنظومة الاجتماعية والأخلاقية القيمية عند مجموعة من الأطفال تعرضوا لهذه البرامج ودرجة تقبلهم للقيم والاتجاهات والمعتقدات والأفكار الاجتماعية والأخلاقية المتمثلة فيها وهذه الفرضية هي المحور الرئيس في هذه الدراسة والتي انبثقت عنها فرضيات فرعية أخرى ذكرناها تفصيلاً في متن هذه الدراسة وأجبنا عنها في فصل النتائج، وشرحنا نتائجها ودلالاتها الاجتماعية والأخلاقية في فصل مناقشة النتائج وذلك من خلال الإشارة إلى التأثير العام للمشاهدات على العينة الكلية عن طريق المقارنة بين التكرار النسبي للقيم والدلالة الاجتماعية الأخلاقية القيمية لهذا التكرار في القياس القبلي واختبار المشاهد والقياس البعدي، وأشرنا إلى أن هذا التأثير قد يكون إيجابياً أو سلبياً على نتائج الاختبار البعدي أو موقفياً ظهر في اختبار المشاهد ولم يظهر في الاختبار البعدي أو أن المشاهد لا تأثير لها على قيم لم تطرح فيها وبذلك لم تؤثر سلباً أو إيجاباً على نتائج الاختبار البعدي، وهذا يجيب على الفرضيات الفرعية الأربع التي طرحت على شكل أسئلة حاولنا في دراستنا هذه الإجابة عليها والتحقق من صحتها، وقد تمثلت

الحالة التي كان تأثير المشاهد فيها إيجابياً على نتائج الاختبار البعدي بعدد من القيم (14 قيمة) منها:

- القيمة (10) الحياة والمحافظة عليها هي الأهم: قبلي 14، مشاهد 90، بعدي 42.

- القيمة (29) الشعور بالمسؤولية تجاه الغير: قبلي 18، مشاهد 38، بعدي 36.

ويمكن أن يُعزى هذا الأثر الإيجابي الذي ظهر واضحاً في الاختبار البعدي إلى أن المشاهد التلفزيونية قد أبرزت هذه القيم بشكل واضح ومؤثر.

وقد تمثلت الحالة التي كان تأثير المشاهد فيها سلبياً على نتائج الاختبار البعدي وعددها (19 قيمة) منها:

- القيمة (1) التفوق والفوز: قبلي 79، مشاهد 45، بعدي 47,

- القيمة (14) الكذب المبرر: قبلي 19، مشاهد 5، بعدي 4.

ويمكن أن يُعزى هذا الأثر السلبي إلى أن المشاهد التلفزيونية لم تبرز هذه القيم (المذكورة أعلاه) بشكل فعال أو أبرزت قيماً مناقضة لها بقوة، مما أدى إلى انخفاض بروزها في نتائج الاختبار البعدي عما كانت عليه سابقاً في الاختبار القبلي.

وفي الحالة التي كان تأثير المشاهد فيها آنياً وموقفياً فقد تمثلت في مجموعة من القيم بلغ عددها (34 قيمة) من نوع:

- القيمة (23) سرقة مبررة بالحاجة: قبلي 19، مشاهد 29، بعدي 9.

- القيمة (28) تقبل الإهانة في سبيل العيش: قبلي صفر، مشاهد 23، بعدي 1.

- القيمة (47) عمل الخير مقبول ولو فيه مخالفة: قبلي 1، مشاهد 22، بعدي 1.

ويمكن أن يُعزى الأثر الموقفي إلى أن القيم البارزة فرضتها المشاهد المعروضة أمام الأطفال فرضا مؤقتاً وموقفياً ويفترض أنها لا تمثل قيماً عامة لها صفة الديمومة كالقيمة 28 (تقبل الإهانة في سبيل العيش) أو القيمة 23 (السرقة المبررة) على سبيل المثال لا الحصر.

وفي الحالة التي لم يظهر فيها تأثير للمشاهد على نتائج الاختبار البعدي لا سلبا ولا إيجاباً، والبالغ عددها (13 قيمة) من نوع:

- القيمة (5) الانتماء الأسري وطاعة الوالدين: قبلي 29، مشاهد 21، بعدي 29.

- القيمة (57) تحميل المسؤولية للاهل ليتصرفوا: قبلي 36، مشاهد 5، بعدي 30.

فيمكن القول هنا أن المشاهد لم تتضمن مواقف ذات صلة بمثل هذه القيمة مثل ما هو الحال في القيمة رقم 57 (تحميل المسؤولية للأهل ليتصرفوا) أو أن هذه القيم ذات طبيعة راسخة بحكم التنشئة الأسرية والاجتماعية كما هو الحال في القيمة رقم 5 (الانتماء الأسري وطاعة الوالدين).

وسواء أكان تأثير المشاهد التلفزيونية على ترتيب القيم من حيث انتقال عدد منها من مواقع متقدمة في القياس القبلي إلى مواقع متأخرة في اختبار المشاهد والقياس البعدي أو حدث العكس في عوامل أخرى كانت في مواقع متأخرة في القياس القبلي وانتقلت إلى مواقع متقدمة في اختبار المشاهد والقياس البعدي فإن للمشاهد التلفزيونية والنماذج التي تحتويها أثرٌ في هذا الانتقال ولها أيضاً أثر في تحديد طبيعة العامل من حيث ترتيبه ونسبة ما يفسره من التباين في مراحل القياس الثلاثة (القبلي والمشاهد والبعدي) وقد أشرنا إلى أمثلة متعددة عن ذلك في صفحات سابقة، وفي هذا إجابة لفرضية دراستنا الرئيسة من أن المشاهد التلفزيونية التي يراها الطفل ممثلة بالنماذج المتلفزة أثر على المنظومة القيمية عنده بما فيها من معتقدات أخلاقية وأفكار قيمية، لتصبح هذه المعتقدات والأفكار جزء من منظومته الشخصية، وسواء أكان هذا التأثير للمشاهد التلفزيونية على منظومة القيم كما ظهرت في القياس البعدي، من حيث أن هذا التأثير كان إيجابياً في بعض القيم، وسلبياً في بعضها الآخر، وكان مختزنا في اختبار المشاهد وظاهراً في نتائج القياس البعدي في عدد آخر من القيم، وآنياً موقفياً يزول بزوال المشهد أو المواقف، فإن في هذا إجابة للفرضيات الفرعية الثلاثة المنبثقة عن الفرضية الرئيسة في هذه الدراسة من أن تأثير المشاهد المتلفزة إما أن يكون إيجابياً على المنظومة القيمية عند الطفل بما فيها من معتقدات اجتماعية أخلاقية وأفكار قيمية أو سلبياً

أو آنياً مرتبطاً بالموقف الذي يؤديه النموذج وينتهي بـزوال المشهد أو الموقف. إضافة إلى أن هنالك عددٌ يسيرٌ من المشاهد لم يؤثر سلباً أو إيجاباً، وبقيت نتائج القياسين القبلي والبعدي متقاربة في عـدد محدود جداً من القيم وفي هذا إجابة للفرضية الفرعية الرابعة المطروحة في هـذه الدراسة مـن أنـه لا تأثير للمشاهد على قيم لم تطرح فيها، إلا أن هذه النتائج في مجملها تشير إلى أثر المشاهد التلفزيونية والنماذج التي تحملها المواقف فيها تشير إلى أن لهذه الشخوص والأبطال أثرٌ في المنظومة القيمية عند الأطفال عينة الدراسة بما فيها من معتقدات وأفكار اجتماعية وأخلاقية قيمية وتتسق هذه النتائج مع نتائج الدراسات السابقة والتي ذكرنا عدداً منها في صفحات هذه الدراسة ومنها:

- دراسة باندورا وروس وروس (Bandura and Ross and Ross, 1963).

- دراسة باندورا وماكدونالد (Bandura and McDonald, 1963).

التي أكدت في مجملها أن عملية النمذجة هي عملية مؤثرة في التربية الخلقية وفي تعلم الحكم والسلوك الخلقيين على حد سواء، وهذا يشير إلى أن النماذج المنقولة بواسطة وسائل الاتصال تساهم مساهمة كبيرة في عملية التنشئة الاجتماعية والأخلاقية عند الأطفال. وكذلك أوضحنا في فصل النتائج وفصل مناقشة الدلالات الاجتماعية الأخلاقية المنبثقة عن مناقشتنا لهذه النتائج الإجابة عـن الفرضية الخامسة الفرعية والمتعلقة بأثر المشاهد التلفزيونية عـلى منظومـة القيـم حسب متغيـرات تناولتهـا الدراسة، من نوع العمر، ومستوى الدخل، ومستوى تعليم الأب، ومستوى تعليم الأم والجنس، فقد بينت النتائج أهمية عامل العمر والصف المدرسي في الاستجابة لهذا المؤثر، كذلك بينت الدراسة أهمية العامل الاقتصادي محدداً بمستوى الـدخل في الاستجابة لتأثير هـذه المشاهد، إضافة إلى نـوع البيئـة الثقافية محددة بمستوى تعليم الأب ومستوى تعليم الأم وأهميتها في الاستجابة لتأثير المشاهد التلفزيونية، وإن كان مستوى تعليم الأب أوضح أثراً مـن مسـتوى تعليم الأم، أمـا المتغيـر الأخير هنـا والمتعلق بالفروق بين الجنسين، فقد أشارت الدراسة إلى وجود

فروق غير واضحة تماماً في درجة الاستجابة لتأثير المشاهد التلفزيونية على المنظومة القيمية للأطفال عينة الدراسة.

وقد استشهد في متن الرسالة بأمثلة من القيم المتعلقة بهذه البند، ونأمل أن نكون من دراستنا هذه قد أضفنا جديداً لأهمية التلفزيون والنماذج التي يعرضها بما تحتويه من نصوص روائية وأدوار يؤديها الممثلون من خلال مجموعة المؤثرات في الحركة والنغمة والأسلوب والموقف والتي تتآلف مع بعضها بعضاً في المشهد الواحد مبرزة إيجابيات سلوك أو قيمة اجتماعية وأخلاقية معينة وسلبيات سلوك آخر يبرز قيمة اجتماعية وأخلاقية أخرى مغايرة ونأمل بأن نكون قد أضفنا جديداً إلى الدراسات السابقة في هذا المجال خاصة وأن الطفل سريع التأثر بما يعرض عليه من مشاهد، خاصة في البرامج التلفزيونية الموجهة له والتي ينتج عنها تعلم ومحاكاة لأنماط السلوك الاجتماعي الأخلاقي القيمي المختلفة في المشاهد المعروضة عليه فالتلفزيون هو النافذة التي يرى الطفل العالم من خلالها وقد حاولنا في دراستنا هذه إبراز دوره كمؤثر هام في تكوين المنظومة الاجتماعية والأخلاقية عند الطفل الأردني موضوع دراستنا هذه.

وكذلك نشير إلى أن هذا النوع من البحوث التجريبية يفيد كمؤشر ويبقى المجال مفتوحاً للمزيد من الدراسات التجريبية الأكثر ضبطاً والتي توظف النموذج التلفزيوني كاستراتيجية لبناء المنظومة القيمية عند الأطفال، وتقترح الدراسة كذلك إجراء هذا النوع من الدراسات في بيئات لها آثارها على السلوك الاجتماعي والأخلاقي عنده وأبرزها البيئة الثقافية والاجتماعية والاقتصادية باعتبارها عوامل مؤثرة في تكوين الطفل الشخصي والاجتماعي والأخلاقي على حد سواء.

الملاحق

ملحق رقم (1): الاختبار القبلي / البعدي

الاسم:

الجنس:

الصف:

تاريخ الميلاد: يوم   شهر   سنة

تاريخ الاختبار: يوم   شهر   سنة

العمر:

دخل الأسرة الشهري:

موقع السكن:

عمل الأب:

عمل الأم:

مستوى تعليم الأب:

مستوى تعليم الأم:

أخي الطالب

يهدف هذا الاختبار المتكون من 11سؤال إلى التعرف على القواعد الأخلاقيـة التـي تسـتند إليها في محاكاة المواقف والأحداث اليومية التي تمر بها، والمطلوب منك أن تقـرأ هـذه المواقـف بتمعن، وأن تتفهمها جيداً وأن تجيب عن الأسئلة التي تليها وأن توضـح سـبب اختيـارك لهـذه الإجابة.

فقرات الاختبار:

1- اشتركت في سباق الضاحية وكنت في المقدمة قريباً من خط النهاية، لكن قبل ما تصل إلى خط النهاية، لمحت طفلاً صغيراً يركض باتجاه شارع مزدحم بالسيارات، تستطيع أن تستمر في السباق وتكون الفائز وتكسب جائزة لكن يمكن الطفل يتعرض لحادث سيارة، شو بتعمل؟:

- تستمر في السباق.
- تنقذ الطفل.
- أي حل آخر ....

ليش ؟؟؟؟

2- يأتي ضيوف إلى بيتكم، يطلب أبوك منك أن تساعده في استقبالهم بتقديم الماء والقهوة وغير ذلك: وفي الوقت نفسه يأتي رفاقك ويطلبون منك أن تذهب معهم لمشاركتهم في لعبة تحبها كثيراً. هل تبقى في البيت تساعد أباك وتفوت عليك الأصدقاء واللعب أم تذهب مع أصدقائك للاستمتاع باللعب وتفوت عليك مساعدة أبيك. شو بتعمل؟.

- تبقى في البيت وتساعد أباك.
- تذهب مع أصدقائك للاستمتاع باللعب.
- أي حل آخر ....

ليش ؟؟؟؟؟

3- جندي يحارب مع رفاقة في معركة. يشاهد الجندي العدو يقترب منه كثيراً الجندي معه قنبلة يستطيع أن يهجم على العدو ويفجر القنبلة فيهم لكن هو يموت وينقذ رفاقة، ويستطيع الجندي أن يهرب وينجو بنفسه لكن رفاقة يتعرضون للموت، هل يهجم ويضحي بنفسه وينجي رفاقه، أم يهرب ويعرض رفاقة للموت؟ شو يعمل الجندي؟.

- يهجم ويضحي بنفسه.
- يهرب ويعرض رفاقه للموت.

- أي حل آخر ....

ليش ؟؟؟؟؟

4- لك صديق يجلس إلى جانبك، شاهدت الصديق يسحب ديناراً من جيب الطالب الجالس أمامك ولا أحد يراه غيرك. الطالب تحسس جيبه ولم يجد الدينار فاتهمك أنت بسرقة الدينار، هل تخبر الطالب أن صديقك هو الذي سرق الدينار فيزعل منك الصديق وتخسر صداقته، أم تقول للطالب أنك لست من سرق الدينار وتخفي ما فعل صديقك ويمكن أن تتخانق مع الطالب، أم تلجأ للحيلة فتقول للطالب أنه أسقط الدينار بدون أن يدري وعليه أن يبحث عنه فتغطي على صاحبك وتحاول أن تنجو بنفسك ماذا تفعل؟

- تخبر الطالب أن صديقك هو الذي سرق الدينار وتخسر صداقته.

- تقول أنك لست من سرق الدينار وتخفي ما فعل صديقك.

- تلجأ للحيلة فتقول للطالب أنه أسقط الدينار دون أن يدري.

- أي حل آخر ....

ليش ؟؟؟؟؟؟؟؟؟

5- أعلنت المدرسة لطلبتها عن برنامج تطوعي لتنظيف الساحات المحيطة بالمدرسة، مقابل هدية أو مكافأة مالية أو مقابل كلمة شكر وتقدير للمتطوع في الإذاعة المدرسية وتعليق اسمه على لوحة الشرف في المدرسة، فإذا تطوعت في هذا العمل ماذا تختار؟ الهدية أو المكافأة أو إعلان اسمك في الإذاعة المدرسية ولوحة الشرف.

- هدية أو مكافأة مالية

- إذاعة مدرسية ولوحة شرف.

- أي حل آخر ....

ليش ؟؟؟؟

6- أصبحت أختك تجيد الرسم واحتاجت علبة ألوان ما معها ثمنها أعطاك

أبوك مصاري لتشتري لعبة أو كرة تلعب بها، هل تشتري بمصاريك علبة ألوان لأختـك حتى ترسم فيها أو تفضل أن تشتري لنفسك لعبة أو كرة تلعب فيها؟

- أشتري علبة ألوان لأختي.

- أشتري كرة ألعب فيها.

- أي حل آخر ....

ليش ؟؟؟؟

7- وأنت تسير في الشارع رأيت حاوية نفايات فيها ورق يحترق بالقرب من أحد البيوت المجاورة، ولم يكن في المنطقة أحد غيرك، هل تبلغ أهل البيت المجاور عـن الحريـق في الحاويـة حتى يحترسوا ويطفئوها أم ترجع لبيتك وتخبر أهلك ليتصلوا بالـدفاع المـدني وتسـتمر بعـدها في سيرك، أم تستمر في سيرك وتترك الأمر لغيرك ليرى الحاوية ويبلغ عنها.

- أبلغ أهل البيت المجاور.

- أبلغ أهلي وأتابع السير.

- أترك الأمر لغيري ليتصرف.

- أي حل آخر ....

ليش ؟؟؟

8- لم يبق ماء في خزان بيتك بسبب تسرب في الخزان، الحنفية الرئيسة الآتية من البلدية مقطوعـة وستأتي المياه منها في اليوم التالي حسب برنامج ضخ المياه في المنطقـة، جيرانك مسـافرون وخزانهم الملاصق لخزانك على السطح مليء بالمياه، هل تأخذ ماء من خزان الجيران أم تفضل أن تطلب من أهلك أن يشتروا ماء من التنكات المسؤولة عن ذلك أم ماذا؟

- تأخذ ماء من خزان الجيران.

- تخبر أهلك ليشتروا ماء من التنكات.

- أي حل آخر ....

ليش ؟؟؟

9- اشتركت في سباق للدراجات في يوم النشاط الرياضي في المدرسة من يفوز في السباق يحصل على جائزة ويعطى (10) علامات زيادة، وأنت منطلق رأيت واحدا من أعضاء الفريق المنافس قد أصيب ووقع عن دراجته، هل تتوقف لمساعدته وتتعطل عن السباق أم تستمر في السباق وتترك لغيرك أن يساعده أم أي حل آخر تراه مناسباً؟

- أتوقف عن السباق وأساعده.

- أستمر في السباق وأترك لغيري مساعدته.

- أي حل آخر ....

ليش ؟؟؟

10- تركت طابتك أمام بيتك، شاهدت ابن الجيران يأخذها ويخبئها، طلبت منه أن يعيدها لك رفض ارجاعها بحجة أنه وجدها في الشارع، ماذا تفعل؟ تستعمل معه العنف حتى يعيدها لك، أم تبلغ أباه وأمه وتطلب منهم إعادة الطابة، أم تطلب من أبيك وأمك أن يتحدثوا إلى أهله لإرجاعها، أم تسامحه وتغض النظر.

- أستعمل معه العنف حتى يعيدها.

- أبلغ أباه وأمه وأطلب منهم إعادة الطابة.

- أسامحه وأغض النظر.

- أي حل آخر ....

ليش ؟؟؟؟

11- من هو البطل؟

- هل الشخص الذي عنده جسم قوي وما حدا بيقدر له بطل؟

نعم   لا

ليش ؟؟؟

- هل الجندي اللي في المعركة اللي هجم على دبابات العدو بقنبلة ومات أثناء الهجوم بطل؟

نعم   لا

ليش ؟؟؟

- هل الشخص اللي بسرق من بيوت الأغنياء بشطارته من دون مـا حـدا يمسكه أو يشـوفه
بطل؟

نعم   لا

ليش ؟؟؟

- هل القائد اللي بحارب مع جنوده في معركة وشاف أنه صار هو وجنوده في خطر فأمرهم
بالانسحاب حتى ينجو بطل؟

نعم   لا

ليش؟؟؟

- هل الشخص اللي بكون رئيس عصابة والناس بتخاف منه وماحدا بخالفه بطل؟

نعم   لا

ليش ؟؟؟

- هل الشخص اللي بساعد الفقراء والمظلومين بطل؟

نعم   لا

ليش؟؟؟

هل الطبيب اللي اكتشف دواء بيشفي من أحد الأمراض بطل؟

نعم   لا

ليش؟؟؟

هل اللي بفوز بلعبة رياضية وبيحصل على جائزة أو كأس أو ميدالية بطل؟

نعم   لا

ليش؟؟؟

هذه المشاهد المتضمنة في اختبار المشاهد (ملحق رقم 2) تشكل مواقف يمكن أن يتأثر بها الطفل ويظهر تأثره على شكل استجابة تعبر عن مدى تقبله للقيم المتضمنة في هذه المشاهد. وقد تم اختيار المواقف المتضمنة في هذه المشاهد بحيث تستثير مواقف ذات صلة بمجموعة من القيم التي استهدفت الدراسة تقصي مدى تأثر الطفل بها، وإلى أية درجة يعبر هذا التأثير عن الفرضيات المطروحة في الدراسة التي سبق أن عرضناها بشيء من التفصيل.

ملحق رقم (2): اختبار المشاهد الكرتونية المدبلجة

الاسم:

الجنس:

الصف:

تاريخ الميلاد: يوم   شهر   سنة

تاريخ الاختبار: يوم   شهر   سنة

العمر:

دخل الأسرة الشهري:

موقع السكن:

عمل الأب:

عمل الأم:

مستوى تعليم الأب:

مستوى تعليم الأم:

عزيزي الطالب:

نعرض عليك ثلاثة مشاهد من البرامج الكرتونية المدبلجة، كل مشهد يمثل موقفاً حياتياً يواجه فيه أبطال المشهد اختيارات متعددة لتحقيق الأهداف، تلي المشاهد عدة أسئلة عن رأيك في سلوك الأبطال، شاهد هذه الفقرات واستمع للشرح ثم حاول أن تجيب عـن الأسـئلة التاليـة باختيار نعم أو لا ثم أوضح لماذا اخترت هذه الإجابة.

1) مشهد من مسلسل الأطفال الكرتوني المدبلج:

جيني ذات الشعر الأشقر:

في هذه القصة نشاهد بنتاً اسمها جيني تركب حصانها وتسير في مزرعة أبيها ... نشاهد كمان طفلاً صغيراً اسمه بيللي بيسرق أكواز من الذرة من المزرعة ... وعندما تراه جيني يحاول الطفل الهرب، تطلب منه جيني التوقف فلا يرد عليها ... ترمي عليه جيني حبلاً وتمسكه به فيتوقف غصب عنه ... تسأله جيني ليش بيسرق أكواز الذرة من مزرعة أبيها ؟؟... يجيبها بيللي بأنه يتعب طول النهار ... ولا يجد ما يسد به جوعه ... تسأله جيني أين يعيش يجيبها بيللي بأنه يعيش في المدرسة الداخلية يشتغل وينام بها ... في هذا الوقت تبحث معلمة المدرسة عن بيللي في الساحة ولا تجده ... أثناء البحث يدخل بيللي ووراءه جيني إلى ساحة المدرسة ويقترب من المعلمة ... تخانقة المعلمة لأنه تغيب ... يقول لها بيللي بأن معه ضيوف ... تلاحظ المعلمة جيني واقفة فترحب بها لأن أباها رجل معروف في المنطقة ... تسأل جيني المعلمة إذا كان كلام بيللي صادق وأنه لا يحصل على طعام كافٍ يسد به جوعه تخبرها المعلمة بأن كلام بيللي غير صحيح فتطلب من طفلتين أن يشهدوا معها ... في الأول تتردد الطفلتان ويسكتوا ثم تنظر المعلمة فيهزوا رأسهم موافقين معها ... يظهر أن جيني ما صدقت كلام المعلمة اللي سمعته عن بيللي ... وحسّت أن بيللي ما كان يكذب ... وتطلب جيني من المعلمة أنها تسامحه ... بيكون مع جيني سلة فيها أكواز الذرة بتعطيها للأطفال ... يأخذها الأطفال فرحانين ... تعتذر المعلمة من جيني وتشكرها.

* الأسئلة:

1- هل توافق أن يسرق الطفل بيللي أكواز الذرة؟

نعم لا

ليش؟

2- لو كنت مكان جيني هل ستعاقب بيللي لأنه سرق أكواز الذرة من مزرعة أبيها؟

نعم لا

ليش؟

3- لما سألت جيني المعلمة عن بيللي أخبرتها أن بيللي بيكذب وكلامه غير صحيح وأنه لا يتعب ولا يجوع ... هل توافق المعلمة في كذبها أمام جيني؟

نعم لا

ليش؟

4- لما اتهمت المعلمة بيللي بالكذب سألت الأطفال اللي معاه ... لو كنت واحداً من الأطفال بتوافق المعلمة على أن بيللي كذّاب؟

نعم لا

ليش؟

5- أخذت جيني الذرة ووزعتها على الأطفال، أما كان من الأفضل أن تستأذن جيني والدها لأنه صاحب المزرعة؟

نعم لا

ليش؟

6- هل تعتقد أن جيني بطلة القصة؟

نعم لا

ليش؟

2) مشهد من مسلسل الأطفال الكرتوني المدبلج

أبطال التزلج:

المسؤولون عن الألعاب الأولمبية نظموا سباقاً بين فريقين لنقل الشعلة الأولمبية إلى مكان العرض، الفريق الأول مكون من بيير ورفيقته والفريق الثاني مكون من هيربرت ورفيقته ... فريق بيير يحاول الوصول بالشعلة بطريقة تعتمد على المهارة والسرعة في التزلج ... فريق هيربرت بحاول يعطل فريق بيير على الطريق علشان ما يوصلوا قبلهم ... اللي بيوصل أول يحصل على ميدالية ويصفق له الجمهور ... بتيجي طيارة خاصة فيها أشخاص يسلموا كل فريق شعلة ... يبدأ الفريقان السباق بالتزلج على الجليد ... كل فريق حامل شعلته ... لكن كل الطريق كان فريق هيربرت يحاول أن يقوم بأعمال حتى يعوق فريق بيير وأعمال التعويق هذه كثيرة ومتنوعة رح تشوفوها بالمشاهد اللي رح تنعرض عليكم ... لكن بالآخر بيتغلب فريق بيير على كل المشاكل اللي بيحطها لهم فريق هيربرت ... وبيصل فريق بيير قبل فريق هيربرت إلى مكان العرض ويسلموا الشعلة ويحصلوا على الميدالية ويصفق لهم الجمهور ويحييهم.

الأسئلة:

1- إذا كنت في سباق والفائز يحصل على جائزة ثمينة جداً هل تعرّض المتسابق الثاني للخطر إذا خفت أنه يفوز ويحصل على الجائزة الثمينة؟

نعم　　　لا

ليش؟

2- إذا كان هناك سباق ممكن يعرضك للخطر هل بتوافق أنك تشترك فيه؟

نعم　　　لا

ليش؟

3- شاهدت ليزا رفيقها بيير يسقط في الحفرة وتطير من يده الشعلة إلى مكان قريب منه هل كان لازم أنه ليزا تلتقط الشعلة وتترك بيير وتستمر في السباق ولا تنقذه من الحفرة وتتأخر في السباق؟

نعم لا

ليش؟

4- شاهدت أن هيربرت ترك زميلته مصابة هل توافق أنه يتركها ويستمر في السباق وإلا كان لازم يظل معاها ويعالجها؟

نعم لا

ليش؟

5- رفيقة هيربرت طلبت من بيير إنقاذ زميلها، لو كان هيربرت محتاجاً فعلاً لمساعدة هل توافق أن بيير يتوقف وينقذه وإلا كان لازم يتركه ويستمر في السباق؟

نعم لا

ليش؟

6- شاهدت هيربرت وهو يرمي الشعلة التي خطفها من يد ليزا لما تحاصر من بيير وليزا لو كنت إنت مكان هيربرت هل توافق أن ترمي الشعلة بعيد وما حدا يفوز ولا الشعلة توصل؟

نعم لا

ليش؟

7- هل تعتبر فريق بيير أبطال هذه القصة؟

نعم لا

ليش؟

3) مشهد من مسلسل الأطفال الكرتوني المدبلج

البؤساء:

كوزيت فتاة صغيرة تعيش عند عائلة مكونة من أب وأم ولهما ابنتان من عمر كوزيت ... أم كوزيت تعيش في مكان آخر وتعمل طول النهار ... ولا تتمكن من العناية بابنتها كوزيت ... علشان هيك وضعت ابنتها عند هذه العائلة لتعتني بها مقابل أنها تدفع لهم مبلغاً شهرياً من المال ... هذه العائلة الأم والأب والابنتان تشغل كوزيت كخادمة تنظف البيت وتحضر الأكل وتشتري الأغراض ... رح تشوفوا في هذا الفلم كوزيت تسير في الطريق والجو برد وثلج لتشتري الخبز من الدكان وبعد أن تشتري الخبز وتدفع ثمنه تعطيها صاحبة الدكان فطيرة تفاح لتسد جوعها بها ... تكون في المكان سيدة تتحدث معها صاحبة الدكان وتقول لها أن كوزيت فتاة طيبة وأن أمها تدفع عنها نقوداً إلى العائلة التي تعيش معها ... لكن يظهر عليها أنها نحيفة من قلة الغذاء ... تسير كوزيت إلى البيت حاملة الرغيفين في البرد والثلج وأثناء عودتها في الطريق ... تلتقي كلباً صغيراً يلحق بها ... تعطيه كوزيت الفطيرة فيأكلها ويركض وراءها وتحاول منعه من اللحاق بها لكنه لا يرد عليها ويستمر في الركض وراءها تدخل كوزيت ساحة البيت ووراءها الكلب الصغير، تتوجه إلى الإسطبل وتترك الكلب فيه وتطلب منه أن لا يتحرك ولا يطلع صوت حتى ما يسمعه أهل البيت ويعاقبوها لأنها أدخلته بدون علمهم ... تدخل كوزيت البيت وتكون العائلة حول مائدة الطعام ... تصرخ البنتان نريد طعاماً ... تضع كوزيت الخبز على المائدة ... وتحضر الطعام للأسرة وهم يصرخون عليها تضحك الأم وتصرخ عليها وتسألها أين باقي النقود ... تضع كوزيت النقود أمام الأم ... يطرق الباب رجل ومعه حصان يعرج ... يطلب طعاماً ومناماً له ولحصانه ... يبدو من مظهر الرجل أنه غني ... ومن كيس النقود الذي شاهده الأب والأم يتأكدون أنه غني ... ومن كلامه بيعرفوا أنه وحيد ... ويتفق الأب والأم على قتله وهو نائم وأخذ نقوده منه ... تعرف كوزيت بالخطة وتحاول إنقاذ الرجل وستشاهدون في الفلم كيف تم إنقاذه يعرف الأب والأم أن

كوزيت هي اللي أنقذت الرجل وأنها وضعت لهم الصابون على الدرج حتى يتزحلقوا ولا يتمكنوا من قتله ويعاقبون كوزيت.

* الأسئلة:

1- هل تعتبر كوزيت فتاة مظلومة؟

نعم لا

ليش؟

2- كوزيت تعيش مع هذه العائلة ... هل توافق على أن تعمل كوزيت في هذه العائلة كخادمة؟

نعم لا

ليش؟

3- البنتان تصرخان وتضحكان على كوزيت وتأمرانها بإحضار الطعام وأشياء أخرى ... هل يجب على كوزيت أن تطيع البنتين بدون أن ترد عليهم (بدون أي تذمر)؟

نعم لا

ليش؟

4- لو كنت مكان كوزيت، وتعرف أنك ستعاقب على إنقاذ الرجل الغريب هل تنقذه من مؤامرة الأم والأب عليه؟

نعم لا

ليش؟

5- كوزيت كانت جائعة عندما أعطتها صاحبة الدكان الفطيرة لو كنت مكانها وأنت جائع هل تعطي الفطيرة للكلب؟

نعم لا

ليش؟

6- لو كنت مكان كوزيت وأمك بعيدة ولا تستطيع الاعتناء بك (تدير بالها عليك) هـل تقبـل أن تعيش مع هذه العائلة مثل كوزيت؟

نعم   لا

ليش؟

7- هل توافق أن يستولي (يأخذ) الأب والأم المال من الشخص الغريب؟

نعم   لا

ليش؟

8- هل تعتبر كوزيت بطلة هذه القصة؟

نعم   لا

ليش؟

وقد تم استخلاص معايير لتحليل البرامج، وبناء نظام تحليل استناداً إلى هذه المعايير. وحتى تنظم عملية التحليل تم حصر القيم المتضمنة أو المتوقع أن تتضمنها استجابات المفحوصين للمواقف التي يطرحها الاختبار القبلي/ البعدي، واختبار المشاهد ويتضمن الملحق رقم (3) قائمة بهذه القيم مرقمة من (1-99).

وقد رصدت القيم التي كانت الاستجابة لها بنسبة تمثل الحد الأدنى لأفراد العينة، وتتحقق لها الدلالة الإحصائية في مستوى 0.05 ≤ ∝، وذلك باستخدام الإحصائي ز (Z) لدلالة النسبة، ونتيجة لتطبيق هذا الإحصائي تبين أن نسبة 0.08 أو أقل ليس لها دلالة إحصائية بمستوى 0.05 في عينة الدراسة، وقد أشير إلى هذه الفقرات بالإشارة (-) على ملحق القيم رقم (3). وهناك عدد محدود جداً من القيم التي كان تكرارها في قياسين متدنياً جداً (دون مستوى الدلالة) (بين 0.09 إلى 0.011) وقد أشير لها بالإشارة (--) واعتبرت هذه الفقرات غير ذات دلالة وأنها لا تؤلف مكونات أساسية في منظومة القيم عند أفراد العينة.

ملحق رقم (3): القيم أو التوجهات القيمية
التي أظهرها التطبيق للاختبارات الثلاثة : القبلي، والمشاهد، والبعدي:

1. تقدير التفوق والفوز   #
2. التضحية بالنفس للرفاق   #
3. الغيرية - التسامح   #
4. السعي للمنفعة   #
5. الانتماء الأسري وطاعة الوالدين.
6. الإيمان بالمساواة بين الناس
7. اعتماد الأنانية وحب الذات   #
8. إيثار وتفضيل الآخر على النفس   #
9. الانتماء للمجتمع.
10. تقدير أهمية المحافظة على الحياة   #
11. اعتماد الصدق بغض النظر عن النتائج   #
12. تقدير الأمانة   #
13. المحافظة على الأصدقاء وتجنب الأذى   #
14. تبرير الكذب   #
15. توخي السلامة وتجنب الأذى والخطر   #
16. التوجه للحكمة وحسن التخلص من المآزق والمواقف الحرجة   #
17. تقدير المكافأة المادية.
18. تقدير المكافأة المعنوية.
19.تقدير التضحية للقريب الحميم.

20. السعي لكسب ود الأصدقاء وطاعة الوالدين معا.

21. المحافظة على البيئة والسلامة العامة.

22. التوجه نحو اللامبالاة والاستهتار.

23. إجازة السرقة المبررة بالحاجة. #

24. إجازة السرقة المبررة بعدم الكشف. -

25.الرغبة في المساعدة وحب التفوق والفوز معا. #

26. التعاطف مع الأصدقاء ومساعدتهم. #

27. حب التملك والاستحواذ

28. تقبل الإهانة في سبيل العيش. #

29. الشعور بالمسؤولية تجاه الغير. #

30. التعاطف مع الحيوان الأليف. #

31. عدم قبول الظلم. #

32. الامتناع عمّا هو مرفوض اجتماعياً.

33. حب المخاطرة. #

34. السرقة غير المبررة.

35. السرقة غير مقبولة دينياً

36. المسالمة والاستكانة بسبب الضعف. #

37. التحلي بالحيلة والحنكة.

38. التحلي بالشجاعة والكرامة والاعتزاز. #

39. المحافظة على الحياة وتجنب الأذى. #

40. الطاعة والاعتبار والاحترام لصاحب السلطة والكبير.

---

* القيم التي ليس لها دلالة إحصائية مشار إليها بالإشارة(-) والقيم التي كان تكرارها متدنياً في قياسين واعتبرت غير ذات دلالة مشار إليها بالإشارة (--) .

41. الحرص على أخلاقية الفوز.	#	
42. تقدير القوة والسيطرة.	#	
43. الاتجاه نحو التواضع والبساطة.		
44. عدم قبول القسوة والإذلال والمهانة.	#	
45. الإنسانية وفعل الخير للطفولة.	#	
46. التقدير العالي للعدالة والحق.		
47. حب الخير مقبول ولو فيه مخالفة.		
48. التوجه لإشباع الحاجات الأولية.	#	
49. اعتبار الكذب محرماً وغير مقبول دينياً.		
50. تقدير الإبداع والابتكار والعقلية النيرة.		
51. التوجه نحو الشهرة والنجومية.	#	
52. عمل الخير والتضحية من أجل كسب رضا الله فقط.		
53. التشفي بالمنافس الشرير.	#	
54. الإحساس بمعاناة الآخرين ومشاكلهم.	#	
55. رفض المنافسة غير الشريفة.	#	-
56. الرغبة في إنجاح العمل.	#	
57. تحميل المسؤولية للأهل ليتصرفوا.		
58. مساعدة الآخرين بغية الحصول على مساعدتهم.		
59. اعتماد السماح وعدم العقاب للطفولة.	#	

* القيم التي ليس لها دلالة إحصائية مشار إليها بالإشارة (-)، والقيم التي كان تكرارها متدنياً في قياسين واعتبر غير ذات دلالة مشار إليها بالإشارة (--).

* وضع الإشارة (#) في هذا الملحق للدلالة على وجود هذه القيم وظهورها بدرجات متفاوتة في المشاهد التلفزيونية المكونة لاختبار المشاهد.

60. عدم قبول الكذب.	#	
61. الرغبة في اللهو والاستمتاع.		
62. اعتبار العقاب كمقوم وموجه للسلوك.	#	
63. احترام ملكية وحقوق الآخرين والمحافظة عليها.	#	
64. الصبر على تحمل الأذى.	#	
65. احترام التعاهد والاتفاق.	#	
66. التحلي بالروح الرياضية.	#	
67. معاقبة الأشرار لتقويم سلوكهم.		
68. الوفاء والإخلاص للصديق.	#	
69. رد الجميل ومقابلة الحسنة بالحسنة.		
70. اعتماد الخبرة الحسية لمحتوى المشاهد.	#	
71. احترام الذات والاعتزاز بالنفس والأنفة.	#	
72. احترام وتقدير العمل والجهد.	#	
73. الفوز لمن يستحق بمهارته.	#	
74. احترام الأصول العريقة.	#	--
75. الرعاية مقابل المال.	#	
76. تقبل العمل بالسخرة مقابل الحصول على الغذاء.	#	-
77. التعاون والمشاركة مع الغير.	#	
78. الظلم هو الحرمان من وجود الأمومة.	#	
79. التوجه نحو الرحمة بالآخرين.	#	
80. أهمية وجود الثروة والمال.	#	
81. عدم الثقة بالأشرار.	#	--
82.التأكيد على أهمية الكرم والعطاء والطيبة (الإغداق).		

83. حق الفقير بشيء مما يملكه الغني.		--
84. القناعة وعدم الطمع.		-
85. المدافعة عن النفس وحقوقها في الحياة الكريمة.		-
86. التأكيد على حق الطفولة بالحياة الكريمة.	#	
87. الإيمان بالقدرية.		-
88. تقدير أهمية إنقاذ حياة الطفولة بأي ثمن.		
89. تذوق المواقف الفنية والجمالية.		
90. السعي للتفوق الجسمي والقوة العضلية.		
91. الخوف من الـلـه.		
92. الحرص على مساعدة الفقير.	#	
93. حب الوطن والدفاع عنه.		
94. اعتماد القوة العقلية والذكاء.	#	
95. الابتعاد عن العنف والقسوة.		
96. إسعاد الآخرين.		
97. مساعدة الآخرين وإعطاؤهم.		
98. الامتثال للسلطة والقانون الاجتماعي.		
99. عدم اعتماد القوة الجسدية والعضلية.		

---

* القيم التي ليس لها دلالة إحصائية مشار إليها بالإشارة (-)، والقيم التي كان تكرارها متدنيا في قياسين واعتبرت غير ذات دلالة مشار إليها بالإشارة (--).

* وضعت الإشارة (#) في هذا الملحق للدلالة على وجود هذه القيم وظهورها بدرجات متفاوتة في المشاهد التلفزيونية المكونة لاختبار المشاهد.

المراجع العربية

1- إبراهيم، أحمد محمد المهدي "دراسة في تنمية السلوك الاجتماعي الإيجابي عند أطفال الحلقة الأولى مـن التعليم الأساسي "رسالة دكتوراه، جامعة عين شمس، مصر، 1990.

2- إبراهيم، حسن "الطفولة في مجتمع متغير "ندوة في كلية التربيـة، جامعـة الإمـارات العربيـة، الإمـارات، 1990.

3- ابن مسكويه: أبي علي أحمد "تهذيب الأخلاق" مكتبة مطبعة محمد صبيح، الأزهر، القاهرة، 1959.

4- أرناؤوط، سعادت "العلاقة بين مسـتويات النمـو المعـرفي ومسـتويات الأحكـام الخلقيـة عنـد عينـة مـن الأطفال الأردنيين" رسالة ماجستير، الجامعة الأردنية، عمان، 1982.

5- بدران، أمية "مدى انطباق مراحل الحكم الأخلاقي لكولبيرغ على طلبة المـرحلتين الإعداديـة والثانويـة في الأردن "رسالة ماجستير، الجامعة الأردنية، عمان، الأردن، 1981.

6- جميعان، إبراهيم فالح "مدى تحقيق برامج الأطفال في التلفزيون الأردني للحاجات النفسية والاجتماعيـة للأطفال الأردنيين من سن (9-12)" رسالة دكتوراه، جامعة عين شمس، القاهرة، 1990.

7- خضر، فخري "الدراسات الاجتماعية في المرحلة الابتدائية" دار القلم للنشر والتوزيع، دبي 2005.

8- الخياط، عالية "التلفزيون وتربية الطفل المسلم" مطابع الوفاء، المنصورة، 1990.

9- داوود، صلاح أحمد "أثر العمر ونتائج السلوك المنمذج على مقاومـة الإغـراء" رسالة ماجستير، الجامعـة الأردنية، عمان، الأردن، 1977.

10- دروزة، سناء "أثر التحصيل والعمر والجنس في مقاومة الإغراء عند الأطفال" رسالة ماجستير، الجامعة الأردنية، عمان، الأردن، 1977.

11- درويش، رباب "العلاقة بين مستوى الدراسة الجامعية للطالب، ومستوى الحكم الأخلاقي لديه "رسالة ماجستير، الجامعة الأردنية، عمان، الأردن، 1987.

12- الشاعر، عبد الرحمن بن إبراهيم "الأبعاد التربوية لبرامج الأطفال المعدة محلياً" رسالة الخليج العربي، الرياض، السعودية، 1995.

13- العبد، عاطف "دراسة تحليلية لعدد من برامج الأطفال التلفزيونية في عدد من الدول العربية"، 1986.

14- عامود، بدر الدين "نظرية فيجوتسكي التاريخية الثقافية" دراسة، منشورات اتحاد الكتاب العرب، دمشق، 2003.

15- عبد اللطيف وحيد، أحمد "علم النفس الاجتماعي" دار المسيرة، عمان، 2001.

16- عزت، عبد العزيز "ابن مسكويه: فلسفته الأخلاقية ومصادرها" شركة مكتبة ومطبعة الحلبي وأولاده القاهرة، 1946.

17- العوا، عادل "المذاهب الأخلاقية" ج1، ج2، مطبعة جامعة دمشق، دمشق، 1964.

18- فيجوتسكي، ليف "تكوين المشاعر والطباع عند الطفل "دراسات

www.alshirazi.com/kjalemaeh/1425/n45/derasat_01.html

19- قاره، سليم "أثر موقع الضبط والمنبثق الاجتماعي والثقافي والمستوى الدراسي على الحكم الخلقي لدى طالبات المنازل الداخلية "رسالة ماجستير، الجامعة الأردنية، عمان، الأردن، 1989.

20- كرم، جان جبران "التلفزيون والأطفال" دار الجليل، بيروت، 1988.

21- محمد فتحي، محمد رفقي "في النمو الأخلاقي" دار العلم، الكويت، الطبعة الأولى، 1983.

22- مرعي، توفيق "علم النفس الاجتماعي" دار الفرقان، عمان، 1984.

23- مناصفي، زهير "الفكر العربي المعاصر" عدد 84، 1996.

24- موسى، محمد "فلسفة الأخلاق في الإسلام وصلاتها بالفلسفة الإغريقية" مطبعة الأزهر، القاهرة، 1942.

25- نشواتي، عبد المجيد "علم النفس التربوي" دار الفرقان، عمان، 1984.

26- يعقوب، توفيق "برامج الطفل الإذاعية والتلفزيونية بدولة قطر" ورقة عمل مقدمة إلى المؤتمر العربي حول الإذاعة والتلفزيون والطفل، تونس، 2002.

المراجع الأجنبية

1. Anderson,D. and Collins,P. (Editores) "Television's Influence on Cognitive Development" University of Massachusett, 1988.

2. Bandura, A. and MacDonald, F.J. "The Influence of Social Reinforcement and the Behaviour of Models in Shaping Childrens judgments". Journal of Abnormal and Social Psychology, P 274-281, 1963.

3. Bandura, Albert "Social Learning of Moral Judjments" Journal of Personality and Social Psychology. Vol 11(3), P 275-279, 1969.

4. Bandura, Albert & Walters, H. Richard "Social Learning and Personality Development" Holt Rinehart and Winston, London, P 61-63. 1969.

5. Barcus,F.Earle. "Images of Life on Children's Television" Praeger Sceintific, 1990.

6. Bech, Klaus. "The Development of Moral Reasoning During Vocational Education" paper presented at the Annual Meeting of the American Educational Research Association Chicago IL, P 24-28, 1997.

7. Bergling, K. Moral Development in Husten Torsten & Postlethwaite T. Nevelle (Chiefes of Editors) "The International Encyclopedia of Education", Vol 6, Prgaman Press, P 3413-3417, 1991.

8. Berk, Laura E. "Child Development" Second Edition. Allyn and Bacon, Boston, 1991.

9. Bernestien,D. and Roy,E "Psychology International", Student Edition, P 66-68, 1991.

10. Bersoff, David M., Miller, Joan G. "Culture, Context, and the Development of Moral Accountability Judgments", Developmental Psychology, 29(4), P 664-676, 1983.

11. Blackham,H.J. "Moral Education and Its Near Relatives" Journal of Moral Education, 12 (2), 1(6-124, 1983.

12. Butler,J,Donald. "Four Philosophies Harper and Brothers Publishers, N.Y. 1952.

13. Colby, A-Fritz, B., & Kohlberg, L. "The Relation of Logical and Moral Judgement Stages" Unpublished manuscript, Harvard University, 1974.

14. Comstock. G., Chaffee,S., Katzman. N., McCombs. M.. & Roberts, D. "Television and Human Behaviour". New York: Columbia University Press, 1978.

15. Cowan, Phillip and Others "Social Learning and Piaget's Cognitive Theory of Moral

Development" Journal of Personality and Social Psychology Vol, 1 1,3, P 261-274, 1969.

16. Depalma, David, J., and Foley, Jeanne (Editors) "Moral Development Current" Theory and Research, Lawrence Erlbaum Associates. New Jersey, 1975.

17.Epstein, William & Shonts, Franklin -Psychology in Progress", Holt Rinehart and Winston Inc P 243,1971.

18. Graham,D. "Moral Learning and Development" Theory and Research. Wiley and Sons, N.Y, Wielt Sons, 1974.

19. Grusec, Jean and Others "The Role of Example on Moral Exhertation in the Training of Altruism" Child Development Vol 49. P 920-923, 1978.

20. Hall,R. and Davis,J. "Moral Education in Theory and Practice" Prometheus Books.N.Y. 1975.

21. Heinz, J. National Leadership for Children T.V "American Psychologist Vol 38, P 817-819, 1983.

22. Hergenhahn, B.R. & Olson,M.H. "An Introduction to Theories of Learning" Fourth Edition, Prentice Hall International, Inc, P 332-342. 1993.

23. Hoon, Seng Seok, Charles, Belinda Adolescent Thinking: the Ability to Imagine possibilities, In Thunderstone's Webinator site, http:// 128.8.182.4/scripts/texi s.ex.. .

+ MANUALS + MORAL + JUDGEMENT + TESTS. 1994.

24. Husten, T. And Neville,T. (Editors) "The International Encyclopedia Of Education" Vol.6. Pergamon Press, P 3406-3416, 1991.

25. Husten, T. And Neville,T. (Editors) "The International Encyclopedia Of Education" Vol.7. Pergamon Press, P 4633-4637, 1991.

26. Husten, T. And Neville, T. (Editors) "The International Encyclopedia Of Education" Vol.9, Pergamon Press, P 5171-5174 1991.

27. Jarrette, J.J. "The Teaching of Values"Routledge, london, P.33-234, 1991.

28.Joyce,B. and Weil,M. "Models of Teaching" Prentice/Hall. International, Inc.New Jersy, 1986.

29. Kohlberg, Lawrence: The Just Community Approach to Moral Education in Theory and Practice, in Berkowitz Marvin, W. & Oser Fritz "moral Education, Theory and Application" Lawrence Erlbaum Accociates Publishers, P 28-31, 1985.

30. Leahey, Thomas, Hardy. Harris & Richard Jackson. "Learning and

Cognition" Fourth Edition, Printice Hall Inc, New Jersey, 1997.

31.Lee, L0 "The Cancommitant Development of Cognitive and Moral Modes of "thought" a Test of Selected Deductions from Piaget's Theory. Genetic Psychology Monographs, 83, P 93-146, 1971.

32. Liebert,R.M. and Sprafkin,J. "The Early Window" Effects of Television on Children and Youth, Pergamon Press. N.Y. 1989.

33. Lind, George, Leading Moral Dilemma discussions. IN UIC worldwide Website. htthwww.uie.edd:80/inucci/MoralEd\practices.html 1997(a).

34. Lowery, S.A. and Detleur, M.L. "Milestones in Mass Communication Research" Longman N.Y. P 31-53, 1988.

35. Malim, Tony. Birch, Ann. "Introductory Psychology' Macmillan Press Ltd, London, 1998.

36.Mc Millan, James H. and Schumacher, Sally. "Research in Education". Longman, N.Y. 2001.

37. Miller, Patricia H. "Theories of Developmental Psychology" W.H Freeman and Companys, N.Y. 1983.

38. Musgrave. P.W. "The Moral Curriculum A Social Analysis" Methuen Co.Ltd. London, P 20-25. 1978.

39. Narvaez, Darcia. "The Influence of Moral Schemas on the Reconstruction of Moral Narratives in Eight Graders and College Student" Journal of Educational Psychology, Vol 90 (I), P 13-24, 1998.

40. Parker, R.K. (Editor) "Readings in Educational Psychology" Allyn and Bacon, Inc. Boston. P 466-470, 1968.

41.Paul, Ellen, F., & Fred, D., (Edittors) "Responsibility', Cambridge University, Press, 1999.

42. Piaget, Jean. "The Moral Judgment of the Child" Third Edition, Penguin Books, Middle sex, U.K, 1983.

43. Rest, J.R. "An Interdisciplinary Approch to Moral Education" in Berkowitz and Others (Editors), Moral Education; Theory and Application, lawren Erlboum Associates publishers, 1985.

44. Rosenstand, Nina "The Moral of the Story" An Introduction to Echicks. Third Edition, McGrow Hill, Boston, 2000.

45. Rubinstein,E. "Television and Behaviour" American Psychologist, Vol 38, P 820-825, 1982.

46. Santrock, John W. Yussen Steven R. "Child Development" W.C.B. Brown Publishers, Dubuque, IA, 1992.

47. Schram, Wilbur., and Robert, Donald, F. "The Process and Effects of Mass Communication", University of Illinois press, 1977.

48. Shaw,M.E. and Wright,J.M. "Scales for the Measurement of Attitudes" N.Y McGraw-Hill, 1967.

49. Singer, D.G. "A Time to Reexamine the Role of Television in Our Lives" American Psychologist. Vol. 38, P 815-816, 1983.

50.Singer, 1 and Singer, D. "Psychologists Look at T.V." Vol 38, P 826-824, 1983.

51. Speicher, Betsy. "Family Patterns of Moral Judjment During Adolescence and Early Adulthood" Developmental Psychology Vol 30 (5), P 624-632, 1994.

52.Sprinthall,R.C. And Sprinthall, N.A. "Educational Psychology", Addiso-Wesley Pub Co. London-1987.

53. Stein, A.Huston and Fox,S. (Editors). The Effects of T.V. Action and Violence On Children's Social Behavior" 1981.

54. Stewart Lynn. Pascual – Leon, Juan "Mental Capacity and the Development of Moral Reasoning" Journal of Experimental Child Psychology, vol 54 (3), P 251-287, 1994.

55. Thomas. R.M. Social Learning Theory. in 1-lusten Torsten & Postlethwaite. T. Nevelle Chiefs of Editors: The International Encyclopedian of Education", Vol 8, Pergamon Press, P 4633-4637, 1991.

56. Trevino Lind K., and Youngblood, Stuart A. "Bad Apples in Bad Barrels A Causal Analysis of Ethical Decission – Making Behavior" Journal of Applied Psychology, Vol 75, P 378-385, 1990.

57. Turiel, E. Edwards, O. Kohlberg L., "Moral Development in Turkish Children Adolesent and young Adults" Journal of Crosscultural Psychology 4 (1) 1978.

58. Turner, J. and Helms,D. "Lifespan Development" 4h Edition, Holt, Rinehart and Winston Inc, P 278-282, 1991.

59. Vygotsky, Lectures

   www.ling.lancs.ac.uk/chimp/lanueac/LECTURE3/3vygot.htm 2004

60. Walker, L.J. "Sex Differences in Development of Reasoning Acritice Review" Child Development 55, 1984.

61. Walker. L and Richards. B. "Stimulating Fransitition in MoralReasoning a Function of Stage Cognitive Development Psychology Vol 15, P 95-103, 1979.

62.Weiner, Byron (Editors) "Modernization The Dynamic Of Growth", 1966.

63. White, C. and Bushnell, N. "Moral Development in Bohamian School Children, a 3 year Examiniation of kohlberge's stages of Moral Development" Development Psychology, Vol 14 NI, P 58-65, 1978.

64. Williams, F. And Larose, R. "Children, Television and Sex — Role Stereotyping" Praeger. N.Y. P 26-145, 1990.

65. Wright,J. and Huston,A. "A Matter of Form" American Psychologist, Vol 38. P 835-843, 1983.

66. World Book.

67. Zimbarde Philip G. "Psychology And Life". Scott, Foresman and Company. Glenview, Illinois, 1989.

68. "Front Line". T.V Programme, Violence, Does T.V Kill, Part I.

طباعة وتنسيق وإخراج

صفاء نمر البصار

هاتف: 00962 79 6507997

safa_nimer@hotmail.com